普通高等教育"十三五"规划教材

校企合作系列教材

幼儿教师普通话学习

主 编 赵 宏

副主编 王绍晶 张 超

北 京

冶 金 工 业 出 版 社

2022

内 容 提 要

本书分为上篇、中篇、下篇三部分，上篇普通话语音学习包括声母的学习、韵母的学习、声调的学习、音变的学习、朗读的学习和语音规范化等内容，主要侧重普通话语音理论的阐述，每部分不仅讲述发音要领，而且辅以方音辨正。

中篇普通话语音训练包括声母的训练、韵母的训练、声调的训练、音变的训练、朗读的训练和说话等内容。每部分都是以发音要领和发音练习的形式编排，发音要领主要是指导学生听音、辨音、发音、正音、记音。训练音素怎么发准、音节怎么念对、声调如何正确把握、词的轻重音格式和语流音变的规律如何驾驭等。发音练习基本上是按照音一字、一词、一句、一段、一绕口令的过程循序渐进的。练习内容配合发音内容，讲练结合，深入浅出。练习材料尽量做到逐字、逐词注音，使学习者练有所依。

下篇普通话水平测试包括字词测试、朗读测试和说话测试等内容，每部分测试内容都辅以测试指导，其中朗读部分增加了朗读提示，说话部分不仅有训练提示，还有说话例文，这是本篇的主要特点，也是本书的特色所在。

本书注重实用性、针对性和可读性，贯彻"精讲多练"的原则，适合作为幼儿教师的普通话学习用书，也可作为普通话培训与测试资料，并可供普通话学习者自学参考。

图书在版编目（CIP）数据

幼儿教师普通话学习／赵宏主编 .—北京：冶金工业出版社，2020.7
（2022.1 重印）

普通高等教育"十三五"规划教材

ISBN 978-7-5024-8565-8

Ⅰ.①幼… Ⅱ.①赵… Ⅲ.①幼教人员—普通话—高等学校—教材
Ⅳ.①H102

中国版本图书馆 CIP 数据核字（2020）第 083315 号

幼儿教师普通话学习

出版发行	冶金工业出版社	**电　话**	(010)64027926
地　址	北京市东城区嵩祝院北巷 39 号	**邮　编**	100009
网　址	www.mip1953.com	**电子信箱**	service@ mip1953.com

责任编辑　王　颖　美术编辑　吕欣童　版式设计　禹　蕊
责任校对　卿文春　责任印制　禹　蕊
北京虎彩文化传播有限公司印刷
2020 年 7 月第 1 版，2022 年 1 月第 2 次印刷
787mm×1092mm　1/16；12.5 印张；297 千字；187 页
定价 49.90 元

投稿电话　（010）64027932　投稿信箱　tougao@cnmip.com.cn
营销中心电话　（010）64044283
冶金工业出版社天猫旗舰店　yjgycbs.tmall.com
（本书如有印装质量问题，本社营销中心负责退换）

前　言

声音是除了外表之外最重要的个人特征呈现方式。那么你说话的时候是不是会"吃字"呢？你说话的语速是不是太快呢？面对幼儿天真的面孔，你吐字清楚吗？你说话的时候有起伏吗？你说话的时候是不是鼻音太重？你的音调是不是太尖？所有这些都会对你的个人形象展现产生很大的影响，特别是作为一名幼儿教师。当然与声音有关的这些问题都是可以改善的。

声音的呈现是通过音量的大小、音调的高低、音色的丰富程度、音速的快慢、声音节奏的流畅和停顿来实现的。一位音乐家曾把声音描述为听得见的色彩，说明美的声音是极具魅力的。谁都希望自己的声音清晰响亮、圆润甜美。可是，不是所有人都具有这样的先天条件，所以，需要后天努力来改变。语音是由人的发音器官发出的，发音器官活动的部位和方法不同，就会产生不同的声音。发音只有在发音器官正常并正确地使用它们的情况下，才能达到清晰准确、悦耳动听。所以，语音是可以经过系统训练而发生改变的。

本书由赵宏任主编，王绍晶、张超任副主编，书中参考了一些语言专著、普通话教材和相关文献，在此，谨向相关作者表示感谢！

由于编者水平有限，书中不妥之处，恳请广大读者批评指正。

作　者
2020 年 2 月

目 录

上篇　普通话语音学习

中篇　普通话语音训练

下篇　普通话水平测试

绪　　论

一、什么是普通话

从语言规范的角度说，普通话是现代汉族的一种标准话。普通话中的普通一词，不是普普通通之意，而是普遍通行的意思。普通话包括语音、词汇、语法三方面的标准。

1. 语音——以北京语音为标准音

北京语音音系比较简单，声母 21 个，韵母 39 个，声调 4 个，基本音节 400 个，学习起来比较容易。北京语音的声音多变化，听感上比较高扬、清亮、舒缓、柔和。北京语音轻重音交错使用，在语流中形成轻重的交替变化，使普通话富有节奏感，生动活泼，表现力强。

2. 词汇——以北方话为基础方言

即普通话是在北方方言的基础上形成并逐渐发展起来的，北方话的词汇是普通话词汇的基础和主要来源。北方话的地域最大，使用人口占汉族总人口的 70% 以上。通行的区域包括长江以北地区、长江以南镇江以上九江以下沿江地带和湖北（东南角除外）地区，还有四川、云南、贵州、广西的西部和湖南西北角的广阔地区。因而它在全国有极大的普遍性。

3. 语法——以典范的现代白话文著作为语法规范

典范的著作是指具有广泛代表性的著作，在汉语语法规范上能起巩固和发展作用的著作。现代白话文著作是指既是白话文，又是现代的。它区别于文言文，区别于五四时期以前的早期白话文。白话文是普通话的书面形式。它是建立在口语基础上的，以口语为素材，经过提炼、加工而形成的语言。这种语言又反过来影响口语，使口语更趋缜密。

普通话是相对稳定的，又是发展的。给普通话从语音、词汇、语法方面规定明确的标准是为了更进一步推动它的发展，使汉族共同语——普通话更为规范、准确，更富于表现力。

二、为什么要推广普通话

在我国推广、普及普通话有着深远的意义。

1. 推广普通话是为了更好的发挥汉语的交际作用

汉语是世界上最发达的语言之一，但由于我国幅员辽阔，人口众多，各地经济、文化发展很不平衡，再加上长期封闭式的自然经济所形成的方言习惯根深蒂固，这就造成了汉语方言的严重分歧，不同方言间有很大的差异。给我们的工作、学习、生活带来了很多不便。1986 年 1 月，国家召开全国语言文字工作会议，提出了推广普通话的具体要求，要使普通话成为教学语言、工作语言、宣传语言和交际语言。推广普通话的目的，是要消除方言隔阂，使各方言区的人除了会说方言之外，还要学会说普通话，以便更好发挥语言这一交际工具的作用。大力推广、积极普及全国通用的普通话，有利于克服语言隔阂，促进社会交往，对社会主义经济、政治、文化建设具有重要意义。

2. 推广普通话能反映一个国家文明程度的高低

语言文字是文化的重要载体。语言文字能力是文化素质的基本内容，推广、普及普通话有利于贯彻教育面向现代化、面向世界、面向未来的战略方针，有利于弘扬祖国优秀传统文化和爱国主义精神，加强社会主义精神文明建设。因此，语言的统一，不仅体现出这种语言的高度发展，也体现出一个国家人民文化素质的水平。如果我们在各级各类学校的教学活动中，在各级机关的工作中，在旅游、商业、交通等行业的服务中，在一切公共场合，都能听到一口流利的普通话，那么，无疑会大大提高我们的教学、工作、服务的质量，大大提高我们的工作效率，也会从一个侧面反映出我们国家的文明程度。今天，社会的发展，科技的进步，需要我们大力推广、积极普及普通话，以提高汉语的规范化水平。这既是国家现代化建设的需要，也是精神文明建设的需要。

3. 推广普通话有利于建立统一的市场

随着改革开放和社会主义市场经济的发展，社会对普通话的需求日益迫切。推广、普及普通话，营造良好的语言环境，有利于促进人员交流、商品流通和建立统一的市场。

4. 推广普通话有利于推动中文信息处理技术的发展和应用

信息技术水平是衡量国家科技水平的标志之一。语言是最主要的信息载体，语言、文字规范化是提高中文信息处理水平的先决条件。推广、普及普通话和推行《汉语拼音方案》有利于推动中文信息处理技术的发展和应用。

三、怎样学好普通话

普通话包括语音、词汇和语法 3 部分。在各地方言中，词汇和语法与普通话的差别不大，因此，我们把语音学习作为学习普通话的重点。怎样才能学好普通话语音，一般来说，应注意以下 3 个方面。

1. 克服障碍，改变说话习惯

学习普通话，就要克服乡土思想的障碍，改变说方言、土语的习惯。要提高认识，充分认识推广普通话的重要意义。要克服旧的习惯势力，形成以讲普通话为荣的良好风气。要敢于说普通话，自觉说普通话，养成说普通话的习惯，这是学习语言的关键。

2. 辨音比较，掌握对应规律

改方音为普通话的标准音，需要掌握一定的语音知识，有了一定的语音知识，才能提高自己的辨音能力。方音与普通话之间，有相同之处，也有不同之处。在普通话中，凡是方音里有的音，就听得清，发得好；凡是方音里没有的音，就辨不出，发不好。要学说普通话，必须学会发自己方音里没有的音，而这些音，也只有在学习了语音知识以后才能辨别清楚。任何一种方言与普通话都有对应规律，掌握了对应规律，就是掌握了学习普通话的方法。本书重点放在方音辨正上，因为只有辨析出方音与普通话的差别，掌握对应规律，才能较快地纠正方音，学好普通话。

3. 听读说记，注重模仿训练

语音是口耳之学，进行模仿也是一种行之有效的学习方法。学习普通话语音，要在潜意识中时刻让自己保持对语音的敏感，多听、多读、多感受、多比较。这种敏感可使我们经常发现问题和解决问题，提高学习效率，增强学习效果。学习普通话，要多说、多练，不要怕说错。发现自己与别人发音不同的地方，要及时记下来，通过查阅工具书校正读音。

　　学习普通话，具体的方法很多，每个人还应根据自己的不同情况，探索使用不同的方法。

上篇

普通话语音学习

第一章　声母的学习

普通话有21个辅音声母：b、p、m、f、d、t、n、l、g、k、h、j、q、x、zh、ch、sh、r、z、c、s。声母分类表见表1-1。

表1-1　声母分类表

发音部位 ＼ 发音方法		塞音		塞擦音		擦音		鼻音	边音
声母		清音		清音		清音	浊音	浊音	浊音
		不送气音	送气音	不送气音	送气音				
双唇音	上唇下唇	b	p					m	
唇齿音	上齿下唇					f			
舌尖前音	舌尖上齿背			z	c	s			
舌尖中音	舌尖上齿龈	d	t					n	l
舌尖后音	舌尖硬腭前			zh	ch	sh	r		
舌面音	舌面硬腭			j	q	x			
舌根音	舌根软腭	g	k			h			

第一节　唇音 b、p、m、f

一、发音

1. b：双唇、不送气、清、塞音

发音时，双唇闭合，软腭上升，堵塞鼻腔通路，声带不颤动，较弱的气流冲破双唇的阻碍，迸裂而出，爆发成声。

发音例词：b-b

颁布 bān bù　　　　　包办 bāo bàn　　　　　辨别 biàn bié

标兵 biāo bīng	背包 bēi bāo	版本 bǎn běn
褒贬 bāo biǎn	冰雹 bīng báo	报表 bào biǎo

2. p：双唇、送气、清、塞音

发音的情况和 b 相比，只是多一股较强的气流，其余都相同。

发音例词：p-p

澎湃 péng pài	批评 pī píng	乒乓 pīng pāng
偏僻 piān pì	匹配 pǐ pèi	评判 píng pàn
批判 pī pàn	瓢泼 piáo pō	拼盘 pīn pán

3. m：双唇、浊、鼻音

发音时，双唇闭合，软腭下降，鼻腔畅通。气流振动声带，从鼻腔通过形成鼻音；阻碍解除时，余气冲破双唇的阻碍，发出轻微的塞音。

发音例词：m-m

美满 měi mǎn	命名 mìng míng	木棉 mù mián
盲目 máng mù	冒昧 mào mèi	磨灭 mó miè
美妙 měi miào	秘密 mì mì	面貌 miàn mào

4. f：唇齿、清、擦音

发音时，下唇接近上齿，形成窄缝，软腭上升，堵塞鼻腔通路，气流不颤动声带，从唇齿间的窄缝中挤出，摩擦成声。

发音例词：f-f

佛法 fó fǎ	丰富 fēng fù	芬芳 fēn fāng
非分 fēi fèn	防范 fáng fàn	反复 fǎn fù
夫妇 fū fù	非凡 fēi fán	奋飞 fèn fēi

二、方音辨正

1. b 与 p

普通话辅音声母中，b 是不送气音，p 是送气音。除 b 和 p 外，还有 5 对：d 和 t、z 和 c、zh 和 ch、j 和 q、g 和 k。

海南、广西和闽南部分地区的人发送气音有困难。普通话送气音声母的发音训练要寻找突破口，如果能体会出一个送气音的发音，其他送气音就容易发了。例如：

训练送气音 p 的发音：

可以模仿吹蜡烛的吐气方法，这是个较容易体会的训练方式。

训练送气音 c 的发音：

可以模仿车胎漏气的声音，或者模仿锣镲的敲击、撞击的声音。

其他送气音的发音训练，以此类推。

某些方言有不送气音和送气音混用现象，像山西、陕西部分地区，不送气的字读作送气的字，例如，部位 bù wèi 读成了 pù wèi；跪地 guì dì 读成了 kuì dì。以辽宁方言为例，列表说明这种情况，见表1-2。

表1-2　送气音和不送气音

辽宁方言	普通话	例　字
p	b	胞：同～ 庇：包～、痹：麻～、辟：复～ 堡：小～（地名）、捕：被～、哺：～育
b	p	泼：活～、泊：湖～ 琶：琵～、杷：枇～ 湃：澎～
t	d	堤：河～、蒂：～把 蝶：蝴～ 朵：花～
q	j	奇：～数、畸：～形、箕：簸～ 浸：～湿 歼：～灭、笺：便～
j	q	券：债～
ch	zh	撞：～人 拯：～救
z	c	糙：粗～

送气音和不送气音的主要区别是，送气音比不送气音的气流要强而持久。不送气音在持阻阶段气流达到口腔，遇到阻碍后，积蓄气流。除阻时只凭停蓄在口腔中的气流发出破裂音。而发送气音，不只靠持阻阶段积蓄的气流，还在除阻的同时，声门大开，从肺部呼出较强的气流，并伴有声门擦音［h］或声门以上发音过程构成的狭窄部位的摩擦。

要知道哪些字读不送气音，哪些字读送气音，可以从方音和普通话的声调对应关系中找规律。

（1）方言声调是阳上、阳去，普通话声调是去声的字，念不送气音。例如"抱（bào）""办（bàn）""惰（duò）""大（dà）""柜（guì）"。方言声调是阳平，普通话声调也是阳平的字，仍念送气音。例如"爬（pá）""葵（kuí）""盘（pán）""停（tíng）"。

（2）方言声调是入声，普通话声调是阳平的字，声母念不送气音。例如"拔（bá）""别（bié）""白（bái）""薄（bó）""敌（dí）""读（dú）""夺（duó）""直（zhí）""轴（zhóu）""杂（zá）"。

b与p对比辨音：

棒子-胖子　　　编目-篇目　　　辫子-骗子
蝙蝠-篇幅　　　一遍一片　　　被捕-佩服
补写-谱写

2. f与h

闽方言、湘方言、粤方言以及安徽、湖北、四川等省的多数地区，普通话f和h都有相混现象，或有h无f，或有f无h，或f、h类属的字与普通话不同。如"发生"和"花生"混同，"非洲"和"徽州"不分。

f、h都是清擦音，学习这两个声母的发音，要区别两者不同的发音部位，f是上齿、下唇形成阻碍，特别注意上唇不要参与发音，发音时舌根不要抬高。除音节fu、fo外，双唇不要拢圆，发音时自然展唇。h是舌根和软腭形成阻碍。特别注意防止舌头过于后缩，舌面后部隆起太高。可以先体会同部位的g、k，然后配上元音e构成音节进行引导，利于体会h的发音部位。

关于f、h辨正，以下两种发音法可供参考。

第一，利用形声字偏旁直接类推。

同声旁的声母与声旁本身的声母一般是一致的，记住了声旁的字的声母，就可以类推出一系列字的声母。例如：

非（fēi）的声母是f，以非为声旁的菲、霏、扉、绯、蜚、斐、痱、匪等字的声母都是f。

皇（huáng）的声母是h，以皇为声旁的惶、徨、蝗、煌、凰等字的声母都是h。f、h偏旁类推字表见表1-3。

表1-3　f、h偏旁类推字表

韵母	f	韵母	h
a	fā　发 fá　乏罚伐筏阀 fǎ　法砝 fà　发（理发）	ua	huā　花哗 huá　华铧滑划猾 huà　化画话划桦
o	fó　佛	uo	huō　豁䦂 huó　活 huǒ　火伙 huò　货祸或惑获霍
u	fū　夫麸孵敷 fú　芙俘浮符拂绋服伏袱幅福辐蝠 fǔ　甫辅府俯腑斧釜腐抚 fù　付咐赴副富傅妇附负腹复缚	u	hū　呼 hú　湖胡壶弧葫蝴斛狐 hǔ　虎唬 hù　户护沪互
ai		uai	huái　怀槐淮徊 huài　坏
ei	fēi　飞菲啡非妃 féi　肥 fěi　匪诽 fèi　吠沸费废肺痱	ui	huī　灰恢挥辉徽 huí　回茴蛔 huǐ　毁悔 huì　会汇绘惠慧讳贿晦烩秽
an	fān　番翻帆 fán　凡烦樊繁矾 fǎn　反返 fàn　贩饭犯范泛	uan	huān　欢獾 huán　还环 huǎn　缓 huàn　换患唤焕幻患

韵母	f	韵母	h
en	fēn　分吩芬纷 fén　坟焚 fěn　粉 fèn　奋粪份愤分	un	hūn　昏婚荤 hún　浑魂 hùn　混
ang	fāng　方芳 fáng　防妨房 fǎng　仿纺访 fàng　放	uang	huāng　荒慌 huáng　皇凰惶蝗黄磺簧 huǎng　恍幌慌晃 huàng　晃
eng	fēng　风枫疯丰峰蜂锋 féng　冯逢缝 fěng　讽 fèng　奉风缝（裂缝）	ong	hōng　烘轰 hóng　红洪虹鸿宏 hǒng　哄 hòng　哄（起哄）

第二，利用拼合规律。

普通话中 f 不跟 ai 拼，方言念 fai 的"怀、槐、坏"等，普通话都读 huai；f 和 o 拼，普通话中只有一个"佛"字。除"佛"字之外，方言中念成 fo 音的，如"豁、火、货、活"等普通话都读 huo。

第二节　舌尖中音 d、t、n、l

一、发音

1. d：舌尖中、不送气、清、塞音

发音时，舌尖抵住上齿龈，阻塞气流，软腭上升，关闭鼻腔通路，气流到达口腔后蓄气，舌尖突然放开，气流爆发而出，声带不颤动。

发音例词：d-d

当代 dāng dài	单调 dān diào	打断 dǎ duàn
道德 dào dé	导弹 dǎo dàn	电灯 diàn dēng
调度 diào dù	订单 dìng dān	动工 dòng gōng

2. t：舌尖中、送气、清、塞音

发音时，成阻、持阻阶段与 d 相同。除阻阶段声门大开，从肺部呼出一股较强的气流成声。

发音例词：t-t

厅堂 tīng táng	体态 tǐ tài	谈吐 tán tǔ
淘汰 táo tài	贪图 tān tú	天体 tiān tǐ
妥帖 tuǒ tiē	团体 tuán tǐ	探讨 tàn tǎo

3. n：舌尖中、浊、鼻音

发音时，舌尖抵住上齿龈，形成阻塞。软腭下垂，打开鼻腔通路。声带颤动，气流同时到达口腔和鼻腔，在口腔受到阻碍，气流从鼻腔透出成声。

发音例词：n–n

扭捏 niǔ nie	女奴 nǚ nú	泥泞 ní nìng
牛奶 niú nǎi	泥淖 ní nào	呢喃 ní nán
男女 nán nǚ	能耐 néng nài	恼怒 nǎo nù

4. l：舌尖中、浊、边音

发音时，舌尖抵住上齿龈，形成阻塞。软腭上升，关闭鼻腔通路。声带颤动。气流到达口腔后从舌头跟两颊内侧形成的空隙通过而成声。

发音例词：l–l

罗列 luó liè	流露 liú lù	凛冽 lǐn liè
磊落 lěi luò	伦理 lún lǐ	伶俐 líng lì
履历 lǚ lì	勒令 lè lìng	来路 lái lù

二、方音辨正

1. d 与 t

d 与 t 有两方面问题：

（1）发音部位。d 和 t 发音时，都是舌尖抵上齿龈这个部位，但是有的人发音时，舌尖抵在硬腭前部，接近 zh、ch、sh 的发音部位，这样发音部位就靠后了。要纠正这两个声母发音，只需把舌尖前伸一些，抵在上齿龈这个部位，这样就正确了。

（2）送气不送气。d 和 t 是一组不送气音和送气音声母。d 发音时，气流较弱，不送气；t 发音时，气流较强，送气。

送气音与不送气音的训练方法与前（b 与 p）同。

2. n 与 l

普通话以 n 和 l 做声母的字，有些方言全部相混，有些方言部分相混，学习这两个声母主要有两方面的困难：第一读不准音；第二分不清字。要读准 n 和 l，关键在于控制软腭的升降。因为 n 和 l 都是舌尖抵住上齿龈发音的，它们的不同主要在于有无鼻音，是用鼻腔出气，还是从舌头两边或一边出气。为了分辨 n 和 l，不妨用捏鼻孔的办法来练习。捏鼻孔后发音，如果觉得发音有困难，而且耳膜有鸣声，那就是 n 音。因为发 n 音时软腭下降，气流振动声带后要从鼻孔通过，捏住鼻孔是发不成鼻音的。捏鼻孔而觉得发音不困难，耳膜并无显著鸣声，那就是 l 音。因为发 l 音时软腭上升，堵塞鼻腔通路，舌身收窄，气流由舌头两边或一边流出，不带鼻音。所以练习 n 和 l 的发音时，必须着重练习控制软腭的升降。至于分不清哪些字的声母是 n，哪些字的声母是 l，可以根据后附的《n、l 偏旁类推字表》去记代表字。借助汉字声旁进行类推，能提高效率。例如，声旁是"内"的字，声母往往是 n，如"纳、呐、衲"；声旁是"仑"的字，声母往往是 l，如"抡、沦、论、囵"等。另外，表中声母 n 的字比较少，采用"记少不记多"的方法记住声母 n 的字，其他自然是声母 l 的字了。n、l 偏旁类推字表见表 1–4。

表 1-4　n、l 偏旁类推字表

韵母	n	l
a	nā 那（姓） ná 拿 nǎ 哪 nà 那 纳 呐 捺 钠	lā 拉 啦 垃 lǎ 喇 là 辣 剌 瘌 蜡 腊
e	ne 呢	lē 勒 lè 乐 le 了
i	ní 尼 泥 昵 霓 nǐ 你 拟 nì 腻 匿 溺 逆	lí 离 篱 璃 厘 狸 黎 犁 梨 蜊 lǐ 礼 里 理 lì 历 励 俐 痢 例 丽 力 荔 隶 立 粒 笠 栗 沥
u	nú 奴 nǔ 努 nù 怒	lú 卢 庐 炉 芦 轳 颅 lǔ 卤 房 鲁 橹 lù 碌 陆 路 赂 鹭 露（露水）录 鹿 辘 绿（绿林）
ü	nǚ 女	lǘ 驴 lǚ 吕 侣 铝 旅 屡 缕 lǜ 虑 滤 律 率 氯 绿
ai	nǎi 乃 奶 nài 奈 耐	lái 来 lài 赖 癞
ei	něi 馁 nèi 内	lēi 勒 léi 雷 擂 镭 lěi 累（累进）垒 儡 蕾 lèi 累（累了）类 泪 肋
ao	náo 挠 铙 nǎo 脑 恼 nào 闹	lāo 捞 láo 劳 痨 牢 lǎo 老 姥 lào 涝 烙 酪
ou	nòu 耨	lōu 搂 lóu 楼 喽 耧 lǒu 搂 篓 lòu 陋 漏 露（露头）
ia		liǎ 俩
ie	niē 捏 niè 蹑 镊 孽 镍	liě 咧 liè 烈 裂 劣 猎

续表1-4

韵母	n	l
iao	niǎo　鸟 niào　尿	liāo　撩 liáo　辽疗僚潦燎聊寥 liǎo　了（了然） liào　料了（了望）
iu	niū　妞 niú　牛 niǔ　扭纽 niù　拗（又读）	liū　溜（溜冰） liú　刘流琉硫留榴瘤 liǔ　柳绺 liù　六馏陆溜（大溜）
uo	nuó　挪 nuò　懦诺糯	luō　啰（啰嗦）捋 luó　罗萝逻箩锣螺骡 luǒ　裸 luò　落洛络骆
üe	nüè　虐疟	lüě　掠
an	nán　难男南蝻楠 nàn　难（受难）	lán　兰栏篮婪 lǎn　懒览揽榄缆 làn　烂滥
ang	náng　囊	láng　狼郎廊榔螂琅 lǎng　朗 làng　浪
eng	néng　能	léng　棱 lěng　冷 lèng　楞
ong	nóng　农浓脓 nòng　弄	lóng　龙咙聋笼隆窿 lǒng　垄拢陇 lòng　弄（弄堂）
ian	niān　蔫拈 nián　年粘鲇 niǎn　撵捻碾 niàn　廿念	lián　怜连莲联帘廉镰 liǎn　脸 liàn　炼链练恋敛殓
in	nín　您	lín　邻鳞麟林淋琳临 lǐn　凛檩 lìn　吝蔺赁
iang	niáng　娘 niàng　酿	liáng　良凉梁粮量 liǎng　两 liàng　亮晾谅辆量（数量）

续表 1-4

韵母	n	l
ing	níng 宁（安宁）拧柠咛凝 nìng 宁（宁可）	líng 灵龄伶凌陵菱 lǐng 岭领 lìng 令另
uan	nuǎn 暖	luán 滦孪 luǎn 卵 luàn 乱
un		lūn 抡 lún 仑伦沦轮 lùn 论

第三节　舌根音 g、k、h

一、发音

1. g：舌根、不送气、清、塞音

发音时，舌根抵住软腭，同时软腭上升阻塞鼻腔通路，声带不颤动，软弱的气流突破阻碍而迸发，爆发成声。

发音例词：g-g

桂冠 guì guān　　　观光 guān guāng　　　巩固 gǒng gù

改革 gǎi gé　　　公干 gōng gàn　　　孤高 gū gāo

尴尬 gān gà　　　广告 guǎng gào　　　光顾 guāng gù

2. k：舌根、送气、清、塞音

发音的情况和 g 基本相同，只是迸出的气流较强。

发音例词：k-k

可靠 kě kào　　　宽阔 kuān kuò　　　刻苦 kè kǔ

空壳 kōng ké　　　慷慨 kāng kǎi　　　坎坷 kǎn kě

开垦 kāi kěn　　　空旷 kōng kuàng　　　开课 kāi kè

3. h：舌根、清、擦音

发音时，舌根接近软腭，但不抵住，中间留有窄缝，同时软腭上升阻塞鼻腔通路，声带不颤动，气流从窄缝中摩擦而发声。

发音例词：h-h

绘画 huì huà　　　航海 háng hǎi　　　豪华 háo huá

含恨 hán hèn　　　行话 háng huà　　　花卉 huā huì

浩瀚 hào hàn　　　欢呼 huān hū　　　火红 huǒ hóng

二、方音辨正

1. g 和 k

g 和 k 是一对不送气音和送气音声母。g 发音时，气流较弱，不送气；k 发音时，气流较强，送气。

g 与 k 这对不送气音和送气音的训练方法与前（b 与 p）同。

2. g、k、h 和 j、q、x

普通话读 g、k、h 声母的字，在河南部分地区分别读作 j、q、x 三个声母。例如：

格律 gé lù 读成了 jié lù（节律）；

隔壁 gé bì 读成了 jié bì（截臂）；

刻骨 kè gǔ 读成了 qiē gǔ（切骨）；

黑手 hēi shǒu 读成了 xiē shǒu（歇手）。

发 g、k、h 这一组声母，要注意将舌根隆起，抵住或接近软腭。同时，要注意识记普通话中哪些读 g、k、h 声母字，哪些读 j、q、x 声母字。

第四节　舌面音 j、q、x

一、发音

1. j：舌面、不送气、清、塞擦音

发音时，舌面前部抵住硬腭前部，软腭上升阻塞鼻腔通路，声带不颤动，较弱的气流突破阻碍形成窄缝，并从中挤出而摩擦成声。

发音例词：j-j

积极 jī jí	季节 jì jié	结晶 jié jīng
拒绝 jù jué	境界 jìng jiè	健将 jiàn jiàng
交际 jiāo jì	坚决 jiān jué	接见 jiē jiàn

2. q：舌面、送气、清、塞擦音

发音的情况和 j 基本相同，只是挤出的气流较强。

发音例词：q-q

亲切 qīn qiè	轻巧 qīng qiǎo	前驱 qián qū
请求 qǐng qiú	全球 quán qiú	欠缺 qiàn quē
崎岖 qí qū	情趣 qíng qù	确切 què qiè

3. x：舌面、清、擦音

发音时，舌面前部接近硬腭前部，留有窄缝，软腭上升阻塞鼻腔通路，声带不颤动，气流从缝隙中摩擦而发声。

发音例词：x-x

循序 xún xù	现象 xiàn xiàng	宣泄 xuān xiè
鲜血 xiān xuè	小学 xiǎo xué	细心 xì xīn

消息 xiāo xi　　　　　　形象 xíng xiàng　　　　　　相信 xiāng xìn

二、方音辨正

1. j 与 q

j 与 q 是一对不送气音和送气音声母。j 发音时，气流较弱，不送气；q 发音时，气流较强，送气。

j 与 q 这对声母的训练方法与前（b 与 p）同。

2. j、q、x 与 g、k、h

普通话里的 g、k、h 是不跟齐齿呼、撮口呼韵母相拼的，但在粤语方言中 g、k、h 大都能跟齐齿呼、撮口呼韵母相拼。例如，国家 guójiā 读成了 guogiā。发音有这种情况的地区，要把 g、k、h 改为 j、q、x。

3. j、q、x 与 z、c、s

声母 z、c、s 跟 i、ü 或以 i、ü 开头的韵母相拼，叫尖音；声母 j、q、x 跟 i、ü 或以 i、ü 开头的韵母相拼，叫团音。

有的地区，"精"和"经""清"和"轻""星"和"兴"，声母有区别，"精、清、星"声母念 z、c、s，"经、轻、兴"声母念 j、q、x。原因在于，这些地区 i、ü 或以 i、ü 开头的韵母既能跟 j、q、x 声母相拼，也能跟 z、c、s 声母相拼。因此，这个地区有尖团音。

普通话只有团音，没有尖音，即 i、ü 或以 i、ü 开头的韵母，只拼 j、q、x，不拼 z、c、s。因此，分尖团的地区要纠正方音，就必须把 i、ü 前的 z、c、s 改为 j、q、x。例如：际-计（jì）、笑-孝（xiào）、酒-九（jiǔ）、晶-京（jīng）、秋-丘（qiū）等每对字，方言区的人，左边的读尖音，右边的读团音，应该把左边的声母改成跟右边的一样，都读 j、q、x。

练发声母 j、q、x 时，舌面前部隆起，抵住或接近硬腭最前端构成阻碍。让舌尖深深地垂到下门齿背后，一定不使舌尖或舌叶在发音中起作用。另外，在普通话语音系统里，齐齿呼、撮齿呼韵母同 j、q、x 相拼，不同 z、c、s 相拼，也不同 zh、ch、sh 相拼。

第五节　舌尖后音 zh、ch、sh、r

一、发音

1. zh：舌尖后、不送气、清、塞擦音

发音时，舌尖上翘，抵住硬腭前部，软腭上升阻塞鼻腔通路，声带不颤动，较弱的气流突破阻碍形成窄缝，并从中挤出而摩擦成声。

发音例词：zh-zh

战争 zhàn zhēng　　　　主张 zhǔ zhāng　　　　住宅 zhù zhái

诊治 zhěn zhì　　　　　终止 zhōng zhǐ　　　　　珍珠 zhēn zhū

站长 zhàn zhǎng　　　　转折 zhuǎn zhé　　　　　忠贞 zhōng zhēn

2. ch：舌尖后、送气、清、塞擦音

发音的情况和 zh 基本相同，只是挤出的气流较强。

发音例词：ch-ch

愁肠 chóu cháng	出差 chū chāi	唇齿 chún chǐ
抽查 chōu chá	城池 chéng chí	初创 chū chuàng
车床 chē chuáng	驰骋 chí chěng	长城 cháng chéng

3. sh：舌尖后、清、擦音

发音时，舌尖上翘，接近硬腭前部，留有窄缝，软腭上升阻塞鼻腔通路，声带不颤动，气流从缝隙中摩擦而发声。

发音例词：sh-sh

山水 shān shuǐ	双声 shuāng shēng	舒适 shū shì
税收 shuì shōu	硕士 shuò shì	赏识 shǎng shí
诗书 shī shū	事实 shì shí	熟睡 shú shuì

4. r：舌尖后、浊、擦音

发音的情况和 sh 基本相同，只是声带颤动。

发音例词：r-r

仍然 réng rán	柔软 róu ruǎn	如若 rú ruò
忍让 rěn ràng	闰日 rùn rì	濡染 rú rǎn
荣辱 róng rǔ	软弱 ruǎn ruò	忍辱 rěn rǔ

二、方音辨正

1. zh、ch、sh-z、c、s

这两套声母的字，有些方言混成一套 z、c、s（或接近 z、c、s 的声母），如上海话、苏州话、广州话、武汉话、成都话等。还有些方言把普通话里声母是 zh、ch、sh 的字的部分读作 z、c、s，如天津话、银川话、西安话等。已会发 zh、ch、sh 的人学习普通话，想要弄清哪些字的声母该读 zh、ch、sh，哪些字该读 z、c、s，可按后面所附辨音字表下功夫去记，根据汉字声旁，进行类推。还可以借助声韵配合规律来分辨，例如 ua、uai、uang 三个韵母，在普通话中只跟 zh、ch、sh 拼，不跟 z、c、s 拼（参见《zh、ch、sh、z、c、s 对照辨音字表》），记住 z、c、s 字表中少数代表字，就可以类推记住绝大部分念 z、c、s 的字。那些不会发 zh、ch、sh 的人，还要找出两套声母发音的差别来注意练习：发舌尖后音时，舌尖要翘起来，对准（抵住或接近）硬腭前部；而发舌尖前音时，舌尖不翘，对准（抵住或接近）上齿背。

下面是具体的辨正方法：

第一，利用形声字声旁直接类推。

作声旁的字是舌尖前声母（舌尖后声母），以这个字为声旁的形声字一般也是舌尖前声母（舌尖后声母）。例如：

"卒"的声母是舌尖前声母 z，以"卒"为声旁的字一般也是舌尖前声母，或是 z 或是 c 或是 s：醉晬（z）猝椊悴粹萃翠崒瘁（c）碎睟谇（s）。

"尚"的声母是舌尖后声母 sh，以"尚"为声旁的字一般也是舌尖后声母，或是 sh 或是 zh 或是 ch：赏裳绡（sh）掌（zh）常嫦倘敞撑瞠（ch）。

zh、ch、sh、z、c、s 对照辨音字表见表 1-5～表 1-7。

表 1-5　zh、ch、sh、z、c、s 对照辨音字表（z 与 zh）

韵　母	z	zh
a	zā 扎匝咂 zá 砸杂 zǎ 咋	zhā 渣扎（扎花）扎查 zhá 闸铡扎（挣扎） zhǎ 眨砟 zhà 诈炸（爆炸）榨蚱乍栅
e	zé 择泽则责	zhē 遮蜇 zhé 哲折辙 zhě 者 zhè 蔗这浙
u	zū 租 zú 族足卒 zǔ 组阻祖	zhū 朱珠株蛛猪诸 zhú 竹烛逐 zhǔ 主煮嘱 zhù 注蛀驻贮著铸助住柱祝筑
-i	zī 姿资咨兹滋辎呲孜 zǐ 子仔籽姊滓紫籽 zì 字自渍	zhī 之芝支枝肢知蜘汁脂织只 zhí 执絷职值直殖植侄跖 zhǐ 止址趾只旨指纸 zhì 至致制志痔滞智置稚挚帜治质秩窒掷蛭
ai	zāi 灾栽 zǎi 宰载 zài 再在载（载重）	zhāi 摘斋 zhái 宅翟 zhǎi 窄 zhài 债寨
ei	zéi 贼	
ao	zāo 糟遭 záo 凿 zǎo 早蚤枣澡 zào 造皂燥灶噪	zhāo 昭招朝 zháo 着 zhǎo 找爪沼 zhào 笊照召（号召）赵罩兆
ou	zōu 邹 zǒu 走 zòu 奏揍	zhōu 州洲舟周粥 zhóu 轴 zhǒu 肘帚 zhòu 宙咒昼皱骤
ua		zhuā 抓 zhuǎ 爪（爪子）
uai		zhuǎi 跩 zhuài 拽

韵　母	z	zh
uo	zuō 作（作坊） zuó 昨 zuǒ 左 zuò 坐座做作柞	zhuō 桌捉拙桌 zhuó 苗酌琢浊着灼
ui	zuǐ 嘴 zuì 最罪醉	zhuī 追锥 zhuì 缀赘坠缒
an	zān 簪 zán 咱 zǎn 攒 zàn 赞暂	zhān 毡沾粘 zhǎn 盏展斩 zhàn 占战站栈绽蘸
en	zěn 怎	zhēn 珍贞侦真砧针甄斟 zhěn 疹诊枕 zhèn 振震镇阵
ang	zāng 赃脏（肮脏） zàng 葬藏脏（脏腑）	zhāng 张章彰樟 zhǎng 掌长涨（涨落） zhàng 丈仗杖障帐胀涨瘴
eng	zēng 曾增憎 zèng 赠	zhēng 征争挣睁筝正（正月） zhěng 整拯 zhèng 正证症政郑
ong	zōng 宗综踪鬃棕 zǒng 总 zòng 纵粽	zhōng 中忠盅衷终钟 zhǒng 肿种（种子） zhòng 众重种（种植）
uan	zuān 钻 zuǎn 纂 zuàn 攥钻（钻石）	zhuān 专砖 zhuǎn 转 zhuàn 传撰篆转（转磨）
un	zūn 尊遵	zhūn 谆 zhǔn 准
uang		zhuāng 桩庄妆装 zhuàng 壮状撞

表1-6　zh、ch、sh、z、c、s对照辨音字表（c与ch）

韵　母	c	ch
a	cā 擦	chā 叉插扠喳差（差别） chá 茶查察搽碴茬（玉米茬） chǎ 衩碴镲 chà 岔差（差错）诧杈

续表 1-6

韵　母	c	ch
e	cè　册 策 厕 侧 测 恻	chē　车 chě　扯 chè　彻 撤 拆 掣
u	cū　粗 cù　醋 促 卒（仓卒）簇	chū　出 初 chú　除 厨 锄 躇 橱 刍 chǔ　杵 褚 储 楚 础 处（处罚） chù　畜 触 矗 处
-i	cī　差（参差）疵 cí　祠 词 瓷 慈 磁 辞 糍 雌 cǐ　此 跐 cì　次 伺 刺 赐	chī　吃 嗤 痴 chí　池 驰 迟 持 匙 弛 chǐ　齿 侈 耻 豉 尺 褫 chì　翅 斥 赤 炽 叱
ai	cāi　猜 cái　材 财 裁 cǎi　采 彩 睬 踩 綵 cài　蔡 菜	chāi　差 拆 钗 chái　柴 豺
ao	cāo　操 糙 cáo　曹 槽 漕 嘈 cǎo　草	chāo　抄 钞 超 cháo　朝 潮 嘲 巢 晁 chǎo　吵 炒
ou	còu　凑	chōu　抽 chóu　仇 畴 筹 踌 愁 稠 绸 酬 chǒu　丑 瞅 chòu　臭
uo	cuō　搓 撮 蹉 cuò　挫 措 错 锉	chuō　戳 chuò　辍 绰（绰号）
uai		chuāi　揣（揣手） chuǎi　揣（揣测） chuài　踹
ui	cuī　崔 催 摧 cuì　脆 粹 悴 翠 瘁	chuī　吹 炊 chuí　垂 捶 锤 槌
an	cān　参 餐 cán　蚕 残 惭 cǎn　惨 càn　灿	chān　掺 搀 chán　蝉 缠 馋 潺 禅 蟾 谗 chǎn　产 铲 阐 谄 chàn　颤 忏
en	cēn　参（参差） cén　岑	chēn　抻 嗔 琛 chén　臣 棕 宸 晨 尘 沉 忱 陈 chèn　趁 称（相称）衬

韵　母	c	ch
ang	cāng　仓舱苍沧 cáng　藏	chāng　昌猖娼伥 cháng　长常嫦尝肠场（打场） chǎng　厂敞场氅 chàng　倡唱怅畅
eng	céng　曾层 cèng　蹭	chēng　撑称柽 chéng　成诚城丞程呈惩澄盛（盛水）乘橙（橙黄） chěng　逞骋 chèng　秤
ong	cōng　葱匆聪囱 cóng　从丛淙	chōng　充冲舂 chóng　重崇虫 chǒng　宠 chòng　冲（冲南）
uan	cuān　蹿撺汆 cuàn　窜篡	chuān　川穿 chuán　船椽传 chuǎn　喘 chuàn　串
un	cūn　村皴 cún　存 cǔn　忖 cùn　寸	chūn　春椿 chún　纯唇淳醇 chǔn　蠢
uang		chuāng　窗疮创（创伤） chuáng　床 chuǎng　闯 chuàng　创（创举）

表 1-7　zh、ch、sh、z、c、s 对照辨音字表（s 与 sh）

韵　母	s	sh
a	sā　撒 sǎ　洒撒（撒种） sà　卅飒	shā　沙砂纱杉（杉木）杀痧 shá　啥 shǎ　傻 shà　厦（大厦）煞
e	sè　色塞瑟涩啬	shē　奢赊 shé　蛇舌 shě　舍（舍弃） shè　舍社射设摄涉麝赦

韵母	s	sh
u	sū　苏酥 sú　俗 sù　素诉肃速宿粟	shū　书梳舒蔬殊叔输疏 shú　秫赎熟（熟悉） shǔ　暑署薯曙鼠数黍属 shù　树竖漱恕数术述束
-i	sī　司私思斯丝蛳撕鸶 sǐ　死 sì　四肆似寺	shī　尸师狮施失虱湿诗 shí　时十什拾识实食蚀 shǐ　史驶使始屎 shì　世势柿逝试市示事是誓式视释室适饰侍士氏
ai	sāi　塞鳃塞（瓶塞） sài　赛塞	shāi　筛 shǎi　色（色子） shài　晒
ao	sāo　臊骚搔缫 sǎo　扫嫂 sào　臊（害臊）扫（扫帚）	shāo　捎稍梢烧 sháo　勺芍韶杓 shǎo　少 shào　少哨绍邵
ou	sōu　搜艘馊 sòu　嗽	shōu　收 shóu　熟 shǒu　守手首 shòu　售受授寿瘦兽
ua		shuā　刷 shuǎ　耍
uo	suō　缩嗦梭蓑 suǒ　所锁索琐	shuō　说 shuò　烁硕朔妁
uai		shuāi　衰摔 shuǎi　甩 shuài　帅率蟀
ui	suī　虽尿 suí　绥随隧（半身不遂） suǐ　髓 suì　岁碎穗隧	shuí　谁 shuǐ　水 shuì　税睡
an	sān　三叁 sǎn　伞散（散文） sàn　散（解散）	shān　山删衫舢羶杉（水杉） shǎn　闪陕 shàn　扇缮膳赡擅善讪汕
en	sēn　森	shēn　伸绅呻身参（人参）深 shén　神 shěn　沈审婶 shèn　渗慎肾甚

续表 1-7

韵母	s	sh
ang	sāng 桑丧（丧事） sǎng 嗓 sàng 丧	shāng 伤商墒 shǎng 垧晌赏 shàng 上绱尚
eng	sēng 僧	shēng 升生牲笙甥声 shéng 绳 shěng 省 shèng 圣胜盛剩
ong	sōng 松嵩 sǒng 悚 sòng 宋送颂诵	
uan	suān 酸 suàn 算蒜	shuān 栓拴 shuàn 涮
un	sūn 孙 sǔn 笋损	shùn 顺舜
uang		shuāng 双霜 shuǎng 爽

第二，利用形声字联想类推。

舌尖后音 zh、ch、sh 与舌尖中音 d、t 有一定的历史渊源，因而当一个形声字舌尖前后声旁难辨时，可以看声旁的声母是不是 d、t，或者同声旁的形声字中有没有声母是 d、t 的，如果是，如果有，就可以确定这个形声字的声母是舌尖后音。如：

滞（?）……→带（d）
| |
zh←…………┘

橙（?）……→登（d）
| |
ch←…………┘

擅（?）……→亶（d）
| |
sh←…………┘

撞（?）……→童（t）
| |
zh←…………┘

瞠（?）……→堂（t）
| |
ch←…………┘

始（?）……→台（t）
| |
sh←…………┘

稠（?）……→雕（d）
| |
ch←…………┘

镇（?）……→填（t）
| |
zh←…………┘

第三，利用拼合规律。

记住下列几条拼合规律，可以帮助我们辨正一部分字。

（1）普通话中 z、c、s 不和韵母 ua、uai、uang 相拼。因而下面这些字，就可以放心地读舌尖后音。

抓	刷	耍	拽	揣	端
甩	帅	率	庄	妆	装
疮	床	创	双	霜	爽

（2）普通话 ong 韵母拼 s 不拼 sh，因而"松、宋、送、颂、耸"等字，可以放心地读 song。

（3）普通话的 ze 音节只有阳平和去声，ce、se 音节只有去声。记住这一点，碰到"遮、者、车、扯、奢、蛇、舍"等字，便可以断定它们都是舌尖后声母。

第四，记单边的字。

a、e、ou、en、eng、ang 等韵母，在普通话中与舌尖前声母相拼的字很少，与舌尖后声母相拼的字较多。例如《新华字典》里 sen 音节只有一个"森"字，而 shen 音节则有"身、神、沈、甚"等 31 个字；seng 音节只有一个"僧"字，而 sheng 音节则有"声、绳、省、胜"等 17 个字。这些音节都是只要记住了单边的一个或少量字的声母，就自然记住了另一边的一批字的声母。

2. r 与 l（y）

有的方言区没有 r 声母，r 声母为舌尖中音 l 取代或为 y 取代。例如，肉 ròu，方言读成了 yòu（又）；热 rè，方言读成了 yè（页）；瑞 ruì，方言读成了 luì；如 rú，方言读成了 lú（卢）。以辽宁方言为例，见表1-8。

表1-8　r 与 l（y）

辽宁方言	普通话	例　字
lui	rui	蕊 锐 瑞 睿
leng	reng	扔 仍
lu	ru	如 乳 辱
yi	ri	日
yong	rong	容 戎 荣 绒 融
you	rou	柔 蹂 揉 肉
yu	ru	入
yuan	ruan	软 阮
yun	run	闰 润
yuo	ruo	若 弱
ye	re	热
yan	ran	然 燃 染 冉 苒
yang	rang	嚷 壤 让
yao	rao	饶 扰 绕
yen	ren	人 仁 任 忍 认 纫

学习 r 声母的发音，要结合学习 zh、ch、sh 声母的发音。r 在发音时，与 sh 基本相似，只是发 r 音时，声带颤动，发 sh 音时，声带不颤动。因此，在学习 r 的发音时，首先摆出发 sh 的架势，用舌尖接近硬腭前部形成窄缝，同时软腭上升阻塞鼻腔通路，最后气流振动声带，从口腔中摩擦而出。

另外，普通话读 r 声母的字并不多，3500 个常用字中只有 55 个，要注意识记。

第六节　舌尖前音 z、c、s

一、发音

1. z：舌尖前、不送气、清、塞擦音

发音时，舌尖抵住上齿背，软腭上升阻塞鼻腔通路，声带不颤动，较弱的气流突破阻碍形成窄缝，并从中挤出而摩擦发声。

发音例词：z-z

自尊 zì zūn	总则 zǒng zé	在座 zài zuò
祖宗 zǔ zong	罪责 zuì zé	做作 zuò zuo
自在 zì zai	走卒 zǒu zú	造作 zào zuò

2. c：舌尖前、送气、清、塞擦音

发音的情况和 z 基本相同，只是挤出的气流较强。

发音例词：c-c

从此 cóng cǐ	参差 cēn cī	层次 céng cì
苍翠 cāng cuì	仓促 cāng cù	残存 cán cún
催促 cuī cù	措辞 cuò cí	摧残 cuī cán

3. s：舌尖前、清、擦音

发音时，舌尖接近上齿背，留有窄缝，软腭上升阻塞鼻腔通路，声带不颤动，气流从缝隙中摩擦而发声。

发音例词：s-s

思索 sī suǒ	洒扫 sǎ sǎo	速算 sù suàn
色素 sè sù	诉讼 sù sòng	琐碎 suǒ suì
松散 sōng sǎn	送死 sòng sǐ	搜索 sōu suǒ

二、方音辨正

1. z 与 c

z 与 c 是一对不送气音和送气音声母。z 发音时，气流较弱，不送气；c 发音时，气流较强，送气。

z 与 c 这对声母的训练方法与前（b 与 p）同。

2. j、q、x 与 z、c、s

见第四节舌面音 j、q、x 方音辨正。

3. zh、ch、sh 与 z、c、s

见第五节舌尖后音 zh、ch、sh、r 方音辨正。

第二章 韵母的学习

普通话中有 39 个韵母，韵母按结构可以分为单韵母、复韵母、鼻韵母三类。

普通话单韵母有 ɑ、o、e、ê、i、u、ü、-i〔ʅ〕、-i〔ɿ〕、er 10 个。

复韵母有 ɑi、ei、ɑo、ou、iɑ、ie、uɑ、uo、üe、iɑo、iou、uɑi、uei 13 个。

鼻韵母有 ɑn、en、in、ün、iɑn、uɑn、üɑn、uen、ɑng、eng、ong、ing、iɑng、iong、uɑng、ueng 16 个。

韵母分类表见表 2-1。

表 2-1 韵母分类表

按结构分 \ 韵母 \ 按四呼分	开口呼	齐齿呼	合口呼	撮口呼
单韵母	-i〔ʅ〕 -i〔ɿ〕	i	u	ü
单韵母	ɑ	iɑ	uɑ	
单韵母	o		uo	
单韵母	e			
单韵母	ê	ie		üe
单韵母	er			
复韵母	ɑi		uɑi	
复韵母	ei		uei	
复韵母	ɑo	iɑo		
复韵母	ou	iou		
鼻韵母	ɑn	iɑn	uɑn	üɑn
鼻韵母	en	in	uen	ün
鼻韵母	ɑng	iong	uɑng	
鼻韵母	eng	ing	ueng	
鼻韵母	ong	iong		

第一节　单　韵　母

一、发音

1. ɑ：舌面、央、低、不圆唇元音

发音时，口大开，舌面中后部微微隆起，和硬腭后部相对，舌位最低。声带颤动，软腭上升，关闭鼻腔通路，双唇呈自然展开状。

发音例词：ɑ–ɑ

眨巴 zhǎ ba	马达 mǎ dá	打岔 dǎ chà
爸爸 bà ba	麻辣 má là	挞伐 tà fá
沙发 shā fā	哈达 hǎ dá	打发 dǎ fa

2. o：舌面、后、半高、圆唇元音

发音时，口微开，双唇收敛，略呈圆形，舌头后缩，舌面后部隆起，和软腭相对，舌位半高。声带颤动，软腭上升，关闭鼻腔通路。

发音例词：o

破获 pò huò	摩托 mó tuō	没落 mò luò
薄膜 bó mó	磨破 mó pò	婆婆 pó po
伯伯 bó bo	脉脉 mò mò	菠萝 bō luó

3. e：舌面、后、半高、不圆唇元音

发音时，双唇自然展开，其他情况与 o 相同，即在发 o 的基础上，展开双唇即可，舌位的前后、高低不变。

发音例词：e

改革 gǎi gé	民歌 mín gē	科技 kē jì
搁笔 gē bǐ	客车 kè chē	蝌蚪 kē dǒu
特色 tè sè	合格 hé gé	色泽 sè zé

4. ê：舌面、前、半低、不圆唇元音

发音时，口半开，并把双唇展开，舌头前伸，抵住下门齿背，舌面前部隆起，和硬腭相对，舌位半低。声带颤动，软腭上升，关闭鼻腔通路。

发音例词：ê

欸：ê

5. i：舌面、前、高、不圆唇元音

发音时，口微开，口腔开度很小，嘴角尽量展开，双唇呈扁平形，上下齿相对，舌头前伸，抵住下门齿背，舌面前部隆起和硬腭前部相对，舌位最高。声带颤动，软腭上升，关闭鼻腔通路。

发音例词：i

长期 cháng qī	中医 zhōng yī	点滴 diǎn dī
分析 fēn xī	刺激 cì jī	灯谜 dēng mí

礼仪 lǐ yí　　　　　　　　秘密 mì mì　　　　　　　　习题 xí tí

6. u：舌面、后、高、圆唇元音

发音时，口腔开度很小，双唇拢圆，向前突出，中间留一个小孔；舌头后缩，舌面后部高度隆起，和软腭相对，舌位最高。声带颤动，软腭上升，关闭鼻腔通路。

发音例词：u

监督 jiān dū　　　　　　读书 dú shū　　　　　　杰出 jié chū

图书 tú shū　　　　　　互助 hù zhù　　　　　　出路 chū lù

速度 sù dù　　　　　　祝福 zhù fú　　　　　　服务 fú wù

7. ü：舌面、前、高、圆唇元音

发音时，口腔开度很小，略向前突出，中间留一个扁圆小孔，舌尖抵住下门齿背，舌面前部隆起，和硬腭前部相对，舌位最高。声带颤动，软腭上升，关闭鼻腔通路。在发 i 的基础上，拢圆双唇即可。

发音例词：ü

伴侣 bàn lǚ　　　　　　谦虚 qiān xū　　　　　　文娱 wén yú

雨具 yǔ jù　　　　　　区域 qū yù　　　　　　豫剧 yù jù

语序 yǔ xù　　　　　　旅居 lǚ jū　　　　　　玉宇 yù yǔ

8. -i [ɿ]：舌尖、前、高、不圆唇元音

发音时，舌尖前伸，对着上齿背（不要抵住），双唇展开，声带颤动，没有摩擦，软腭上升，关闭鼻腔通路。发"思"时，把声音拖长，取其后半，就是-i [ɿ]。这个韵母在普通话里只出现在 z、c、s 声母的后面。

发音例词：-i [ɿ]

反思 fǎn sī　　　　　　其次 qí cì　　　　　　私人 sī rén

工资 gōng zī　　　　　字典 zì diǎn　　　　　自由 zì yóu

字词 zì cí　　　　　　自私 zì sī　　　　　　咨询 zī xún

9. -i [ʅ]：舌尖、后、高、不圆唇元音

发音时，舌尖翘起，对着硬腭前部（不要抵住），嘴唇不圆，声带颤动，没有摩擦，软腭上升，关闭鼻腔通路。发"诗"时，把声音拖长，取其后半，就是-i [ʅ]。这个韵母在普通话里只出现在 zh、ch、sh、r 声母的后面。

发音例词：-i [ʅ]

指使 zhǐ shǐ　　　　　　制止 zhì zhǐ　　　　　只是 zhǐ shì

咫尺 zhǐ chǐ　　　　　　值日 zhí rì　　　　　　日食 rì shí

支持 zhī chí　　　　　　实质 shí zhì　　　　　事实 shì shí

10. er：卷舌、央、中、不圆唇元音

发音时，舌尖卷起，舌位处于不前也不后的自然状态，唇形不圆。声带颤动，软腭上升，关闭鼻腔通路。发 er 时，在发 e 的同时，舌尖对着硬腭往上一卷，就成了 er。

发音例词：er

而且 ér qiě　　　　　　二胡 èr hú　　　　　　木耳 mù'ěr

耳朵 ěr duo　　　　　　儿歌 ér gē　　　　　　儿化 ér huà

二、方音辨正

1. o 与 e

北方方言区中，如东北、西南的大部分地方，河北、山东的许多地方，o 与 e 不分，把 o 韵母变成 e 韵母。下面以辽宁方言为例说明这种情况，见表 2-2。

表 2-2　o 与 e

辽宁方言	普通话	例　　字
be	bo	拨波播泊博伯驳玻剥薄勃菠钵搏脖帛般柏舶渤饽簸跛
pe	po	坡颇婆泼迫叵泊粕破魄
me	mo	摸磨抹末膜墨没莫默魔模摩摹漠陌脉沫寞茉蓦
fe	fo	佛

普通话韵母 o 只跟唇音声母拼合，韵母 e 则相反，不跟唇音声母拼合（me "么" 例外）。学习时，要注意掌握这个规律。

o 与 e 的发音大致相同，区别在于 o 发音时唇形圆，e 发音时唇形不圆。o 的正确发音是：口微开，舌头后缩，舌面后部隆起，舌位半高，双唇收敛，略呈圆形。这个音不好发，初学者可在发 "多" 音时，把声音拉长，取其后半，就是 o。

2. e 与 uo

普通话一部分读韵母 e 的字，山东部分地区读作 uo 韵母字，还有武汉、成都、扬州、长沙、厦门等地区的方言也读作 uo 韵母字，应把韵母 uo 音改为 e 音。

3. e 与 ê

普通话的单韵母 e 在河南南阳、信阳等地区读成了 ê。e 与 d、t、n、l、z、c、s 相拼或自成音节时，大都把 e 读成了 ê ，如 "得、特、勒、则、测、色、额" 等。除此之外，信阳地区把 e 与 zh、ch、sh、r 相拼的字也读成了 ê，如 "折、车、社、热" 等。

要读准普通话的 e 韵母并不难。e 与 ê 的区别是：在普通话中，单韵母 ê 不与任何辅音声母拼合，只要把方言中与辅音声母拼合的 ê 统统改成 e，就与普通话读音一致了。

4. u 与 v

有一种习惯读法，就是以 "u" 开头的零声母字大部分读作了以 "v" 开头的字，而这两个字母的发音方法却有很大的差别：

发 u 时，口腔开度很小，舌位高，舌头后缩，舌面后部隆起，双唇拢圆。

发 v 时，上齿与下唇接触，发出的是唇齿浊擦音。另外，"v" 不是声母，它只是汉语拼音字母表中的一个字母。用来拼写外来语，少数民族语言和方言。

由于 u 和 v 的发音方法是不同的，所以，要改唇齿音 "v" 为圆唇音 "u"，就要在发音时双唇拢圆，不让上齿与下唇接触。

5. i 与 ü

有些方言，如客家话、云南、贵州的大部分地区，广西、湖北的部分地区，没有 ü 韵，把 ü 改发成 i；ü 开头的韵母 üe、üan、ün 也都念 ie、ian、in。于是 "遇见" 说成 "意见" "确实" 说成 "切实" "拳头" 说成 "前头" "白云" 说成 "白银"。湖北麻城等

地把所有该念 ü 的音都念成一种舌尖圆唇元音［u］。

要改正这种情况，首先要学会发 ü 的音。ü 和 i 的区别在于 i 不圆唇，ü 圆唇。所以，练习发 ü 时，可以先发 i，然后把嘴唇拢圆就成了 ü。韵母是 ü 的和以 ü 开头的字不多，下功夫就可以记住。ü 和 ü 开头的韵母只跟 n、l、j、q、x 声母相拼。因此，别的声母的字不存在 i、ü 相混的情况，这就给我们划定了记字的范围。在记字的过程中，同样可以采取声旁类推的方法。例如：

于（yú）：迂芋宇吁竽

俞（yú）：愉榆喻谕愈

吕（lǚ）：侣铝

居（jū）：据锯距剧

巨（jù）：拒炬距

具（jù）：俱惧飓

有些字，出现频率很高，也不可能类推，那就得单个把它记住，或者组成词来记。例如：

来去（qù）　　　　　男女（nǚ）

聚集（jù）　　　　　权利（quán）

第二节　复韵母

ai、ei、ao、ou、ia、ie、ua、uo、üe、iao、iou、uai、uei。

一、发音

1. 前响复韵母：ai、ei、ao、ou

（1）ai 发音时，口大开，起点元音是比单元音 a 的舌位靠前的前低不圆唇元音 a［a］，舌尖接触下齿背，舌面中部呈拱形，舌面前部隆起部位与硬腭相对。舌和腭没有接触。从"前 a"开始，然后口渐闭，舌位向发 i 的状态过渡。i 只表示舌位滑动的方向，终点不太确定，至多在刚接近高元音 i 的区域时就停止发音了。

发音例词：ai

黑白 hēi bái	节拍 jié pāi	小麦 xiǎo mài
轮胎 lún tāi	能耐 néng nài	召开 zhào kāi
白菜 bái cài	海带 hǎi dài	爱戴 ài dài

（2）ei 发音时，口半闭，起点元音是前、半高不圆唇元音 e［e］，实际发音舌位要靠后靠下，接近央元音［ə］。发音过程中，舌尖接触下齿背，舌面前部（略后）隆起，对着硬腭中部。从 e 开始舌位升高，向 i 的方向往前往高滑动，终点不太确定。收尾的-i 同 ai 中的-i 相近，因受 e 的影响舌位略高，但比单元音 i 的舌位偏后，舌头肌肉较松，舌位也不太稳定。

发音例词：ei

干杯 gān bēi	甜美 tián měi	劳累 láo lèi
分配 fēn pèi	咖啡 kā fēi	交给 jiāo gěi

　　蓓蕾 bèi lěi　　　　　　配备 pèi bèi　　　　　　非得 fēi děi

　　（3）ao 发音时，口大开，起点元音比单元音 a［A］和复合元音 ai［aI］中 a 的舌位都靠后，是个后低不圆唇元音，称它为"后 a"。发音时，舌头后缩，舌尖离开下齿背，舌面后部隆起。从"后 a"开始，舌位向 u 的方向滑动升高，然后口渐闭，终点不太确定。收尾的 -u 音舌位状态接近单元音 u，但舌位略低。

　　发音例词：ao

　　同胞 tóng bāo　　　　　波涛 bō tāo　　　　　　皮袄 pí ǎo
　　大刀 dà dāo　　　　　　参考 cān kǎo　　　　　富饶 fù ráo
　　高考 gāo kǎo　　　　　早操 zǎo cāo　　　　　懊恼 ào nǎo

　　（4）ou 发音时，起点元音比单元音 o 的舌位略高、略前，接近央元音［ə］，唇形略圆。舌头后缩，从这个略带圆唇的央 e 开始，然后口渐闭，舌位后移、上升，向 u 的方向滑动，终点不太确定。收尾的 -u 音比单元音 u 的舌位略低，唇形不太圆。

　　发音例词：ou

　　解剖 jiě pōu　　　　　网兜 wǎng dōu　　　　　鼓楼 gǔ lóu
　　阴谋 yīn móu　　　　　出口 chū kǒu　　　　　温柔 wēn róu
　　欧洲 ōu zhōu　　　　　守候 shǒu hòu　　　　　丑陋 chǒu lòu

　2. 后响复韵母：ia、ie、ua、uo、üe

　　（1）ia 发音时，起点元音是前高元音 i，由它开始，舌位渐降，趋向中央，到央 a［A］为止。i 的发音轻而短，只表示起点，a 的发音响而长。止点元音 a 的位置确定。

　　发音例词：ia

　　安家 ān jiā　　　　　　对虾 duì xiā　　　　　押韵 yā yùn
　　融洽 róng qià　　　　　电压 diàn yā　　　　　高雅 gāo yǎ
　　家鸭 jiā yā　　　　　　恰恰 qià qià　　　　　假牙 jiǎ yá

　　（2）ie 发音时，起点元音是前高元音 i，由 i 开始，舌位渐降，到 ê［ɛ］止。i 的发音轻而短，只表示起点，ê 的发音响而长。止点元音 ê 的位置确定。发音过程中舌尖始终不离开下齿背。

　　发音例词：ie

　　区别 qū bié　　　　　　重叠 chóng dié　　　　原野 yuán yě
　　歼灭 jiān miè　　　　　补贴 bǔ tiē　　　　　队列 duì liè
　　贴切 tiē qiè　　　　　　结业 jié yè　　　　　姐姐 jiě jie

　　（3）ua 发音时，起点元音是后高圆唇元音 u，由 u 开始，舌位渐降，趋向中央，到央 a［A］止。唇形由最圆逐步展开到不圆。u 紧而短，a 响而长。

　　发音例词：ua

　　浮夸 fú kuā　　　　　　菊花 jú huā　　　　　印刷 yìn shuā
　　青蛙 qīng wā　　　　　瓜果 guā guǒ　　　　抓紧 zhuā jǐn
　　挂花 guà huā　　　　　画画 huà huà　　　　娃娃 wá wa

　　（4）uo 发音时，起点元音是后高元音 u，由 u 开始，舌位渐降，到后中元音 o［o］止。u 紧而短，o 短而长。发音过程中，唇形始终是圆唇，开头最圆，结尾唇形开度加大，比较自然，不太圆。

发音例词：uo

推托 tuī tuō	袅娜 niǎo nuó	包罗 bāo luó
火锅 huǒ guō	开阔 kāi kuò	假若 jiǎ ruò
硕果 shuò guǒ	蹉跎 cuō tuó	国货 guó huò

（5）üe 发音时，起点元音是圆唇的前高元音 ü，有 ü 开始，舌位渐降，到前中元音 ê [ɛ] 止。唇形由圆形开到不圆。ü 紧而短，ê 响而长。

发音例词：üe

暴虐 bào nüè	策略 cè lüè	感觉 gǎn jué
肥缺 féi quē	皮靴 pí xuē	大约 dà yuē
约略 yuē lüè	月缺 yuè quē	雀跃 què yuè

3. 中响复韵母：iao、iou、uai、uei

（1）iao 发音时，在前响复韵母 ao 的前面加上一段由高元音 i 开始的过渡动程。由前高元音 i 开始，舌位降至后低元音 a。接着再由低向后高圆唇元音 u [u] 的方向滑升。发音过程中，舌位先降后升，由前到后，曲折幅度大。唇形从中间的折点元音 a 开始，由不圆唇变为圆唇。

发音例词：iao

目标 mù biāo	花鸟 huā niǎo	外交 wài jiāo
取消 qǔ xiāo	石雕 shí diāo	自描 zì miáo
吊桥 diào qiáo	疗效 liáo xiào	逍遥 xiāo yáo

（2）iou 发音时，在前响复韵母 ou 的前面加上一段由高元音 i 开始的过渡动程。由前高元音 i 开始，舌位降至央元音 [ə] 偏后的位置，紧接着再由低向后高圆唇元音的方向滑升。发音过程中，舌位先降后升，由前到后，曲折幅度较大。

发音例词：iou

荒谬 huāng miù	吹牛 chuī niú	奔流 bēn liú
研究 yán jiū	中秋 zhōng qiū	离休 lí xiū
久留 jiǔ liú	绣球 xiù qiú	舅舅 jiù jiu

（3）uai 发音时，在前响复韵母 ai 的前面加上一段由高元音 u 开始的过渡动程。由圆唇的后高元音 u 开始，舌位向前滑降到前低不圆唇元音 a（即"前 a"），紧接着再由低向前高不圆唇元音的方向滑升。舌位动程先降后升，由后到前，曲折幅度大。

发音例词：uai

财会 cái kuài	关怀 guān huái	盛衰 shèng shuāi
格外 gé wài	元帅 yuán shuài	徘徊 pái huái
摔坏 shuāi huài	外快 wài kuài	歪曲 wāi qū

（4）uei 发音时，在前响复韵母 ei 的前面加上一段高元音 u 开始的过渡动程。由后高圆唇元音 u 开始，舌位向前向下滑到前半高不圆唇元音偏后靠下的位置（相当于央元音 [ə] 偏前的位置），紧接着再由低向前高不圆唇元音 i 的方向滑升。发音过程中，舌位先降后升，由后到前，曲折幅度较大。

发音例词：uei

类推 lèi tuī	圆规 yuán guī	幸亏 xìng kuī

归队 guī duì		魁伟 kuí wěi		水位 shuǐ wèi	
回味 huí wèi		汇兑 huì duì		荟萃 huì cuì	

二、方音辨正

1. ai、ei、ao、ou 的发音

江浙人常受方言影响，把 ai 发得像单元音 [ɛ] 或 [æ]，把 ei 发得像单元音 [e]，把 ao 发得像 [ɔ]，把 ou 发得像 [o]。解决这个问题一定要注意，准确掌握开头的元音音素（韵腹）的舌位。ai 中的 [a] 是个"前 a"，舌尖抵住下齿背，舌面前部隆起，舌位不要靠后，一定要降到"前低"的位置。江浙人要解决单元音化的问题，必须首先把握准舌位，不能在原有的单元音 [ɛ] 或 [æ] 的基础上加动程，那样不可能准确。ei 中的 e 不是"前半高元音"，实际舌位要比前半高的 [e] 偏后偏低，接近央元音。因此，舌位不要前移抬高。ao 中的 [a] 是个"后 a"。这一点讲粤语的人应注意。ou 基本是后元音的复合，注意舌位不要整体靠前，这一点江浙人应注意。

2. ie、üe 的发音

山东大部分地区 ie、üe 韵母读不准。ie 中的 ê 发得舌位比较靠后，近似于央元音 [ə]；üe 中的 ê 发成了圆唇元音，近似于 [o]，üe 读成了 [yo]。如"月、略、觉、缺、雪、学"等，方言读音都是以 [yo] 为韵母的。

发 ie 韵母字时，注意其中的 ê 是前元音，舌头不要后缩，舌尖应抵住下齿背。

发 üe 韵母字时，注意其中的 ê 是不圆唇元音，舌尖抵住下齿背，双唇向两边展开。

3. uei 与 ei

普通话中的 uei 韵母，在某些方言中有丢韵头 u 而变为 ei 韵母的现象，如河南、浙江、山东、安徽和西南等部分地区的方言，还有辽宁大连地区的方言等。这种丢失 uei 中的韵头 u 的现象，不是反映在所有普通话 uei 韵母音节里，就音节来说，多出现在 uei 与 z、c、s、d、t 相拼合的音节中。例如，最后 zuì hòu 读成了 zei hou；催促 cuī cù 读成了 cei cu；岁月 suì yuè 读成了 sei yue；对待 duì dài 读成了 dei dai；腿病 tuǐ bìng 读成了 tei bing。下面以辽宁方言为例，见表 2-3。

表 2-3　uei 与 ei

大连、庄河	普通话	例　　字
dei	du (e) i	堆 兑 对 队
tei	tu (e) i	推 颓 腿 退 蜕
zei	zu (e) i	嘴 醉 最 罪
cei	cu (e) i	崔 催 摧 璀 翠 萃 啐 悴 淬 瘁 粹 脆
sei	su (e) i	虽 随 髓 碎 岁 穗 遂 隧 祟

说这种方言的人就应该注意学好有韵头的韵母的发音，弄清字音的韵母有无 u 韵头。普通话唇音声母和 n、l 声母是跟 ei 韵母拼合的；其他声母则跟 uei 韵母拼合，只有极个别字例外；普通话舌尖前音声母只跟 uei 韵母拼合，不跟 ei 韵母拼合。掌握这些规律有助于防止韵头的丢失。

第三节　鼻韵母

an、en、in、ün、ian、üan、uan、uen、ang、eng、ong、ing、iang、iong、uang、ueng。

一、发音

1. 前鼻韵母：an、en、in、ün、ian、üan、uan、uen

（1）an 发音时，舌尖前伸，抵住下齿背，口腔大开，舌位降到最低，软腭上升，关闭鼻腔通路。由前 a〔a〕开始，舌面升高，舌面前部贴向硬腭前部。当两者将要接触时，软腭下降，打开鼻腔通路，紧接着舌面前部与硬腭前部闭合，使在口腔受到阻碍的气流，从鼻腔里透出，过渡到 n 的状态。口形先开后合，舌位移动较大。

发音例词：an

接班 jiē bān	浪漫 làng màn	征帆 zhēng fān
简单 jiǎn dān	河南 hé nán	副刊 fù kān
坦然 tǎn rán	橄榄 gǎn lǎn	难看 nán kàn

（2）en 发音时，起点元音是央元音 e〔ə〕，由央元音 e〔ə〕开始，舌尖接触下齿背，舌面隆起部件受韵尾影响略靠前。从央元音 e 开始，舌面升高，舌面前部贴向硬腭前部，当两者将要接触时，软腭下降，打开鼻腔通路，紧接着舌面前部与硬腭前部闭合，使在口腔受到阻碍的气流，从鼻腔里透出，接着向发 n 的状态过渡。口形由开到闭，舌位移动较小。

发音例词：en

飞奔 fēi bēn	部门 bù mén	春分 chūn fēn
词根 cí gēn	诚恳 chéng kěn	天真 tiān zhēn
人参 rén shēn	深圳 shēn zhèn	人文 rén wén

（3）in 发音时，起点元音是前高不圆元音 i，舌尖抵住下齿背，软腭上升，关闭鼻腔通路。从舌最高的前元音 i 开始，舌面升高，舌面前部贴向硬腭前部，当两者将要接触时软腭下降，打开鼻腔通路，紧接着舌面前部与硬腭前部闭合，使在口腔受到阻碍的气流，从鼻腔透出。开口度几乎没有变化，舌位动程很小。

发音例词：in

外宾 wài bīn	出品 chū pǐn	知音 zhī yīn
毛巾 máo jīn	重新 chóng xīn	竹林 zhú lín
拼音 pīn yīn	金银 jīn yín	音频 yīn pín

（4）ün 发音时，起点元音是前高圆唇元音 ü，与 in 的发音过程只是唇形变化不同。从圆唇的前元音 ü 开始，唇形从圆唇逐步开展，而 in 唇形始终是展唇。

发音例词：ün

红军 hóng jūn	人群 rén qún	功勋 gōng xūn
风云 fēng yún	韵母 yùn mǔ	逊色 xùn sè
军训 jūn xùn	均匀 jūn yún	运动 yùn dòng

（5）ian 发音时，从前高元音 i 开始，舌位降低，向前低元音 a（前 a）的方向滑动，但并没有降到 a。舌位只降到前元音 [æ] 的位置就开始升高，直到舌面前部贴向硬腭前部形成鼻音-n。这种变化是由于 ian 的整个发音过程是舌位从高到低，又由低向高的往返移动，中音的低元音受前后音素影响，舌位只降到 [æ] 便不再降低了。

发音例词：ian

新编 xīn biān	海绵 hǎi mián	对联 duì lián
诗篇 shī piān	字典 zì diǎn	青年 qīng nián
前面 qián miàn	变迁 biàn qiān	检验 jiǎn yàn

（6）üan 发音时，从圆唇的前高元音 ü 开始，向前低元音 a 的方向滑动，但并没有降到 a。舌位只降到前元音 [æ] 就开始升高，接续鼻音-n。发音变化的过程与 ian 基本相同，只是受开头圆唇元音 ü 的影响，中间折点元音的舌位稍稍靠后些。唇形由圆唇在向中间折点元音滑动中渐变为展唇。

发音例词：üan

婵娟 chán juān	寒暄 hán xuān	学院 xué yuàn
健全 jiàn quán	乐园 lè yuán	旋转 xuán zhuǎn
圆圈 yuán quān	轩辕 xuān yuán	宣传 xuān chuán

（7）uan 发音时，由圆唇的后高元音 u 开始，口形由合口变为开口状，舌位向前降低，到不圆唇的前低元音（前 a）；紧接着舌位升高，接续鼻音-n。唇形由圆在向中间折点元音移动的过程中变为展唇。

发音例词：uan

开端 kāi duān	取暖 qǔ nuǎn	柔软 róu ruǎn
集团 jí tuán	混乱 hùn luàn	贯穿 guàn chuān
婉转 wǎn zhuǎn	专断 zhuān duàn	团团 tuán tuán

（8）uen 发音时，由圆唇的后高元音 u 开始，向央元音 e [ə] 滑动，随后舌位升高，接续鼻音-n。唇形由圆唇在向中间折点元音的过程中渐变为展唇。

发音例词：uen

社论 shè lùn	批准 pī zhǔn	农村 nóng cūn
翻滚 fān gǔn	自尊 zì zūn	昆仑 kūn lún
论文 lùn wén	温顺 wēn shùn	混沌 hùn dùn

2. 后鼻韵母：ang、eng、ong、ing、iang、iong、uang、ueng

（1）ang 发音时，起点元音是后低不圆唇元音 a [ɑ]，舌尖离开下齿背，舌头后缩，口腔大开，由后 a [ɑ] 开始，舌面后部抬起，当贴近软腭时，软腭下降，打开鼻腔通路，紧接着舌根与软腭接触，封闭了口腔通路，气流改从鼻腔出来，过渡到 ng 发音状态。整个发音过程，口腔由大开到微合。

发音例词：ang

远方 yuǎn fāng	健康 jiàn kāng	锋芒 fēng máng
担当 dān dāng	民航 mín háng	脸庞 liǎn páng
厂房 chǎng fáng	商场 shāng chǎng	张扬 zhāng yáng

（2）eng 发音时，起点元音是后半高不圆唇元音 e [ɤ]，口半闭，展唇，舌身后缩，

舌尖离开下齿背，舌面后部隆起，比发单元音 e 的舌位略低。从 e 开始，舌面后部抬起，贴向软腭。当两者将要接触时，软腭下降，打开鼻腔通路，紧接着舌面后部与软腭接触，使在口腔受到阻碍的气流，从鼻腔里透出。

发音例词：eng

信封 xìn fēng	才能 cái néng	电灯 diàn dēng
联盟 lián méng	吹捧 chuī pěng	冰冷 bīng lěng
风筝 fēng zheng	逞能 chěng néng	省城 shěng chéng

（3）ong 发音时，起点元音是比后高圆唇元音 u，舌头后缩，舌尖离开下齿背，舌面后部隆起，软腭上升，关闭鼻腔通路。由元音〔u〕开始，舌面后部贴向软腭，当两者将要接触时，软腭下降，打开鼻腔通路，紧接着舌面后部与软腭接触，封闭了口腔通路，气流从鼻腔里透出。这个音较难发，发音时唇形拢圆，先大些，后小些，但主要是舌根上升，软腭下降，唇形始终拢圆，变化不明显。

发音例词：ong

华东 huá dōng	交通 jiāo tōng	沙龙 shā lóng
红肿 hóng zhǒng	恭敬 gōng jìng	公共 gōng gòng
从容 cóng róng	隆重 lóng zhòng	龙宫 lóng gōng

（4）ing 发音时，起点元音是前高不圆唇元音 i，舌尖接触下齿背，舌面前部隆起。从 i 开始，舌面隆起部位不降低，一直后移，舌尖离开下齿背，逐步使舌面后部隆起，贴向软腭，当两者将要接触时，软腭下降，打开鼻腔通路，紧接着舌面后部与软腭接触，封闭了口腔通路，气流从鼻腔透出。口形没有明显变化。

发音例词：ing

姓名 xìng míng	性命 xìng mìng	评定 píng dìng
兵营 bīng yíng	明星 míng xīng	蜻蜓 qīng tíng
宁静 níng jìng	情形 qíng xíng	清明 qīng míng

（5）iang 发音时，在 ang 的前面加上一段由高元音 i 开始的动程。从前高元音 i 开始，舌位向后降低，到后低元音 a（后 a），紧接着舌位升高，接续鼻音-ng。

发音例词：iang

红娘 hóng niáng	长江 cháng jiāng	理想 lǐ xiǎng
栋梁 dòng liáng	富强 fù qiáng	模样 mú yàng
响亮 xiǎng liàng	良将 liáng jiàng	踉跄 liàng qiàng

（6）iong 发音时，在 ong 的前面加上一段由高元音 i 开始的动程。从 i 开始，舌位向后移动，略有下降，到比后高元音略低〔U〕的位置，紧接着舌位升高，接续鼻音-ng。由于受后面圆唇元音的影响，开始的前高元音 i 也带上了圆唇动作。传统汉语语音学把 iong 归属撮口呼。

发音例词：iong

受窘 shòu jiǒng	帮凶 bāng xiōng	雄壮 xióng zhuàng
无穷 wú qióng	作用 zuò yòng	怂恿 sǒng yǒng
汹涌 xiōng yǒng	炯炯 jiǒng jiǒng	永久 yǒng jiǔ

（7）uang 发音时，在 ang 的前加上一段由高元音 u 开始的动程。从 u 开始，舌位降

至后低元音 ɑ（后 ɑ），紧接着舌位升高，接续鼻音-ng。唇形从圆唇在向折点元音的滑动中渐变为展唇。

发音例词：uang

同窗 tóng chuāng	激光 jī guāng	备荒 bèi huāng
国王 guó wáng	情况 qíng kuàng	山庄 shān zhuāng
状况 zhuàng kuàng	闯王 chuǎng wáng	双方 shuāng fāng

（8）ueng 发音时，在 eng 的前面加上一段由高元音 u 开始的动程。从 u 开始，舌位降至比后半高元音 e [ɣ] 稍稍靠前略低的位置，紧接着舌位升高，接续鼻音-ng。唇形从圆唇在向中间折点元音滑动过程中渐变为展唇。

发音例词：ueng

渔翁 yú wēng	蕹菜 wèng cài	嗡嗡 wēng wēng
蓊郁 wěng yù	水瓮 shuǐ wèng	老翁 lǎo wēng

二、方音辨正

1. ian、in、ing 的发音

在东北地区，ian 韵母的发音与普通话不大相同，主要是舌位偏低。

普通话 ian 韵母的发音有一个较长的动程，由高元音 i 降至前 [a] 返回到 n，舌位先降后升。但实际上，由于受前后音素的影响，舌位只降到 [æ] 便不再降低了，它比 [a] 的舌位略高，接着舌面前部贴向硬腭前部形成鼻音 n。

方言 ian 韵母的读音是高元音 i 降至前 [a] 止才返回，口腔开大，舌位有所降低。

纠正 ian 的发音，需要减短动程，口腔稍闭，以使舌位抬高些。例如：

鲜艳 xiān yàn	显眼 xiǎn yǎn
云烟 yún yān	语言 yǔ yán

方言鼻韵母 in 的发音容易出现的问题是在 i 与 n 之间舌位降低，变成 ien。方言鼻韵母 ing 的发音问题是在 i 和 ng 之间，出现央元音 e [ə] 的过渡，把 ing 读成 ieng。就是说，东北方言读 in、ing 两个鼻韵母，单韵母 i 发完后，没有直接向鼻韵尾滑动，而是增加了一段向央 e [ə] 滑动的过程，舌位下降，动程曲折。

普通话 in 是由 i 舌位开始发音，发音时，可以将 i 拖长一些，紧接着让舌面前部与硬腭前部快速闭合接韵尾 n。注意开口度几乎没有变化，舌位动程很小。

发准 ing 的关键是从元音 i 到鼻韵尾 ng 之间，舌头隆起部位由前向后移动，舌位始终没有降低，这样，就消除了 i 向央 e [ə] 的过渡，注意口形没有明显变化。

2. n 与 ng

在普通话里，鼻韵尾 n 与 ng 几乎都是成对的。如 an-ang、ian-iang、uan-uang、en-eng、in-ing、uen-ueng 等。但在方言里，情形不一样。湖北、四川有 en、in，没有 eng、ing，eng 韵母字全部读成 en 韵母，ing 韵母字全部读成 in 韵母。湖北的沙市、潜江连ang、iang 也没有，都读成 an、ian，造成"糖""坛"不分，"汤""滩"不分。南京、长沙把后鼻韵尾 ng 读成前鼻韵尾 n。上海、昆明、兰州、桂林等地一般把 en 和 eng、in 和 ing 的韵尾读成前鼻韵尾 n。广西灵川话把 an 和 ang，en 和 eng，in 和 ing，uan 和 uang 的韵尾都读成后鼻音韵尾 ng。在西北地区中，有些方言（如宁夏），把 en、in、uen、ün

的前鼻韵尾一般读成后鼻音韵尾 ng。所以，这些地区的人学习普通话，要注意分辨 n 和 ng，特别是 en 和 eng，in 和 ing。

分辨前后鼻韵母，可用下面的方法：

（1）利用声韵拼合规律。韵母是前鼻韵尾 n 还是后鼻韵尾 ng，可以利用声韵拼合规律来记。如舌尖中音 d、t、n、l 之后的韵母大多是 eng，《新华字典》中，只有"扽（dèn）、恁（nèn）、嫩（nèn）"三个汉字是 en 与舌尖中音拼合。方言区的人只要记住了这种声韵拼合规律，即可以确定某个字是 en 韵母还是 eng 韵母。又如普通话中 d、t、n 与 in 拼合的只有一个"您（nín）"字，由此可知，方言中，除"您"外，读作 din、tin、nin 音节的字，都应改读成 ding、ting、ning。

（2）利用形声字声旁类推。一般来说，形声字的声旁字是前鼻韵尾 n 的，以此作声旁的字也都读前鼻韵尾韵母。如"分、艮"韵母都是 en，以这些字为声旁的形声字也都读前鼻韵尾的韵母：以"分"作声旁的"芬、氛、纷、汾、粉、份、盆"都读 en 韵母；以"艮"作声旁的"根、跟、恳、垦、痕、很、狠、恨"也都是 en 韵母。以"分"为声旁的"贫、扮、颁"和以"艮"为声旁的"银、龈"，不是 en 韵母而是 in 韵母或 an 韵母，也仍是前鼻韵尾韵母。又如"斤、宾"为声旁的字，如"近、芹、欣、滨、鬓、膑"也都是 in 韵母，以"匀、旬"为声旁的"均、韵、洵、恂、询、荀"也都是 ün 韵母。同理，形声字中声旁字是后鼻韵尾 ng 的，以此为声旁的形声字也是后鼻韵尾韵母。如我们知道了"令"读 lìng，是后鼻韵尾韵母，那么，我们就可以推知"领、伶、苓、图、冷、玲、聆"等字也都是后鼻韵尾韵母字。

分辨前鼻韵母 n 和后鼻韵母 ng，前后鼻韵母辨音字表见表 2-4～表 2-7。

此外，有些方言中，an、ian、uan、üan 四个韵母都读成了鼻化音。如昆明、桂林地区分别读成了 ã［ã］、iã［iɛ］、uã［uã］、üã［yɛ］，西安、济南地区分别读成了 a［æ］、iã［iæ］、uã［uæ］、üã［yæ］，即发这些韵母的主要元音 a 稍带有点鼻音，而没有把韵尾鼻音 n 切实读出来。说这些方言的人要注意在发完主要元音之后，紧接着把软腭降下来，打开鼻腔通路，并把舌头抵住上齿龈发好 n，整个韵母发音完毕才除阻。

表 2-4　前后鼻韵母辨音字表（en 与 eng）

声　母	en	eng
b	bēn 贲 奔 běn 本 bèn 笨	bēng 崩 绷 bèng 泵 蹦
p	pēn 喷 pén 盆	pēng 烹 péng 朋 棚 硼 彭 膨 蓬 pěng 捧 pèng 碰
m	mén 门 mèn 闷 men 们	méng 萌 盟 蒙 檬 朦 měng 猛 锰 蜢 mèng 孟 梦

续表 2-4

声 母	en	eng
f	fēn 分吩芬纷 fén 坟焚 fěn 粉 fèn 奋粪份愤分（本分）	fēng 风枫疯丰峰锋封蜂 féng 冯逢缝（缝上） fěng 讽 fèng 凤奉缝（裂缝）
d	dèn 扽	dēng 灯登 děng 等戥 dèng 邓凳瞪镫
t		téng 疼誊藤腾
n	nèn 嫩	néng 能
l		léng 棱 lěng 冷 lèng 楞
g	gēn 根跟	gēng 庚耕羹更（变更） gěng 梗耿 gèng 更（更加）
k	kěn 啃恳垦肯	kēng 坑
h	hén 痕 hěn 很狠 hèn 恨	hēng 哼 héng 横恒衡 hèng 横（蛮横）
zh	zhēn 珍贞侦真针斟胗 zhěn 疹诊枕 zhèn 振震镇阵	zhēng 征争挣睁筝蒸正（正月） zhěng 整拯 zhèng 正政症证郑
ch	chēn 抻嗔 chén 臣尘辰晨陈橙沉忱 chèn 衬趁称（相称）	chēng 称撑瞠 chéng 成城诚盛（盛饭）承呈程澄（橙黄色） chěng 逞骋 chèng 秤
sh	shēn 身伸申参呻深 shén 神 shěn 婶审沈 shèn 渗慎肾甚	shēng 生升笙甥声牲 shéng 绳 shěng 省 shèng 圣胜盛剩
r	rén 人任（姓）仁妊壬 rěn 忍 rèn 刃韧纫认任（任何）	rēng 扔 réng 仍
z	zěn 怎	zēng 曾（曾祖父）憎增 zèng 赠

续表 2-4

声　母	en	eng
c	cēn　参（参差） cén　岑	céng　曾（曾经）层 cèng　蹭
o	ēn　恩 èn　摁	

表 2-5　前后鼻韵母辨音字表（uen 与 ong）

声　母	uen	ong
d	dūn　敦墩蹲吨 dǔn　盹 dùn　沌炖顿囤钝	dōng　东冬氡 dǒng　董懂 dòng　动冻栋洞恫
t	tūn　吞 tún　屯囤饨豚	tōng　通 tóng　童潼瞳僮同桐佟 tǒng　统筒桶捅 tòng　恸痛
n		nóng　农侬脓哝 nòng　弄
l	lūn　抡 lún　仑沦轮抡伦 lùn　论	lóng　龙泷珑聋砻 lǒng　垄笼陇 lòng　弄（弄堂）
g	gǔn　滚衮 gùn　棍	gōng　工功攻红龚供恭弓躬 gǒng　汞巩拱 gòng　贡共供
k	kūn　昆坤锟琨鲲 kǔn　捆悃 kùn　困	kōng　空箜 kǒng　恐孔 kòng　空控
h	hūn　荤昏阍婚 hún　混魂馄 hùn　混诨	hōng　烘哄轰 hóng　鸿虹红洪弘泓宏竑 hǒng　哄 hòng　讧哄（起哄）
zh	zhūn　谆肫 zhǔn　埻准	zhōng　中忠衷钟盅终 zhǒng　种肿踵 zhòng　中种仲众重
ch	chūn　春椿 chún　淳醇鹑唇纯 chǔn　蠢	chōng　憧艟充冲忡 chóng　虫重 chǒng　宠

续表 2-5

声　母	uen	ong
sh	shǔn　吮 shùn　舜瞬顺	
r	rùn　润	róng　容溶熔蓉榕荣嵘融 rǒng　冗
z	zūn　尊遵樽	zōng　宗棕踪综 zǒng　总 zòng　纵粽
c	cūn　村 cún　存 cǔn　忖 cùn　寸吋	cōng　聪匆葱 cóng　淙琮从丛
s	sūn　孙荪狲 sǔn　隼榫损笋	sōng　松松淞 sǒng　悚竦怂耸 sòng　宋送讼颂诵
w	wēn　温瘟 wén　文雯蚊纹 wěn　抆紊 wèn　汶纹	

表 2-6　前后鼻韵母辨音字表（in 与 ing）

声　母	in	ing
b	bīn　宾滨槟彬缤 bìn　殡鬓	bīng　冰兵槟 bǐng　丙柄秉禀饼 bìng　并病
p	pīn　拼 pín　贫频 pǐn　品 pìn　聘牝	pīng　乒 píng　平苹评萍屏瓶凭
m	mín　民 mǐn　抿泯敏闽悯皿	míng　名茗铭明冥溟鸣 mìng　命
d		dīng　丁叮钉 dǐng　鼎顶 dìng　定锭订（订合同）
t		tīng　听厅汀 tíng　亭庭蜓 tǐng　挺艇

续表 2-6

声　母	in	ing
n	nín 您	níng 宁（安宁）拧柠咛凝 nìng 宁（宁可）泞
l	lín 邻磷鳞麟林淋琳临 lǐn 凛檩 lìn 吝蔺赁	líng 灵伶蛉龄零铃凌陵菱 lǐng 岭领 lìng 另令
j	jīn 巾斤筋今襟津 jǐn 紧谨锦仅尽（尽管） jìn 劲禁近晋进尽烬浸	jīng 京惊鲸茎经睛精菁晶兢荆粳 jǐng 景颈警井 jìng 径竟境敬竞净静
q	qīn 钦亲侵 qín 芹勤琴擒禽秦 qǐn 寝 qìn 沁	qīng 氢轻倾青清蜻 qíng 情晴擎 qǐng 顷请 qìng 庆亲（亲家）
x	xīn 欣辛新薪心馨（馨香） xìn 衅	xīng 兴星腥猩 xíng 行刑型形邢 xǐng 省（反省）醒 xìng 幸杏性姓兴（高兴）
o	yīn 因姻殷阴音 yín 寅淫银吟龈垠 yǐn 隐瘾引蚓尹饮 yìn 印荫饮（饮马）	yīng 应英婴樱鹦缨鹰莺 yíng 营萤蝇盈赢迎 yǐng 影 yìng 映硬应（应酬）

表 2-7　前后鼻韵母辨音字表（ün 与 iong）

声　母	ün	iong
j	jūn 军钧均钧筠君 jùn 浚竣骏峻俊郡	jiǒng 炯迥
q	qún 群裙	qióng 穷穹
x	xūn 勋埙熏醺 xùn 驯训汛讯迅殉徇	xiōng 凶汹匈胸兄 xióng 雄熊
o	yūn 晕 yún 云芸耘纭匀 yǔn 殒陨允狁 yùn 恽运愠蕴	yōng 庸慵雍痈佣 yǒng 永咏泳勇甬涌恿踊 yòng 用

3. u 介音

普通话合口呼韵母的字，在辽宁、上海、山东、安徽、浙江和西南等部分地区的方言中，常常丢失 u 介音，而读成开口呼韵母的字。例如，uan 韵母字"端、团、钻、算"

等，方言读作 an 韵母；uen 韵母字"蹲、吞、尊、孙"等，方言读作 en 韵母。以辽宁方言为例说明，见表 2-8。

表 2-8　辽宁方言举例

大连、庄河	普通话	例　字
dan	duan	端 短 段 锻 煅 缎 断
tan	tuan	团
zan	zuan	钻 赚 纂
can	cuan	撺 蹿 窜 篡
san	suan	酸 算 蒜
den	du（e）n	敦 墩 蹲 吨 顿 盾 囤 炖
ten	tu（e）n	吞 屯 囤 臀
len	lu（e）n	抡 轮 论
zen	zu（e）n	尊 遵
cen	cu（e）n	村 存 忖 寸
sen	su（e）n	孙 损 笋

4. eng 与 ong

山东部分地区将普通话的 ong 韵母字读成了 eng 韵母，像青岛、潍坊东部等地，都有这种现象，应注意分辨。

正音时，首先，要发准 eng、ong 这两个韵母，eng 是由央［ə］向 ng 过渡，唇形不圆；ong 是由［u］向 ng 过渡，唇形是圆的。其次，要弄清哪些字是 eng 韵母，哪些字是 ong 韵母。在普通话中，b、p、m、f、sh 不能与 ong 相拼，凡方言中的这类音节，一律改为 eng 韵母即可；而 d、t、n、l、g、k、h、zh、ch、r、z、c、s，既能拼 eng，也能拼 ong，上述方言区读成了 eng 韵母，应注意分辨。

5. ing 与 iong

山东部分地区将普通话 ing 韵母的部分字读成了 iong 韵母字，有这种现象的地区应注意分辨。

正音时，首先，要发准这两个韵母，ing 不圆唇，iong 圆唇。其次，要分清哪些字是 ing 韵母，哪些字是 iong 韵母。在普通话中，b、p、m、f、d、t、n、l 不能与 iong 相拼，凡方言中的这类音节，一律改为 ing 韵母即可；而 j、p、x 既可拼 iong，并且 ing、iong 都可以自成零声母音节，部分方言区都读成了 iong 韵母，应注意分辨。如"京、精、井、竟、竞、青、擎、顷、庆、星、形、醒、姓、英、应、迎、颖、映"等字的韵母都是 ing。普通话中 iong 韵母字很少，常用的如"窘、炯、穷、琼、凶、胸、匈、汹、兄、雄、熊、拥、庸、佣、雍、永、勇、涌、用"等。

第三章　声调的学习

普通话中共有四个声调，即阴平、阳平、上声、去声，也就是我们通常说的第一声、第二声、第三声、第四声。

第一节　发　　音

一、四声发音

普通话有阴平、阳平、上声、去声四个调类，用五度标记为：55 调值、35 调值、214 调值、51 调值。

1. 阴平

调值 55，特点是高而平。声音自始至终都是高的，中间没有升降变化。发音时，声带始终紧张，而且松紧度前后一致。阴平调又叫高平调，通常称为第一声。

发音例词：

奔波 bēn bō	分割 fēn gē	芬芳 fēn fāng
增加 zēng jiā	疏松 shū sōng	播音 bō yīn
发挥 fā huī	丰收 fēng shōu	参观 cān guān

2. 阳平

调值 35，特点是高而升。声音从比较高的 3 度很快地滑到最高度。发音时，声带由较紧迅速地过渡到紧。阳平调又叫中升调，通常称为第二声。

发音例词：

重逢 chóng féng	和谐 hé xié	芜杂 wú zá
彤云 tóng yún	蚕食 cán shí	源泉 yuán quán
豺狼 chái láng	完全 wán quán	吉祥 jí xiáng

3. 上声

调值 214，特点是先降后升。声音从 2 度降到 1 度，再升到 4 度。发音时，声带由半松状态再松下去，紧接着再紧起来。上声调又叫降升调，通常称为第三声。

发音例词：

讲演 jiǎng yǎn	委婉 wěi wǎn	笼统 lǒng tǒng
橄榄 gǎn lǎn	管理 guǎn lǐ	勉强 miǎn qiǎng
捆绑 kǔn bǎng	眼睑 yǎn jiǎn	洗礼 xǐ lǐ

4. 去声

调值 51，特点是高降。声音从最高的 5 度，迅速地降到最低的 1 度。发音时，声带由最紧张状态，迅速地松到最松状态。去声调又叫高降调，通常称为第四声。

发音例词:

锻炼 duàn liàn	恶劣 è liè	校对 jiào duì
策略 cè lüè	句读 jù dòu	造诣 zào yì
脆弱 cuì ruò	怯懦 qiè nuò	胜利 shèng lì

二、发音指导

普通话四声见表3-1。

表 3-1　普通话四声

调类	调值	调值说明	调号	例字
阴平	高平调55	起音高高一路平	－	中
阳平	中升调35	由中到高往上升	ˊ	华
上声	降升调214	先降后升曲折起	ˇ	伟
去声	高调降51	高起猛降到低层	ˋ	大

声调训练,一要按五度标记格式训练;二要注意声调之间的相互作用和影响;三要考虑受众听觉对声调接收、分辨的规律。这三点是声调训练技巧把握的关键。通常,用朗读词和词组来练习声调。

1. 阴平·阴平

当阴平和阴平相连时,如"播音"的发音,第二个字(阴平,55调值)要比第一个字(阴平,55调值)高一些,长一些,这样也配合了"中重"格式的读音,听起来有韵律感,给听者以美的享受。

发音例词:阴+阴

参差 cēn cī	村庄 cūn zhuāng	辛酸 xīn suān
青春 qīng chūn	痴心 chī xīn	师资 shī zī
朝晖 zhāo huī	粗糙 cū cāo	丰收 fēng shōu

2. 阴平·阳平

当阴平和阳平相连时,如"光明",许多人往往在第二个字"明"(阳平,35调值)的读音上不到位,表现在调值上,有的发成"34",有的发成"445",使人听上去感觉发音不足,没有韵味,没有美感。所以发音时,应该注重将"明"发好,充分体现出"35"调值的全过程,体现出这个词的"中重"格式。

发音例词:阴+阳

拼搏 pīn bó	官僚 guān liáo	通俗 tōng sú
加强 jiā qiáng	高潮 gāo cháo	居留 jū liú
渊博 yuān bó	殷勤 yīn qín	雍容 yōng róng

3. 阳平·阴平

当阳平和阴平相连时,如"革新",调值是[35]-[55],一些人容易读成[45]-[54],"革"字起点高一度,"新"字结尾低一度,调值的发音不到位,听起来不清晰,不鲜明,没有韵律感。克服这一问题的办法是,将"革"字调值的起点低移至"3",将

"新"字"55"调值保持住，并略感平中有升，加以延长。

发音例词：阳+阴

旁观 páng guān	集资 jí zī	灵通 líng tōng
乾坤 qián kūn	崇高 chóng gāo	房间 fáng jiān
直接 zhí jiē	蹒跚 pán shān	零星 líng xīng

4. 阴平·去声

当阴平和去声相连时，如"播送"，应该是［55］－［51］，有人读成［54］－［42］，调值不到位，练习时，应将"播"［55］适度延长保持，"送"的起点要高，一定要到"5"，结束时，一定要很鲜明地落到"1"。

发音例词：阴+去

欣慰 xīn wèi	憎恶 zēng wù	荒废 huāng fèi
尊重 zūn zhòng	恢复 huī fù	安适 ān shì
接洽 jiē qià	滋润 zī rùn	饥饿 jī'è

5. 阴平·上声

当阴平和上声相连时，如"歌曲"，应该是［55］－［214］，很容易读成［54.5］－［323］，所以发音时，"歌"一定要保持住"55"，适度延长，"曲"［214］一定要下到"1"，要收音到位。

发音例词：阴+上

冠冕 guān miǎn	屈指 qū zhǐ	呼喊 hū hǎn
纲领 gāng lǐng	开始 kāi shǐ	基础 jī chǔ
温暖 wēn nuǎn	钢笔 gāng bǐ	充满 chōng mǎn

6. 阳平·阳平

当阳平和阳平相连时，如"辽宁"，调值应是［35］－［35］。一些人容易发成［35］－［44.5］。训练时，为纠正这类问题，可发成［35］－［36］，发"宁"时适度夸张、上扬，这样在朗读的自然状态中，就能够保持［35］了，不然，一松懈，就会到［44.5］了。

发音例词：阳+阳

寒流 hán liú	重叠 chóng dié	财源 cái yuán
阁楼 gé lóu	赔偿 péi cháng	实习 shí xí
琳琅 lín láng	缠绵 chán mián	衡量 héng liáng

7. 阳平·上声

当阳平和上声相连时，如"齐鲁"，调值是［35］－［214］，一些人容易发成［34］－［434］。为了保证调值的准确，这里的关键是，"鲁"一定要从"2"起，落到"1"，再到"4"。

发音例词：阳+上

凉爽 liáng shuǎng	儒雅 rú yǎ	灵感 líng gǎn
嘲讽 cháo fěng	长久 cháng jiǔ	明显 míng xiǎn
和蔼 hé'ǎi	迟缓 chí huǎn	唇齿 chún chǐ

8. 阳平·去声

当阳平和去声相连时，如"隆重"，调值是［35］－［51］，容易出现的问题是［34］－

[42]。所以要使调值正确，发音时，上行陡直一些，坡度要鲜明，下来时一定要下到底"1"。

发音例词：阳+去

愁闷 chóu mèn	排列 pái liè	澎湃 péng pài
遗憾 yí hàn	角色 jué sè	狂妄 kuáng wàng
层次 céng cì	凝重 níng zhòng	别墅 bié shù

第二节　方音辨正

学习普通话声调，就要明确方言和普通话声调的对应关系，明确古今声调的对应关系。汉语方言声调对照表见表3-2。

表3-2　汉语方言声调对照表

方言区	地名	平声 天	平声 平	上声 古	上声 老	上声 近	去声 放	去声 大	入声 急	入声 各	入声 六	入声 杂	声调数
北方方言区	北京（普通话）	阴平 55	阳平 35	上声 214			去声 51		入声分别归阴阳平去上				4
	沈阳	阴平 44	阳平 35	上声 213			去声 41		入声分别归阴平、阳平、去声				4
	济南	阴平 213	阳平 42	上声 55			去声 21		入声分别归阴平、阳平、去声				4
	烟台	平声 31		上声 214			去声 55		入声分别归阴阳平去上				3
	兰州	阴平 31	阳平 53	上声 442			去声 13		归去上			归阳平	4
	西安	阴平 44	阳平 24	上声 42			去声 55		入声分别归阴阳平上去				4
	成都	阴平 44	阳平 41	上声 52			去声 13		归阳平				4
	南京	阴平 31	阳平 13	上声 52			去声 44		入声 5				5
	太原	平声 11		上声 53			去声 45		阴入 2		阳入 54		5
吴方言区	苏州	阴平 44	阳平 13	上声 52	归阳去	阳去 412		阳去 31	阴入 5		阳入 2		7
	绍兴	阴平 41	阳平 15	阴上 55	阳上 22	阳去 44		阳去 31	阴入 5		阳入 32		8
	上海	阴平 54	阳平 24	上声 33		归上声		归阳平	阴入 5		阳入 2		5
湘方言区	长沙	阴平 33	阳平 13	上声 41		阴去 45		阳去 21	入声 24				6

续表 3-2

方言区	地名	平声		上声			去声		入声				声调数
	古调类例字	天	平	古	老	近	放	大	急	各	六	杂	
赣方言区	南昌	阴平42	阳平24	上声213			阴去55	阳去31	入声5				6
客方言区	梅县	阴平44	阳平11	上声31			去声52		阳入21		阳入5		6
闽方言区	福州	阴平44	阳平52	上声31		阳去242	阴去213	阳去242	阳入23		阳入4		7
	厦门	阴平55	阳平24	上声51		阳去33	阴去11	阳去33	阳入32		阳入5		7
粤方言区	广州	阴平53	阳平21	阴上35	阳上13		阳去33	阳去22	上阴入55	下阴入33	阳入22		9
	南宁（亭子）	阴平41	阳平21	阴上33	阳上24	阳去55		阳去22	上阴入55	下阴入33	上阳入24	下阳入22	10
	玉林	阴平54	阳平32	阴上33	阳上23	阳去52		阳去21	上阴入5	下阴入3	上阳入2	下阳入1	10

从表 3-2 中可以看出，各地方言声调与普通话声调都存在着一定的对应关系。只有在比较中找出差别，才能对声调进行辨正。下面就以辽宁方言为例，对辽宁方言的声调进行辨正。

辽宁方言有四个支方言区。分别是辽西支方言区、辽中支方言区、辽东支方言区、辽南支方言区。在声调上有一个共同特点，就是各地区都没有入声，且大部分地区都有阴平、阳平、上声和去声四个调类。

在声调方面，辽宁方言与普通话的差异主要有两个方面：一是调值不同；二是各种声调所属字的范围不同。

一、调值辨正

虽然辽宁方言和普通话语音在声调上都有阴平、阳平、上声和去声四种声调，可是每种声调的调值与普通话并不完全一致，见表 3-3。

表 3-3　辽宁方言和普通话调值

	阴平	阳平	上声	去声
普通话	55	35	214	51
沈阳、法库、锦西、兴城、锦州、鞍山、北票	44	35	213	53
新民、彰武、北镇、黑山、台安	44	24	213	52
盘锦	44	35	213	53
西丰、康平、铁岭、辽中、凌源、喀左、建平	44	35	213	42

续表 3-3

	阴平	阳平	上声	去声
昌图	44	35	213	52
阜新、义县	44	34	213	53
本溪、新宾、海城	33	35	213	53
抚顺	33	34	213	52
绥中	33	34	213	53
锦县	33	24	213	53
凤城	33	35	213	52
辽阳、建昌、清原	33	35	213	42
开原	33	24	213	42
营口	312	35	213	53
盖平、宽甸、桓仁	312	35	213	53
岫岩、瓦房店	312	35	213	42
大连、丹东	312	34	213	53
长海、普兰店、庄河、东沟	312		213	53

辽宁方言大部分是四个声调，这与普通话一致，但其调值与普通话却有很大差别。从表 3-3 中可以看出，普通话的阴平调值为 55，辽宁方言的阴平调值为 44、33、312。普通话的阳平调值为 35，辽宁方言与普通话大部分一致。普通话的上声调值为 214，辽宁方言的上声调值为 213，普通话的去声调值为 51，辽宁方言的去声调值 52、53、42 各不相同。

以上比较表明，辽宁方言调值偏低，缺乏普通话声调的抑扬起伏，因此，学习普通话，需要提高声调的调值，增加调值的起降幅度。

1. 辽宁方言的阴平调值

普通话阴平调值 55，声音由最高度到最高度。辽宁方言读阴平字往往起音偏低，练习阴平字，注意肌肉要始终保持紧张，起音宜高且保持平稳，也可以在阴平字前加一个高升的阳平调，这样可以带动调值的升高，阳平的 35 调就可以把阴平的 55 调带读出来。

发音例词：阳+阴

夺标 duó biāo	曾经 céng jīng	国歌 guó gē
行踪 xíng zōng	拮据 jié jū	职称 zhí chēng
迷津 mí jīn	尘封 chén fēng	图书 tú shū

2. 辽宁方言的上声调值

普通话上声调值 214，声音由半低降到低再升到半高。辽宁方言读上声字，往往曲折度不够，尾音没有升到 4 度，只到 3 度音高。练习的方法，可将去声和上声搭配起来读，"以去辅上"，这样，可促使"上"的起点降低些，尾音就易升高了。

发音例词：去+上

线索 xiàn suǒ	瑞雪 ruì xuě	奋勇 fèn yǒng
地址 dì zhǐ	慰勉 wèi miǎn	赋予 fù yǔ
幻影 huàn yǐng	翅膀 chì bǎng	校友 xiào yǒu

3. 辽宁方言的去声调值

普通话去声调值51，声音由最高度降到最低度。辽宁方言读去声字，容易出现的主要问题是调值起点不够高。可以在去声音节前加上一个阳平音节，利用头尾相接时的声带状态，辅助后面的去声音节开头声带紧张，提高调值高度。

发音例词：阳+去

辽阔 liáo kuò　　　　排列 pái liè　　　　澎湃 péng pài

活跃 huó yuè　　　　角色 jué sè　　　　习惯 xí guàn

层次 céng cì　　　　尝试 cháng shì　　　别墅 bié shù

二、调类辨正

1. 辽宁方言的调类差异字

辽宁地区的调类虽然与普通话相同，但每种声调所属字的范围却不完全相同，少数字所属调类与普通话不一致。在辽宁地区中，这些调类差异字大部分固定在一个调类中。例如，"邮"，辽宁地区读为"yōu"（阴平），普通话读为"yóu"（阳平）；"灸"，辽宁地区读为"jiū"（阴平），普通话读为"jiǔ"（上声）；"克"，辽宁地区读为"kē"（阴平），普通话读为"kè"（去声）。这几个字尽管所属调类改变了，但固定在方言阴平调类中。对于这些调类差异字，需作归纳整理，然后一一进行记忆并逐渐掌握和运用，见表3-4~表3-7。

表3-4　辽西支方言区调类差异字表

方音	普通话	例　　字
阴平	阳平	昂曾搽垂从伐焚逢芙浑级及汲籍棘菊量疲虔囚泗渠仍融条填梧昔雄颜宜盈邮愚云耘绘竹
	上声	堡吵拱灸匹撇且矢帖倚诊
	去声	鲍不畜串钏担妇骇技妓间涧臼厩咎绢克刻酷赠帜馏衰擅涉拓蓄恤讶
阳平	阴平	疤逼播拨剥出堤跌都多敷孵帆姑夹皆慷颏捞骚叔虽缩突挖蛙纤勋邀摘诸蛛捉
	上声	遑佟抵脯髓享
	去声	畜鄂腭鳄萼愕范负复附害耗横获觅宁涩遂隧炫迅焰益逸渐蔗
上声	阴平	鳖褒插撑戳肤割戈刮忽几笺将菌扑侵屈曲衫豌危佷惜息熄蟋削侦脂汁织拙邹
	阳平	泊舶惩崇得迭蝶谍读胲而凡防福蝠辅符革阁葛国浑夹颊节结觉扛蒙脾仆蒲祈燃识韦吾熄咸吟舆执值植殖职
	去声	埠赤触促挫惮档稻悼的发附混或鲫剑校较禁菌拷劣臂迫粕趣锐色瑟舍慎室适释束宿粟卫血亚亦载暂质置稚滞秩纵
去声	阴平	巴糙供冠瑰激茎晴苟窥拼司缩剔诬兴压医
	阳平	惭乘阀还即籍集嫉辑没凝袭询延筵仪愉娱逾烛
	上声	鄙惨处给尽颈窘矩缅拟努且矢吐雪蚁

表 3-5　辽中支方言区调类差异字表

方音	普通话	例　字
阴平	阳平	昂驰弛俄级菊掘疲脾虔渠戎融填雄严宜邮愚
	上声	惨讽轨灸匹岂帖诊只
	去声	诧订妇技姘间克丧涉释为蓄恤赠
阳平	阴平	埃逼播拨剥擦拆吃出撮滴堤跌都妨敷孵割刮击积激夹接皆慷哭铺泼漆掐切屈塞骚失虱叔刷虽缩塌踢贴突脱挖屋勋压鸭押鸦腌扎摘织蛛捉桌
	上声	捣抵辅努矢髓索享只
	去声	必赤畜鄂范负复害耗横获或刻觅涩室释袜为异益釉再浙置
上声	阴平	巴鳖插撑戳都肤戈刮几笺禁勒劈扑颇侵曲杀危惜鲜削椰脂拙兹邹
	阳平	伯崇丛得蝶谍叠读而福革阁葛国夹节菊锚蒙疲脾蒲脯仍俗违桅媳职
	去声	壁埠触稻附腹或剑校较抗刻劣迫瑟宿粟踏态蓄亦与载暂质置纵
去声	阴平	糙供冠击激晶拼捏司剔吸压
	阳平	乘凡即集籍疾啼延宜愉娱烛
	上声	鄙惨处给尽颈努且吐瓦只

表 3-6　辽东支方言区调类差异字表

方音	普通话	例　字
阴平	阳平	昂驳薄曾搽查察驰侈垂娥俄毫华逢坟横级急疾掘来棱蓝擂离梨凉量笼聋驴埋棉眠忙门苗迷谜描民名铭模磨牟万谋南泥年粘牛疲旗虔渠折提玩梧吴围雄牙颜盐檐阎岩羊摇窑疑遗姨赢盈蝇尤鱼愚匀竹邮油云要饶人揉填闻纹迎
	上声	跛惨耻讽轨哄窘酒灸匹漂顷侮朽展爪诊疹组壤嚷攘
	去声	碍鲍倍诧畅偿称斥串钏怠旦但担妇付负够购互技姘间涧绢克酷溃愧勒酿契丧尚涉摄涮踏剃唾望瓮卧羡荫应赠仲奉叩昼智障
阳平	阴平	埃脏芭笆逼播擦拆吃出滴跌都兜敷帆孵戈根刮冠郭忽夹积基接皆阶揪居哭猫漆掐切缺突托屋瞎晰歇蝎宣鸭央秋狭椰幽腌扎摘捉拙桌
	上声	柏笔齿耻储此捣得抵腐辅给骨馁努品启岂强矢索艇享许仰允只
	去声	毕不次畜恶鄂鳄厄扼范复腹付附负赴各害耗榨浩皓横或获候寄既抗刻克辣腊烙丽恋量绿脉麦贸墨莫牧墓恰甚释室售卫迅亦益译釉柚与浙蔗置
上声	阴平	八褒逼鳖撑擦戳参凶拆搭发吃肤出冈割鸽庚羹估黑几笺骄结接禁究刊慷拉勒拎拈劈泼颇扑侵屈曲衫稍施虱失湿叔刷塌踢托脱秃豌微危威牺希稀息熄惜吸宵薛削依押鸭噎殷朝斟汁织脂之蜘抓邹捉拙跌
	阳平	泊才蝉崇丛达得德敌蝶谍迭而福符格革阁隔葛国吉节菊桔觉壳毛锚盟谋挠您脾嫖仆脯蒲仍儒停简屠围违维惟桅吾习袭媳淆旋玄研肴姨职资值轴烛族足竹
	去声	艾隘壁避辟陛并埠触促稻发各户混剑校较禁克客辣腊肋裂劣抹默糯懦诺臂迫恰却锐色涩啬瑟舍赦慎颂讼宿粟踏拓袜畏戊宪献陷屑钥异寓载暂赞制质至志痣滞稚雉帜秩掷纵座注

方音	普通话	例　字
去声	阴平	巴奔糙墩敦肛供击激佳监晶睛旌拼臊析相湘兴勋压约昭缩钻
	阳平	熬辰晨臣沉祠的读胰凡禾及集籍狂聊凝宁啼为无协延愉娱虞闸
	上声	把鄙惨处档斗拱尽颈卡攘伞吐舞与只努启拢览此闽

表 3-7　辽南支方言区调类差异字表

方音	普通话	例　字
阴平	阳平	昂熬驳薄巢蛾讹豪毫华级掘决来蓝雷擂棱厘狸离篱梨凉量临淋鳞零留榴硫笼聋楼炉驴萝锣麻埋忙毛门棉绵眠苗描模名铭魔磨谋拿南挠泥年粘鲇牛农挪疲囚瓢饶人融揉填玩完顽闻纹雄牙芽颜盐檐阎羊摇谣遥移夷迎赢蝇邮油游榆云
	上声	惨耻讽轨藕漂顷壤嚷攘
	去声	鲍伸但奉妇负够构购媾晃妓稼间涧菌叩凉量迈纳俏绕丧涉态望卫卧巷怨韵赠障智促昼
上声	阴平	八褒逼鳖擦插拆折吃出戳搭跌滴发割鸽庚羹估刮郭佳夹接禁揩刊器拉勒拈拍劈泼扑七漆侵缺塞杀稍虱失湿叔刷说塌踢贴秃托脱微危析息熄惜吸瞎削鸭鸦扎摘斟汁织脂之抓拙捉
	阳平	搽蝉偿崇答达得德而格革国吉急夹结节觉芦蒙明摩蒲仆仍识俗菊停违榄习淆研姨札职执轴竹足族
	去声	碍壁璧并不埠畅畜触创恶谷混校禁克刻客辣腊肋辆鹿绿落麦墨默奈臂迫恰呛热任入锐啬瑟涩设慎粟踏袜畏卫宪蓄验药钥叶暂制注纵座
去声	阴平	巴奔糙供冠积绩晶切呛虽突相压钻
	阳平	拔白薄雹鼻别伯博柏才财裁蚕残藏槽曾层茶察查柴缠谗常尝长肠朝潮晨辰臣陈尘沉乘承成城诚盛呈程迟池驰匙重虫愁酬仇绸稠筹锄除传船橡床垂锤纯醇唇词辞瓷祠慈磁从丛存矬的狄笛碟叠独读毒胰压额乏罚儿烦繁矾房肥坟冯逢佛服伏浮符扶孩含函韩航杭行核合盒河禾和荷横衡恒侯猴喉宏弘洪鸿红虹胡湖糊葫狐壶滑铧槐淮环还黄皇蝗回魂浑诒及极籍脊即集杰洁截局嚼绝壳狂葵蓝篮栏郎廊劳牢犁黎连莲廉镰帘怜联粮梁粱良疗辽聊林临邻磷伶铃凌陵菱灵刘龙隆楼卢仑轮伦罗骡蛮瞒矛茅锚梅枚霉迷谜民鸣男难能尼娘凝宁浓妈爬排牌盘旁袍刨培陪盆朋棚蓬彭膨皮脾便瓢贫频平评坪萍瓶屏凭婆葡齐其旗奇骑脐前钱钳乾虔强墙乔桥侨瞧茄勤芹琴禽擒秦情晴穷琼求球渠权全泉拳鹤蹰群裙然燃仁戎绒荣茸柔如勺蛇舌折神绳十什实石蚀时熟赎谁隋随台抬谈痰谭弹檀堂唐塘糖搪陶桃腾誊疼藤提题啼蹄田甜条调亭廷庭同铜桐童瞳头投徒途涂图屠团屯豚丸王亡维惟为榄文无吴梧席匣霞辖贤闲嫌衔详祥翔降鞋邪协行刑熊徐悬玄旋学锂寻循巡言严岩延洋扬杨姚宜疑银寅营愉余娱于盂虞原源元员圆袁辕援缘杂凿则择译责贼铡炸闸宅哲着直值佴执烛浊镯卒昨
	上声	把鄙彼储处闯此拱览揽拢某努启岂且舞享与只

2. 辽宁方言调类辨音比较

（1）辽宁方言读为阴平的字，普通话或读为阳平，或读为上声，或读为去声。注意下列词语中加点字的声调。

yóu	yú	jí	pí	réng
邮票	愚蠢	班级	疲劳	仍然
qí	méng	yín	fú	jí
其他	朦胧	呻吟	芙蓉	疾病
tián	cáo	jiǔ	pǐ	tiě
填空	嘈杂	针灸	布匹	请帖
qǐng	hǎn	wǔ	bǎi	
顷刻	罕见	侮辱	大伯子	
shǐ	chuǎi	kè	jì	
有的放矢	揣测	克服	技校	
dìng	zèng	shè	zhào	yìng
订正	敬赠	涉及	号召	应用
bào	shè	jiàn	dàng	bàng
姓鲍	摄影	间隔	当天	傍晚
jiù	yìn	xuàn		jiù
内疚	荫凉	渲染	既往不咎	
xiào	fù	jiù	xiào	tiè
咆哮	妇女	脱臼	肖像	字帖

（2）辽宁方言读为阳平的字，普通话或读为阴平，或读为上声，或读为去声。注意下列词语中加点字的声调。

āi	bī	bō	bō	bō
挨打	逼迫	广播	拨款	剥削
cā	shuō	chī	chū	dī
擦地	说话	吃饭	出去	滴水
diē	fū	fū	gē	guā
跌倒	敷衍	孵化	割草	刮风
jī	jiā	jiē	jiē	
积极	夹子	接受	皆大欢喜	
kū	qiā	qiē	qū	shū
哭泣	掐掉	切菜	抱屈	叔父
shī	sāi	shuā	suī	tiē
失败	塞住	刷子	虽然	贴上
tī	tuō	wā	wū	xūn
踢球	脱掉	挖井	屋里	功勋
yā	tā	yā	gē	zhāi
押宝	塌陷	鸭子	搁浅	摘要

zhuō	zhuō	tū	hū	wēi
捉住	桌椅	突然	忽然	危险
lūn	zhī	mā	gē	duō
抡起	知道	抹布	胳膊	多少
dā	pēi	xiǎng	hǔ	qiǎng
答应	胚胎	享受	水浒	勉强
dǐ	yǎo tiǎo	xǐ	suǐ	mǐng
抵抗	窈窕	迁徙	骨髓	酩酊
fàn	fù	hào	hèng	shì
师范	复杂	消耗	蛮横	双室
yì	yì	zhè	è	zhì
异议	益处	浙江	上颚	处置
xùn	huà	hài	chì	suì
迅速	桦林	害怕	赤道	隧道
zhè	chù	shì	yàn	yì
甘蔗	畜生	适宜	火焰	友谊
liào	wèi	fù	hòu	
瞭望	因为	束缚	候鸟	

（3）辽宁方言读为上声的字，普通话或读为阴平，或读为阳平，或读为去声。注意下列词语中加点字的声调。

zhī	chā	chuō	gē	jī
脂肪	穿插	邮戳	戈壁	几乎
jiān	pī	pū	qīn	qū
信笺	劈柴	扑灭	侵略	曲解
xī	xī	xiǎn	xuē	
可惜	作息	鲜为人知	剥削	
jūn	xī	fū	chēng	tā
细菌	膝盖	皮肤	撑腰	踏实
xī	piē	zōu	chóng	cóng
获悉	瞥见	姓邹	崇高	丛刊
dé	dié	dié	dié	cí
得到	通牒	蝴蝶	间谍	雌雄
ér	gé	guó	guó	fú
而且	改革	国家	巾帼	幸福
fú	fú	fú	chú	jié
辐射	蝙蝠	幅员	蹰躇	节约
máo	pú	pú	wéi	xí
抛锚	胸脯	蒲扇	违背	媳妇

zhí	zhí	pú	jué	qián
职工	执行	仆人	觉得	潜力
jué	chéng	yú	rú	pí
角色	惩罚	舆论	妇孺	脾脏
fù	jiàn	jiào	liè	sù
腹部	利剑	比较	恶劣	住宿
zàn	zhì	hùn	lüè	chù
暂时	质量	混合	掠夺	接触
pì	fù	cù	ruì	yà
偏僻	附近	促进	尖锐	亚洲
huì	jiào	pì	dào	dàng
教诲	校对	开辟	追悼	档案
cuò	zhì	jì	jìn	yù
挫折	秩序	鲫鱼	禁止	参与

（4）辽宁方言读为去声的字，普通话或读为阴平，或读为阳平，或读为上声。注意下列词语中加点字的声调。

gōng	jī	jīng	pīn	tī
供应	激动	结晶	拼音	剔除
xī	yā	qiāng	suō	yān
吸收	挤压	呛水	收缩	燕东
guī	shū	diāo	kuī	chā
玫瑰	淑女	碉堡	窥探	差别
yūn	zhū	pīn	jīng	
晕头转向	诸位	姘居	茎叶	
kē	jī	zēng	sī	fēn
苛求	滑稽	憎恨	司机	氛围
chéng	fán	jí	jí	yán
乘车	凡是	即刻	书籍	延安
yí	yú	yú	jí	chí
适宜	愉快	娱乐	集合	持续
jí	yí	cán	jí	xué
及格	仪表	惭愧	编辑	洞穴
jí	yán	yí	yú	yán
棘手	沿着	颐和园	逾期	筵席
jí		hé	liáo	bié
嫉妒		一丘之貉	聊斋	蹩脚
bǐ	chǔ	jǐn	jǐng	qiě
卑鄙	处理	尽管	长颈鹿	而且

tǔ	zhǎn	jǔ	nǐ	bǐ
谈吐	崭新	矩形	拟人	匕首

（5）声调对比辨音。

基数（jī）	一批（pī）	夫人（fū）
级数（jí）	一匹（pǐ）	妇人（fù）

机能（jī）	一颗（kē）	广播（bō）
技能（jì）	一克（kè）	广博（bó）

服药（fú）	详尽（xiáng）	符合（fú）
敷药（fū）	享尽（xiǎng）	复核（fù）

油脂（zhī）	指责（zhǐ）	指数（zhǐ）
油纸（zhǐ）	职责（zhí）	质数（zhì）

臂膊（bì）	小解（jiě）	打散（sàn）
鄙薄（bǐ）	小节（jié）	打伞（sǎn）

洁净（jìng）	隔断（gé）	镯子（zhuó）
结晶（jīng）	割断（gē）	桌子（zhuō）

计日（jì）	茶镜（jìng）	班机（jī）
即日（jí）	茶晶（jīng）	班级（jí）

记起（jì）	染料（rǎn）	巨型（jù）
激起（jī）	燃料（rán）	矩形（jǔ）

优惠（yōu）	解约（jiě）	污辱（wū）
邮汇（yóu）	节约（jié）	侮辱（wǔ）

船舶（bó）	城墙（chéng）	期终（qī）
传播（bō）	逞强（chěng）	其中（qí）

国籍（jí）	处决（chǔ）	编辑（jí）
国际（jì）	触觉（chù）	边际（jì）

凡例（fán）	地址（zhǐ）	扶助（fú）
范例（fàn）	地质（zhì）	辅助（fǔ）

第四章　音变的学习

人们说话时，语音不是一个个孤立发出来的，而是连续发出来的，这样，相邻的音素、音节及其声调就会相互影响，产生语流音变，简称音变。语流音变可分为变调和变音两部分。

第一节　变　　调

变调常见的是上声的变调，"一、不"的变调，以及叠字形容词的变调。

一、上声的变调

（1）两个上声相连，前一个上声调值变35；在原为上声改读轻声的字音前，则有两种不同的变调，有的变35，有的变21。

发音例词：

在上声前变35：

法网 fá wǎng	奶粉 nái fěn	捆绑 kún bǎng
反省 fán xǐng	恼火 náo huǒ	讲稿 jiáng gǎo
指导 zhí dǎo	荏苒 rén rǎn	感慨 gán kǎi

在轻声前变35：

捧起 péng qi	等等 déng deng	讲讲 jiáng jiang
想起 xiáng qi	跑跑 páo pao	走走 zóu zou

在轻声前变21：

嫂子 sǎo zi	尾巴 wěi ba	毯子 tǎn zi
奶奶 nǎi nai	姐姐 jiě jie	老婆 lǎo po
耳朵 ěr duo	马虎 mǎ hu	口袋 kǒu dai

（2）在非上声（阴平、阳平、去声）的前面，调值由214变21。

发音例词：

首都 shǒu dū	北京 běi jīng	统一 tǒng yī
祖国 zǔ guó	海洋 hǎi yáng	语言 yǔ yán
解放 jiě fàng	土地 tǔ dì	巩固 gǒng gù

（3）三个上声相连，开头、当中的上声音节有两种变调：

1）当词语的结构是"双单格"时，开头、当中的上声音节调值变为35。

发音例词：

展览/馆	管理/组	选举/法	洗脸/水
勇敢/者	敏感/点	水彩/笔	蒙古/语

虎骨/酒	草稿/纸	跑马/表	打靶/场
考古/所	讲演/稿	水手/长	品种/少

2) 当词语的结构是"单双格",开头音节处在被强调的逻辑重音时,读作"半上",调值变为21,当中音节则按两字组变调规律变为35。
发音例词:

党/小组	很/理想	冷/处理	纸/老虎
海/产品	好/导演	搞/管理	老/保守
小/拇指	讲/法语	有/影响	撒/火种
孔/乙己	买/水果	有/几种	小/两口
耍/笔杆	请/允许	好/总理	纸/雨伞

(4) 如果连续的上声字不止三个,则可以根据词语含义适当分组按上述办法变调。
发音例词:

彼此/友好 (阳+上+阳+上)

买把/雨伞 (阳+上+阳+上)

老李/想走 (阳+上+阳+上)

请往/北走 (阳+上+阳+上)

海/产品/展览 (上+阳+上+阳+上)

我/找/柳/馆长 (阳+上+上+阳+上)

我/很/了解/你 (阳+上+阳+上+上)

马场/有/五种/好马 (阳+上+上+阳+上+阳+上)

请你/给我/打点儿/洗脸水 (阳+上+阳+上+阳+上+阳+阳+上)

李/小姐/表演/两场/舞蹈 (上+阳+上+阳+上+阳+上+阳+上)

二、"一"的变调

(1) "一"单独使用,用在词语末尾或它后头紧跟着别的数词时读原调——阴平(55)。
发音例词:

一 yī	万一 wàn yī	唯一 wéi yī
五一 wǔ yī	十一 shí yī	第一 dì yī

(2) 在去声前,一律变阳平 (35)。
发音例词:

一对 yí duì	一样 yí yàng	一向 yí xiàng
一定 yí dìng	一次 yí cì	一个 yí gè
一道 yí dào	一扇 yí shàn	一面 yí miàn

(3) 在非去声 (阴平、阳平、上声) 前,变去声 (51)。
发音例词:

一家 yì jiā	一间 yì jiān	一边 yì biān
一瓶 yì píng	一直 yì zhí	一条 yì tiáo
一起 yì qǐ	一笔 yì bǐ	一嘴 yì zuǐ

（4）嵌在相同的动词的中间，读轻声。

发音例词：

想一想 xiǎng yi xiǎng	看一看 kàn yi kàn
说一说 shuō yi shuō	管一管 guǎn yi guǎn
试一试 shì yi shì	动一动 dòng yi dòng

三、"不"的变调

（1）单独使用或在词尾以及在非去声前读原调——去声（51）。

发音例词：

不黑 bù hēi	不平 bù píng	不久 bù jiǔ
不说 bù shuō	不红 bù hóng	不懂 bù dǒng
不吃 bù chī	不白 bù bái	不老 bù lǎo

（2）在去声前，变为阳平（35）。

发音例词：

不错 bú cuò	不利 bú lì	不怕 bú pà
不对 bú duì	不配 bú pèi	不去 bú qù
不会 bú huì	不是 bú shì	不干 bú gàn

（3）嵌在相同的动词中间，读轻声。

发音例词：

来不来 lái bu lái	肯不肯 kěn bu kěn
找不找 zhǎo bu zhǎo	开不开 kāi bu kāi
行不行 xíng bu xíng	对不对 duì bu duì

（4）在可能补语中读轻声。

发音例词：

来不及 lái bu jí	大不了 dà bu liǎo
赶不上 gǎn bu shàng	坐不下 zuò bu xià
想不到 xiǎng bu dào	了不起 liǎo bu qǐ

四、叠字形容词的变调

1. AA 式的变调

AA 式为形容词单音节重叠的形式。如"高高""红红""深深"等，一般不变调。当 AA 式后加儿尾，重叠的第二个音节变成"儿化韵"时，第二个音节变成阴平。

发音例词：

慢慢儿的 màn mānr de	快快儿的 kuài kuāir de
好好儿的 hǎo hāor de	长长儿的 cháng chāngr de
满满儿的 mǎn mānr de	圆圆儿的 yuán yuānr de

2. ABB 式变调

ABB 式若重叠的音节为阴平则不必变调，若非阴平则变读成为阴平。

发音例词：

亮堂堂 liàng tāng tāng　　　　　明晃晃 míng huāng huāng

红彤彤 hóng tōng tōng　　　　　黑洞洞 hēi dōng dōng

香喷喷 xiāng pēn pēn　　　　　蓝莹莹 lán yīng yīng

绿油油 lǜ yōu yōu　　　　　　　空荡荡 kōng dāng dāng

毛茸茸 máo rōng rōng　　　　　沉甸甸 chén diān diān

软绵绵 ruǎn miān miān　　　　　火辣辣 huǒ lā lā

湿淋淋 shī līn līn　　　　　　　懒洋洋 lǎn yāng yāng

乱蓬蓬 luàn pēng pēng　　　　　慢腾腾 màn tēng tēng

变调发生在口语词中，书面语词一般不变调。例如：

赤裸裸 chì luǒ luǒ　　　　　　　恶狠狠 è hěn hěn

金灿灿 jīn càn càn　　　　　　　红艳艳 hóng yàn yàn

下面，把修订的《现代汉语词典》中的 ABB 式叠字形容词收集于表 4-1 中。

表 4-1　ABB 式叠字形容词

音序	BB 读原调	BB 本调为阴平或须变调为阴平					
a		矮墩墩					
b	白茫茫	白皑皑	白花花	白蒙蒙	白晃晃	碧油油	
c	赤裸裸　赤条条	颤巍巍	沉甸甸	臭烘烘	臭乎乎	喘吁吁	翠生生
e	恶狠狠						
f		肥奄奄					
g	孤零零　光灿灿　光闪闪	干巴巴	骨碌碌	光溜溜	光秃秃		
h	黑沉沉　黑茫茫　红艳艳 黄灿灿　灰沉沉	汗津津 黑压压 虎生生	汗淋淋 黑油油	好端端 黑黝黝	黑洞洞 红扑扑	黑糊糊 红彤彤	黑蒙蒙 厚墩墩	黑黢黢 虎彪彪
j	金灿灿　金闪闪	急巴巴 紧巴巴	急匆匆 紧绷绷	假惺惺 静悄悄	尖溜溜	娇滴滴	金煌煌	金晃晃
k	空荡荡　空洞洞　空落落						
l	乐陶陶　泪涟涟　亮闪闪	辣乎乎 乐滋滋 凉丝丝 绿茸茸 乱腾腾	辣丝丝 泪汪汪 凉飕飕 绿生生 乱糟糟	辣酥酥 冷冰冰 亮光光 绿莹莹	蓝莹莹 冷清清 亮晶晶 绿油油	蓝盈盈 冷森森 亮堂堂 乱纷纷	懒洋洋 冷丝丝 亮锃锃 乱哄哄	乐呵呵 冷飕飕 亮铮铮 乱蓬蓬
m	闷（mēn）沉沉 闷（mèn）沉沉　明闪闪	满当当 美滋滋	满登登 明晃晃	慢腾腾 木呆呆	慢悠悠	毛烘烘	毛乎乎	毛茸茸
n	暖融融　暖洋洋	闹哄哄	闹嚷嚷	蔫乎乎	怒冲冲	暖烘烘	暖乎乎
p	平展展	胖墩墩	胖乎乎				
q	气昂昂	气冲冲 清凌凌	气呼呼	气咻咻	气吁吁	怯生生	轻飘飘	轻悠悠
r		热烘烘	热乎乎	热辣辣	热腾腾	软绵绵	

续表 4-1

音序	BB 读原调	BB 本调为阴平或须变调为阴平
s		傻呵呵　湿淋淋　湿漉漉　水淋淋　水汪汪　酸溜溜
t		甜津津　甜丝丝
w	雾沉沉	文绉绉　雾茫茫
x	喜洋洋　香馥馥	稀溜溜　喜冲冲　喜滋滋　咸津津　香喷喷　响当当　笑哈哈 笑呵呵　笑咧咧　笑眯眯　笑嘻嘻　笑吟吟　血（xiě）糊糊 血（xiě）淋淋　雄赳赳　羞答答
y	圆鼓鼓　圆滚滚	眼巴巴　眼睁睁　硬邦邦　油乎乎
z	直挺挺	直瞪瞪　直撅撅　醉醺醺

3. AABB 式的变调

轻声词重叠成的 AABB 式口语词，第二音节变读轻声，第三、四音节变读阴平。
发音例词：

结结实实 jiē jie shī shī　　　　　漂漂亮亮 piào piao liāng liāng
别别扭扭 biè bie niū niū　　　　　踉踉跄跄 liàng liang qiāng qiāng
马马虎虎 mǎ ma hū hū　　　　　干干净净 gān gan jīng jīng
模模糊糊 mó mo hū hū　　　　　严严实实 yán yan shī shī
舒舒服服 shū shu fū fū　　　　　稳稳当当 wěn wen dāng dāng
规规矩矩 guī gui jū jū　　　　　明明白白 míng ming bāi bāi
客客气气 kè ke qī qī　　　　　　热热闹闹 rè re nāo nāo
亮亮堂堂 liàng liang tāng tāng

非轻声词重叠成的 AABB 式词不变调。例如：

花花绿绿 huā huā lù lù　　　　　轰轰烈烈 hōng hōng liè liè
原原本本 yuán yuán běn běn　　　兢兢业业 jīng jīng yè yè
高高兴兴 gāo gāo xìng xìng　　　平平常常 píng píng cháng cháng
闪闪烁烁 shǎn shǎn shuò shuò

少数轻声词重叠成的 AABB 式词，用在书面上也可以不变调。例如：

清清楚楚 qīng qīng chǔ chǔ　　　明明白白 míng míng bái bái
老老实实 lǎo lǎo shí shí

第二节　变　　音

变音也称变读，包括轻声、儿化以及"啊"的变读。

一、轻声

1. 普通话的轻重音

普通话轻重音分为重音、中音、次轻音、最轻音四个等级。

（1）重音，指词的重读音节。普通话中双音节、三音节、四音节词处在末尾的音节大多数读作重音。重音音节一般情况下不产生变调。例如：拼音、冰激凌、二氧化碳。

（2）中音，指不强调重读也不特别轻读的一般的音节，又称为"次重音"。例如：汽车、出版、语法。

（3）次轻音，指比"中音"略轻，声调受到影响，调值不够稳定，但调形的基本特征仍然依稀可辨的音节。声母和韵母没有明显变化。例如：老虎、诗人、战士、男子、看一看、去不去、西红柿、无线电、稀里糊涂、慌慌张张。

（4）最轻音，指特别轻读的音节。比正常重读音节的音长短得多，完全失去原调调值，重新构成自己特有的调值。韵母或声母往往发生明显变化。最轻音音节就是普通话的轻声音节，绝大多数出现在双音节词中，在双音节词中只出现在后一个音节。例如：桌子、衣裳、豆腐。

2. 普通话词的主要轻重音格式

（1）单音节词绝大多数重读，只有极少数固定读作次轻音或最轻音：

助词"的、地、得、着、了、过"和语气词"吧、嘛、呢、啊"等，读作最轻音。例如：

他的、用力地、觉得、人呢、吃啦。

名词、代词后面表示方位的语素或词"上、下、里、边"等，读作次轻音。例如：这里、那里、前面、外面、天上、地下、左边、下边。

动词、形容词后面表示趋向的词"来、去、起来、下去"等，读作次轻音。例如：进来、回去、拿起、丢下、跑过来、爬起来。

（2）双音节词的轻重音格式：

1）中·重。前一个音节读中音，后一个音节读重音。双音节词绝大多数是这个格式。例如：公众、萌生、草帽、相信、祖国、小学、楼房。

2）重·次轻。前一个音节读重音，后一个音节读次轻音。后面轻读的音节，声母、韵母一般没有变化，原调调值仍依稀可辨，但不够稳定。有人读得较轻，甚至读作最轻音（轻声），有人则把它读成"中·重"的格式。这部分词即所谓"可轻可不轻"的情况，不应划归"轻声词"（汉语拼音要标出声调符号），但实际读音可以允许后一个音节轻读（次轻音）。例如：工人、手艺、娇气、男子、女士、老鼠、老虎。

3）重·最轻。前一个音节读重音，后一个音节读最轻音。这是轻声词的主要语音结构。例如：妈妈、谢谢、石头、她们、孩子、样子、棉花、蘑菇。

（3）三音节词的轻重音格式：

1）中·次轻·重。末尾的音节读重音，第一个音节读中音。中间的音节读次轻音，声调不太稳定，在慢速的读音中仍保持原调调形，而在一般的会话速度里，会产生某种变调。这是绝大多数三音节词的轻重音格式。例如：炊事员、打字机、创造性、殖民地。

2）中·重·最轻。中间的音节读重音，第一个音节读中音，末尾的音节读最轻音。这种格式在三音节词中占少数。其中有的相当于双音节"重·最轻"格式前加上一个限制修饰成分或词缀。有的相当于双音节"中·重"格式后加一个轻读的词缀。例如：胡萝卜、小伙子、老头子、好家伙、老乡们、同学们。

3）中·轻·重。第一个音节读中音，中间的音节最弱，重音应该落在末一音节上。例如：生意经、冷不防、菜市口。

4）重·最轻·最轻。第一个音节读重音，后面两个音节都读最轻音。其中有的相当于双音节"重·最轻"格式后加上一个轻读的词缀。这种格式的三音节词数量较少。例如：姑娘们、朋友们、娃娃们。

（4）四音节词的轻重音格式：

1）中·次轻·中·重。末尾的音节读重音，第一个和第三个音节读中音，第二个音节读次轻音。这个格式在四音节词中占绝大多数，包括四字成语在内。例如：自力更生、不动声色、层出不穷、此起彼伏。

2）中·次轻·重·最轻。重音在第三个音节，第一个音节读中音。有两个轻读音节，第二个音节读次轻音，末尾的音节读最轻音。这种格式在四音节词中占极少数。例如：如意算盘、外甥媳妇（儿）。

3）中·重·中·重。第二个音节、第四个音节读重音。但第四个音节应比第二个音节明显的重一些。例如：赴汤蹈火、移风易俗、枪林弹雨、丰衣足食。

3. 轻声的语音特性

语音实验证明，轻声音节特性是由音高和音长这两个比较重要的因素构成的。从音高上看，轻声音节失去原有的声调调值，变为轻声音节特有的音高形式，构成轻声调值。从音长上看，轻声音节一般短于正常重读音节的长度，可见音长短是构成轻声特性的另一重要因素。尽管轻声音节音长缩短，但它的调形仍然可以分辨，并在辨别轻声时起着不可忽视的作用。

轻声音节的调值形式：

（1）当前一个音节声调是阴平的时候，后一个轻声音节的调形是短促的半低调，调值为2。例如：

阴平·轻声　　丫头 yā tou　　　　　包袱 bāo fu　　　　　抽屉 chōu ti

　　　　　　　窗户 chuāng hu　　　玻璃 bō li　　　　　　煎饼 jiān bing

（2）当前一个音节声调是阳平的时候，后一个轻声音节的调形是短促的中高调，调值为3。例如：

阳平·轻声　　材料 cái liao　　　　舌头 shé tou　　　　　拳头 quán tou

　　　　　　　瓶子 píng zi　　　　　咱们 zán men　　　　　值得 zhí de

（3）当前一个音节的声调是上声的时候，后一个轻声音节的调形是短促的半高平调，调值为4。例如：

上声·轻声　　耳朵 ěr duo　　　　　枕头 zhěn tou　　　　　鬼子 guǐ zi

　　　　　　　本子 běn zi　　　　　暖和 nuǎn huo　　　　　恶心 ě xin

（4）当前一个音节声调是去声的时候，后一个轻声音节的调形是短促的低降调，调值为1。例如：

去声·轻声　　芥末 jiè mo　　　　　簸箕 bò ji　　　　　　念头 niàn tou

　　　　　　　认得 rèn de　　　　　木头 mù tou　　　　　　样子 yàng zi

轻声音节音色的变化（韵母弱化）：

（1）主要元音舌位趋向中央。例如：哥哥 gēge〔kɣkə〕，棉花 miánhua〔miænxuə〕。

（2）有的轻声音节的韵母脱落了，例如："豆腐""丈夫""工夫"中"腐""夫"fu>f，"意思"的"思"si>s。助词"的"、词缀"子"也会发生这种变化，di>de>d, zi>ze>z。

（3）有的轻声音节的韵母由复合元音变为单元音。例如："妹妹"［mei>me］、"奶奶"［nɑi>nɛ］、"眉毛"的"毛"［mɑo>mɔ］、"牲口"的"口"［k'əu>k'o］。

轻声音节的音色变化是不稳定的。语音学习只要求学生掌握已经固定下来的轻声现象（字典、词典已收入的）。

二、儿化

1. 儿化的发音

（1）韵母或韵尾是 ɑ、o、e、ê、u 的，韵母直接卷舌。例如：

页码儿（mǎ→mǎr）

豆芽儿（yá→yár）

粉末儿（mò→mòr）

书桌儿（zhuō→zhuōr）

山歌儿（gē→gēr）

小街儿（jiē→jiēr）

水珠儿（zhū→zhūr）

（2）韵尾是 i、n 的，儿化时丢掉韵尾，主要元音卷舌。例如：

锅盖儿（gài→gàr）

土块儿（kuài→kuàr）

心眼儿（yǎn→yǎnr）

手绢儿（juàn→juàr）

（3）韵尾是 ng 的，儿化时去掉韵尾，主要元音鼻化（鼻化用~表示），同时卷舌。例如：

小王儿（wáng→wár）

帮忙儿（máng→már）

天窗儿（chuāng→chuār）

（4）韵母是 i、ü 的，韵母不变，加上卷舌韵母 er。例如：

小鸡儿（jī→jīér）

玩意儿（yì→yìer）

金鱼儿（yú→yúer）

毛驴儿（lú→lúer）

（5）韵母是 -i［ʅ］、-i［ɿ］的，丢掉韵母，加上卷舌韵母 er。例如：

石子儿（zǐ→zěr）

铁丝儿（sī→sīr）

树枝儿（zhī→zhēr）

喜事儿（shì→shèr）

（6）韵母是 ün、in 的，儿化时丢掉韵尾 n，加上卷舌韵母 er。例如：

干劲儿（jìn→jìér）

合群儿（qún→quér）

（7）韵母是 ing 的，儿化时丢掉韵尾 ng，加上卷舌韵母 er，同时元音鼻化。例如：

眼镜儿（jìng→jiér）

人影儿（yǐng→yiér）

2. "儿化韵"的变化规律

"儿化韵"的变化规律见表 4-2。

表 4-2　"儿化韵"的变化规律

原韵或尾音素	儿化	实际发音
韵母或尾音素是 a、o、e、u	不变，加 r	花儿 huār 饭勺儿 fàn sháor 贝壳儿 bèi kér 煤球儿 méi qiúr 小猴儿 xiǎo hóur
尾音素 i、n （in、ün 除外）	丢 i 或 n，加 r	盖儿 gàr 墨水儿 mò shuǐr 顶针儿 dǐng zhēr 心眼儿 xīn yǎr 没准儿 méi zhuǎr 小辈儿 xiǎo bèr
尾音素是 ng （ing 除外）	丢 ng，加 r 元音鼻化	香肠儿 xiāng chár 板凳儿 bǎn dèr 没空儿 méi kòr
韵母是 i、ü	不变，加 er	有趣儿 yǒu quèr 小鸡儿 xiǎo jīer
韵母是-i [ʅ]、-i [ɿ]	丢-i [ʅ]、-i [ɿ]，加 er	刺儿 cèr 事儿 shèr 叶儿 yèr 木橛儿 mù juêr
韵母是 ün、in	丢 n，加 er	花群儿 huā quér 水印儿 shuǐ yèr
韵母是 ing	丢 ng，加 er 元音鼻化	人影儿 rényěr

三、"啊"的变音

1. "啊"的发音

（1）前面音素是 a、o、e、ê、i、ü 的，"啊"变读 ya，可写作"呀"。例如：

原来是他呀（tā ya）！

事情真多呀（duō ya）！

天气真热呀（rè ya）！

我们上街呀（jiē ya）！

大家注意呀（yì ya）！

好大的雨呀（yǔ ya）！

（2）前面音素是 u（包括 ao、iao）的，"啊"变读 wa，可写作"哇"。例如：

你别发怒哇（nù wa）！

你别挡道哇（dào wa）！

大家快瞧哇（qiáo wa）！

（3）前面音素是 n 的，"啊"变读 na，可写作"哪"。例如：

你真能干哪（gàn na）！

你快开门哪（mén na）！

（4）前面音素是 ng 的，"啊"变读 nga，仍写作"啊"。例如：

夜里好静啊（jìng nga）！

跳啊，唱啊（chàng nga）！

（5）前面音素是 -i [ɿ] 的，"啊"变读为 [za]，仍写作"啊"。例如：

谁写的字啊（zi [za]）！

你去一次啊（ci [za]）！

（6）前面音素是 -i [ʅ] 的，"啊"变读为 ra，仍写作"啊"。例如：

我的好同志啊（zhì ra）！

我求你件事啊（shì ra）！

2. "啊"字的变音

"啊"字的变音见表 4-3。

表 4-3　"啊"字的变音

"啊"前音节的韵母	"啊"前面的音素	"啊"的变读	汉字写法
a、ia、ua、o、uo、e、ie、üe、i、ai、uai、ei、uei、ü	a o e ê i ü	ya	呀
u、ou、iou、ao、iao	u	wa	哇
an、ian、uan、üan、en、in、uen、ün	n	na	哪
ang、iang、uang、eng、ing、ueng、ong、iong	ng	nga	啊
-i [ɿ]	-i [ɿ]	za	啊
-i [ʅ]	-i [ʅ]	ra	啊

第五章　朗读的学习

所谓朗读就是把书面语言转化为发音规范的有声语言的创作活动。朗读绝不是见字读音的直觉过程，而是一个有着复杂的心理、生理变化的驾驭语言的过程，因此朗读具有技巧性。朗读既是生活的，又是艺术的。这是它区别于其他口语表达形式的独特之处。

朗读有什么作用呢？首先，朗读可以帮助我们理解文章的内容。朗读需要读音正确、清楚，朗读还需要准确表达原作的思想感情。"故书不厌百回读，熟读深思子自知。"（苏轼《送安惇落第诗》）从朗读中，我们可以更好地"自知"文章的思想内容。其次，朗读可以帮助我们领会文章的意境。诗歌里面，散文、小说里面都有意境，需要我们去体会。朗读需要准确地把握文章的基调，需要用朗读的技巧去处理文中的每一句话，意境就会不断地在我们的头脑中清晰地展现出来。古人要"口不绝吟于六艺之文"（韩愈《进学解》），意境往往是"不绝"地读出来的。最后，朗读也可以帮助我们培养健康、正确的感情。在文学作品当中，饱含着作者对事物的情感，或高兴，或不满，或热爱，或痛恨。优秀的文学作品，感情往往是健康的，使读者得到感染，受到熏陶，可以引导人们积极向上。朗读需要进入作者安排的意境，表达作者对事情的态度和感情。古人说："读书切戒在匆忙，涵泳工夫兴味长。"（宋朝·陆九渊《语录上》）我们可以在体会"兴味"的过程中逐步成长起来。

第一节　朗读基本知识

一、朗读的分类

朗读可以从形式和体裁两方面进行分类，如图 5-1 所示。

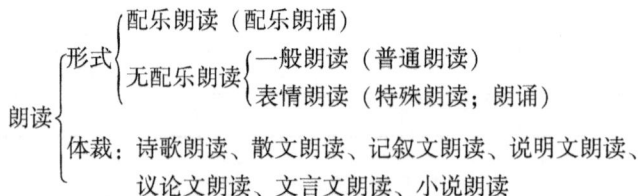

$$
朗读 \begin{cases} 形式 \begin{cases} 配乐朗读（配乐朗诵） \\ 无配乐朗读 \begin{cases} 一般朗读（普通朗读） \\ 表情朗读（特殊朗读；朗诵） \end{cases} \end{cases} \\ 体裁：诗歌朗读、散文朗读、记叙文朗读、说明文朗读、 \\ \qquad 议论文朗读、文言文朗读、小说朗读 \end{cases}
$$

图 5-1　朗读的分类

从形式上，可以分出无配乐朗读和配乐朗读两大类型。配乐朗读是指通过配备与作品内容、思想感情相吻合的乐曲来取得更感人的效果的表情朗读，又称配乐朗诵。无配乐朗读就是指没有任何音乐伴奏的朗读。它下面又可分出两个小类，即一般朗读和表情朗读。

从体裁上，朗读可分出诗歌朗读、散文朗读、记叙文朗读、说明文朗读、议论文朗读、文言文朗读和小说朗读等多种类型。有的类型下面，又可分出不同的小类，例如，诗歌朗读就可以分出格律诗朗读和自由诗朗读两类。

有人常常把朗读和朗诵混为一谈，认为朗读就是朗诵，朗诵就是朗读，其实这是一种误解。那么，朗读与朗诵有什么区别和联系呢？

朗读就是出声地读。一切文字都可以作为朗读对象，长到一篇长篇小说，短到一个字、一个词。它所承担的任务只是传递信息，朗读者所要做的就是"照本宣科"，把"沉默"的字、词、句、章转换成有声语言。评价一个人朗读水平的好坏就是看他这个转换是否正确、清晰、完整。要做到这几点其实不容易。除了要读准声、韵、调，还要做到不添字、不漏字、不回读、不颠倒语序、语调平稳。概括地说，朗读就是用声音再现文本内容，不仅再现文字，甚至标点符号、行文格式、表达的内容都要再现出来。因此，朗读除了要求说好普通话，还要正确处理好停顿、语调、语气，并力求做到"眼口不一"，即嘴读到这一句，眼已看到下一句。

朗诵属于艺术表演范畴。朗读是一种再现，朗诵是一种再创造。朗诵是依托文本，结合自己的审美体验进行二次创作。朗读强调的是忠实于原文，朗诵则容许朗诵者在忠实原文的基础上进行艺术加工，用丰富多彩的语言手段及其他声音形式，比如，音乐创造优美动人的意境和形象。因此，评价朗诵的优劣往往是看朗诵者的艺术创造是否能给人一种美的享受。这样，朗诵者的文化修养、对语言文字的感悟能力、语音运用技巧、艺术表现能力往往就成了决定朗诵水平高低的因素。朗诵文本的选择范围较朗读就狭窄得多。一般来说，抒情色彩较浓的文学作品适宜作为朗诵的文本，另外，在选择文本时要兼顾到朗诵者的性别、年龄、个性特征及音色等因素。一个文弱且音域狭窄的少女不宜选豪放的"大江东去"，一个豪情万丈、声如洪钟的关东大汉朗诵李清照的早期词作也未免显得有些扭捏作态。朗读考虑的是让听众听清楚，朗诵考虑的是让听众受感动。而要感动别人，首先要自己做到"眼前有景，心中有情"，可以借助音乐、态势等辅助手段造成一种"未有曲调先有情"的氛围。在音色、音量、语速、节律等方面也可做些适当的夸张，以渲染气氛。

当朗读的对象为抒情浓郁的文学作品时，朗读和朗诵的区别基本也就不着痕迹了。

二、朗读的要求

要想高质量地完成朗读，把文章读好、读美，必须掌握朗读的基本要求。

1. 把握基调，确立重音

基调是指作品整体的基本情调，即作品总的态度感情，总的色彩和分量。每一篇优秀的作品都有一个基调，这个基调是一种整体感觉。基调的整体感是作品中各个语句具体思想感情的综合表露。一篇文章的基调把握住了，就不会偏离主题、偏离中心。而在中心思想统一指导下确定的朗读的轻重、主次，读起来才能突出重点，分清层次，体现全文的精神。如峻青的《海滨仲夏夜》，因作者主要描写了优美动人的海滨夏夜风情，这就决定了朗读的基调悠闲、从容、轻松。同时，这又是一篇写景为主的散文，写景的层次就成了朗读的层次，而重音则在每一处绘景的独特词语上。

2. 体会风格，掌握节奏

作家在文学创作中都会形成自己与众不同的艺术风格。读者在朗读作品时，应深刻理解作品，体会文章风格，正确把握作品的情调。《普通话水平测试大纲》60篇朗读材料中表现亲情及友情主题的共有10篇，其共同的艺术风格是语势平和，语言质朴动人，于平凡小事中发现闪光点，读时如同讲述发生在身边的故事，可娓娓道来，于平和、舒缓中见其真挚、朴素的风格。而朗读材料中写景散文共有 7 篇，其风格各不相同，有的细腻委婉、幽婉回荡，如《第一场雪》；有的激情奔放、即景抒情，如《绿》；还有的清新明丽、如诗如画，如《小鸟的天堂》……朗读这些不同的散文，只有体会了文章的风格，才能掌握快慢节奏，把书面文字读"活"。

3. 挖掘情感，以情动人

大艺术家罗丹说过："艺术就是感情。"一篇好的文学作品，总是蕴含着非常丰富而动人的感情。成功的朗读就是把原作品的思想感情挖掘出来，传达出来，力求以情动人感染听众。挖掘情感需要依靠朗读者对作品的深入开掘。在了解了作品的基本内容和艺术构思的前提下，一方面准确把握作品整体的思想感情，一方面厘清作者感情的发展脉络，使自己积极主动地投入作品的情感过程中去，在朗读中加以渲染和体现，以求做到作者、朗读者和听众情感的"三点合一"，达到以情感人的境界。如朱自清的散文《绿》，在流畅的行文和优美的辞藻里，蕴含着诗一般的感情。朗读时，就应该读出那种对绿的喜爱、对绿的沉醉，对绿的痴迷的情感，而不能以冷静的、审视的态度去读作品，给人感觉朗读者仅仅是在读而已，而不是一种全身心地融入。

总之，朗读不是机械地吐字发音，它要求朗读者揣摩字词的内蕴，体会文章的情味，将作者感情跌宕起伏准确地表达出来。只有感情充沛，语感能力强，才能彻底克服朗读时不通畅的毛病，把文章读美。

三、朗读的技巧

朗读的技巧包括语调、停连、重音和节奏四个方面。

1. 语调

语调是朗读时语气外在的快慢、高低、强弱、虚实等各种声音形式的载体，即通常所说的"抑扬顿挫"。

（1）上扬调。

上扬调是指把一句话读得前低后高，声音逐渐上升。凡表示命令、号召、疑问、设问、惊异等的句子，大都用上扬调。例如：

1）难道我是个小孩？（反问）

2）让我们迈开大步开创我们美好的未来吧！（号召）

3）王小明来了吗？（疑问）

4）啊！你这是怎么啦？（惊异）

（2）下降调。

下降调是指把一句话读得前高后低，声音逐渐压低。凡表示感叹、请求、肯定等的句子，大都用下降调。例如：

1）哎，这孩子太淘气了！（感叹）

2）我们一定要实现四个现代化。（肯定）

3）王老师，您再给我们讲个故事吧。（请求）

（3）平直调。

平直调是指把一句话读得平平稳稳，声音没有显著的高低变化。凡表示叙述、说明等的句子，大都用平直调。例如：

1）出门向东，不上半里，走过一道石桥，便是我先生的家了。（叙述）

2）赵州桥非常雄伟，全长五十点八二米，两端宽九点六米，中部略窄，宽九米。（说明）

（4）弯曲调。

弯曲调是指把一句话读得高高低低、弯弯曲曲，声音有时故意拉长或升高。凡表示讽刺、反语、怀疑等的句子，大都采用弯曲调。例如：

1）哎呀呀，你这么大的力气，山都会被你推倒呢。（讽刺）

2）他也能当上班长？（怀疑）

2. 停连

所谓停连指的是朗读语流中声音的间歇和连接。

停连一般分为语法停连、结构停连、逻辑停连和感情停连四种。语法停连是根据作品的标点符号来处理的，结构停连是根据作品的段落层次来处理的，这两种停连都是比较固定和明确的，而逻辑停连和感情停连则是以思想感情的运动为前提，根据作品内容和具体语句来安排的，所以这两种停连在朗读中更为重要。

朗读者在朗读过程中，不能无根据地乱停乱连，也不能只是一味地读下去而不考虑停连，而是必须根据"听"和"读"的双方需要来安排停连。有些句子虽然看起来比较短，结构也不复杂，但是为了强调某一事物或突出某种特殊语义或意味，会在句子中看起来不能停顿的地方做出适当的停顿，可以停顿的地方连起来读，以更好地表现句子中某些词、短语的独特含义或魅力。例如：

小草△偷偷地△从土里钻出来，嫩嫩的，绿绿的。园子里，田野里，瞧去，一大片△一大片△满是的。坐着，∧躺着，打两个滚，∧踢几脚球，∧赛几趟跑，捉几回迷藏。风△轻悄悄的，草△软绵绵的。（朱自清《春》）

这段主要描写的是春天的小草，根据文意来看，可分为两个部分：一、二两句写草，三、四句写人的活动和感受，但中心是为了突出春草的蓬勃，有生命力，和人们对春草的喜爱。所以，在朗读直接描写春草的句子时，可以多作停顿，读得音长一点，语速慢一些；而写人的活动的句子则要停得短一点，甚至连起来读，不停顿；描写人的感受的句子又可以多一些停顿，读得舒缓一些，以读出对春草的喜爱之意。

停连是不能独立存在的，它必须同语调、重音、节奏等一起，互相配合，共同完成朗读的创作活动。

3. 重音

朗读时，需要强调突出的词、词组或音节，就是重音。重音可分为"一般重音"和"逻辑重音"两种。在极平常的谈话中自然表露出来的重音叫一般重音。逻辑重音是句子的特别重音，有的称它为"强调重音"。其作用在于鲜明突出地表示说话人的目的，在重要的地方引起听话人特别的注意。

安排重音时必须注意：要在独立完整的一句话中确定重音；同时，一个独立完整的句子只能有一个主要重音。重音的确定依据，主要是作品的内容和语句的侧重点。例如：

我们决定要爬一座三十里高的瑶山，地图上叫越城岭，土名叫老山界。（陆定一《老三界》）

这篇文章的写作目的是为了表现红军战士不怕艰难险阻的坚强意志和革命乐观主义精

神。这句话的目的，就是要突出红军战士的决心和意志，所以重音应该放在"决定"，而不是"爬"上，朗读时可以采用重读的方法加以体现。

重音的表现方法一般有：加强音量、拖长字音、重音轻读、提升音高、一字一顿等几种。具体朗读时，可根据语句特点和作品内容灵活运用。

4. 节奏

由一定的思想感情的起伏所支配的、朗读时所显示出的快与慢、抑与扬、轻与重、虚与实等各种声音形式的回环往复，称为节奏。

节奏大致分为6种类型。

（1）舒缓型。语势平稳，语节较疏，声音清晰响亮但不用力。基本语气都较为舒展、平缓。例如：《青纱帐——甘蔗林》《济南的冬天》等都属于舒缓型。

（2）紧张型。语势跌宕，语节紧凑，声音多重少轻，气较促而音较短。基本语气较为紧凑、急促。例如：《回延安》《最后一次的讲演》等都属于紧张型。

（3）低沉型。语势多为落潮类，语节较疏，声音低而沉重。基本语气都较为低沉、缓慢。例如：《卖火柴的小女孩》《记念刘和珍君》等都属于低沉型。

（4）高亢型。语势多为起潮类，语节较密，声音高扬，势不可遏。基本语气都趋于高昂或爽朗。例如：《沁园春·雪》《海燕》《谈骨气》等都属于高亢型。

（5）轻快型。语势小有起伏，词语衔接紧密，声音清脆。基本语气都趋于轻松、明快。例如《我为少男少女们歌唱》《春》等都属于轻快型。

（6）凝重型。语势较平稳，语节较疏，声音强而有力。基本语气都显得凝重。例如：《最后一课》《藤野先生》等都属于凝重型。

各种类型之间不是截然对立的，做这样的分析归纳，仅是就它们的基本特点来说的。具体到一篇文章，往往是兼具几种类型，不过侧重点不同罢了。朗读时，要对作品的思想感情深入分析，细细体味，使其节奏能得到准确表达。

第二节　朗读基本训练

普通话水平测试60篇朗读作品中，不涉及诗歌朗读、文言文朗读和小说朗读几种类型，因此，朗读训练内容只选择记叙文朗读、散文朗读、议论文朗读、说明文朗读四种类型。

一、记叙文

二十美金的价值　唐继柳

一天，爸爸下班回到家已经~很晚了，他很累也有点儿烦，他发现五岁的儿子靠在门旁正等着他。

"爸，我△可以问您一个问题吗？"

"什么问题？""爸，您一小时可以赚多少钱？""这与你无关，你为什么问这个问题？"父亲生气地说。

"我只是想知道，请告诉我，您一小时赚多少钱？"小孩儿哀求道。"假如你一定要知道的话，我一小时赚二十美金。"

"哦，"小孩儿低下了头，接着又说，"爸，可以借我十美金吗？"父亲发怒了："如果你只是要借钱去买毫无意义的玩具的话，给我回到你的房间睡觉去。好好想想为什么你会那么自私。我每天辛苦工作，没时间和你玩儿小孩子的游戏。"

小孩儿默默地回到自己的房间关上门。

父亲坐下来还在生气。后来，他平静下来了。心想他可能对孩子太凶了——△或许孩子真的很想买什么东西，再说他平时很少要过钱。

父亲走进孩子的房间："你睡了吗？""爸，还没有，我还醒着。"孩子回答。

"我刚才可能对你太凶了，"父亲说，"我不应该发那么大的火儿——这是你要的十美金。""爸，谢谢您。"孩子高兴地从枕头下拿出一些被弄皱的钞票，慢慢地数着。

"为什么你已经有钱了还要？"父亲不解地问。

"因为原来不够，但现在凑够了。"孩子回答："爸，我现在有二十美金了，我可以向您买一个小时的时间吗？明天请早一点儿回家——我想和您一起吃晚餐。"

朗读提示：

这篇文章通过写儿子花钱"雇"父亲吃晚餐的故事，表现了对亲情的呼唤这样的一个主题。初读此文，觉得孩子的行为近乎荒诞，细细品味之后，才发现文章用以小见大的手法侧面折射出了现实社会中人的生存的艰辛以及在这种压力下对情感的忽视、麻木状态。于是，儿子的举动让我们读来，生出几分沉重，怎么也轻松不起来。朗读时要深刻地把握这样的一个基调。

文章的情节分为三部分。

第一段是故事的开端，叙述了父亲辛苦地工作，回来很晚，儿子在等待父亲。

父亲回家"很晚""累""烦"暗示着工作的忙碌与艰辛，要重读强调。"已经"可以读得略长些。可以想象得出父亲奔波劳累、身心疲惫的样子，此时他根本不能关注、领会到儿子的这份情意。"发现"应读出略有些意外的感觉。

第二段到第六段是故事的发展，写了父亲对儿子的误会。

"爸，我可以问您一个问题吗？"这是儿子酝酿良久终于鼓起勇气问的问题，要读出由于胆怯而支支吾吾的语气，"我"后可以有一个心理上的停顿。"什么问题？"语气要有些不耐烦，语调可以是曲折调。

"爸，您一小时可以赚多少钱？"这可以共进晚餐的"一小时"在儿子心中分量是不轻的，要重读。同时，要表现出儿童迫不及待的心理。父亲生气地拿出了家长的做派，"这与你无关，你为什么问这个问题？"俨然一种"挣钱养家，是大人的事情"的口气。"这与你无关"态度要强硬，有些不耐烦。"与你"要重读强调。"这个问题？"要读出意外，其中要有责备的语气。"我只是想知道，请告诉我，您一小时赚多少钱？"是儿子的哀求。"假如你一定要知道的话，我一小时赚二十美金。"这是本不想告诉的，又不得不说的话。前后分句有"那么，我告诉你"的语意在其中，有点让步的意味在里面。"一定"要重读，但心中还是存几分疑惑、不解。"'哦，'小孩儿低下了头"，在低头的时候，有些许欣喜，且内心一定是在盘算一项计划，一次奢侈的晚餐。"如果你只是要借钱去买毫无意义的玩具的话，给我回到你的房间睡觉去。好好想想为什么你会那么自私。我每天辛苦工作，没时间和你玩小孩子的游戏。"可以看出父亲将白日里的劳累迁怒儿子，终于在误会里爆发，语速加快，语调升高，是父亲的态度由生气到发怒达到了高潮。这时，父亲已经全然是教训式的语气。

"小孩儿默默地回到自己的房间关上门。"父亲的武断，不近人情，莫过于对自己不理解，何况又是一个孩子，表现出他内心非常地失望。"默默地"要读得沉沉地缓缓地。"关上门"也应是轻手轻脚，读时语气要轻些。

第七段到结尾点明儿子要钱的目的是"雇"父亲吃饭。这一部分是故事的高潮。

"心想"句要读出父亲懊悔之情。破折号处注意要有一个心理上的停顿。父亲的问话"你睡了吗？"应略有歉疚之意。"爸，还没有，我还醒着。"孩子此时依然想着他的心事，语气要表现出孩子对父亲的态度并不介意。后面一句，父亲的道歉应是真诚的，语速可以缓慢一些。孩子"高兴"地"拿出"这一句，语速可以稍快些，要读出兴奋的语气。"数"要读得略缓，表现出孩子心满意足的神情。"为什么你已经有钱了还要？"要读出疑惑不解，"有钱了"要重读，而且疑惑语气要比先前更进一层。结尾中孩子的话要一吐为快，而且是带着计划成功的喜悦与满足、得意的口气。

二、散文

绿　朱自清

梅雨潭闪闪的绿色招引着我们，我们开始追逐她那离合的神光了。揪着草，攀着乱石，小心探身下去，又鞠躬过了一个石穹门，便到了汪汪一碧的潭边了。

瀑布在襟袖之间，但是我的心中已没有~瀑布了。我的心随潭水的绿而摇荡。那醉人的绿呀！仿佛一张极大极大的荷叶铺着，满是奇异的绿呀。我想张开两臂抱住她，但这是怎样一个妄想啊。

站在水边，望到那面，居然觉着有些远呢！这平铺着、厚积着的绿，着实可爱。她松松地皱缬着，像少妇拖着的裙幅；她滑滑的明亮着，像涂了"明油"一般，有鸡蛋清那样软，那样嫩；她又不杂些尘渣，宛然一块温润的碧玉，只清清的一色——但你却看不透她！

我曾见过北京什刹海拂地的绿杨，脱不了鹅黄的底子，似乎太淡了。我又曾见过杭州虎跑寺近旁高峻而深密的"绿壁"，丛叠着无穷的碧草与绿叶的，那又似乎太浓了。其余呢，西湖的波太明了，秦淮河的也太暗了。可爱的，我将什么来比拟你呢？我怎么比拟得出呢？大约潭是很深的，故能蕴蓄着这样奇异的绿；仿佛蔚蓝的天融了一块在里面似的，这才这般的鲜润啊。

那醉人的绿呀！我若能裁你以为带，我将赠给那轻盈的舞女，她必能临风飘举了。我若能挹你以为眼，我将赠给那善歌的盲妹，她必明眸善睐了。我舍不得你，我怎舍得你呢？我用手拍着你，抚摩着你，如同一个十二三岁的小姑娘。我又掬你入口，便是吻着她了。我送你一个名字，我从此叫你"女儿绿"，好吗？

第二次到仙岩的时候，我不禁惊诧于梅雨潭的绿了。

第五章 朗读的学习

朗读提示：

朱自清的《绿》是脍炙人口的散文名段。文章浓墨重彩描绘了梅雨潭奇异的绿色，字里行间洋溢着勃勃生机，充满着诗情画意。朗读这篇散文，要充分体会作者喜不自禁心醉神迷的情感，读出浓丽明亮的色彩和明朗奔放的情调。

全文分为四个层次。

第一层是第一、二段，写"我"来到潭边初看"绿"。朗读要着重体现"惊诧"之情，语气明朗欢畅。第一段中一组动词"揪""攀""探""过""到"是重音词，要读得贯畅承接，使游踪清晰。"闪闪的绿色""离合的神光""汪汪一碧"是溢美之词，要略高而柔和，赋以神往的情思，带领听众一起投入梅雨潭绿色的怀抱。第二段作者宕开一笔，先叙"我"心中已经没有瀑布了，朗读语气平稳，语调降抑，"没有"二字适当延长字音，平平读出，融入不感兴趣的语感，为下文作铺垫。接着，作者笔锋一转，写梅雨潭"奇异"的"绿"犹如"极大极大的荷叶"铺着，使我心旌摇荡。朗读语速不加快，但内在的语言节奏变紧，语调渐升，上述加引号的三个词语读重音，宜用夸张而惊讶的语气，读出对绿色的感动和惊叹。

第二层是第三、四段，写"我"站在水边细看"绿"。朗读着重体现"喜爱"之情，语气柔和优美。第三段连用了三个奇妙的比喻。用"皱缬"着的"裙幅"喻水面，写出了形态美；用"明亮"着的"明油"喻水光，写出了色泽美；用"温润"的"碧玉"喻水色，写出了品质美。朗读要带着满心欢欣和无限爱意，读出温柔甜美的感觉，要根据喻体的不同特点组织语调的变化，加引号的三对比喻词应读重音，应读得轻巧而略高，展现多彩的美感和喜不能禁的情感。第四段作者引来了"什刹海"的"绿杨""虎跑寺"的"绿壁"以及"西湖""秦淮河"的波，与梅雨潭的绿做比较。朗读语气舒缓平和，这些词应照应突出。朗读作者的评价"淡""浓""明""暗"时，既要运用高低强弱的语调差异，读出区分感，又要增加音长，并将其后的"了"字降抑，读出它们均不尽如人意的遗憾感。接着，作者转而惊叹梅雨潭"这样奇异的绿"，简直就像"蔚蓝的天融了一块"在里面，竟是"这般的鲜润"。朗读语气又转为满心欢喜，音调升高，节奏轻快，情绪热烈，这些词应读得略高而夸张，读出浓郁的赞叹和欣赏之情。

第三层是第五段，写"我"靠近水面亲近"绿"。朗读着重体现"陶醉"之情，语气轻盈俏丽。作者放飞情绪，将一汪绿色幻化成"轻盈的舞女"的飘带和"善歌的盲妹"的"眼"。想象之辞，语气应轻松飘逸，这些词应读得略高而飘，另两个词"临风飘举""明眸善睐"可轻读，随着作者思绪的翻飞，传达无限遐想。最后，作者按捺不住内心的喜悦，蹲下身子，"拍着""抚摩"着、"吻"着绿水，称它为"女儿绿"，仿佛是面对一个十二三岁的"小姑娘"。朗读语气由虚转实，语调略降，读出真切感，这些词应读得略长稍重，富有亲切感。"好吗"，用轻轻柔柔的一问，透出浓浓的爱意。

第四层是第六段。一番浓笔重抹的描绘之后，作者的情感逐渐归于平静，再一次发出感慨。朗读要在停顿后，调整为平稳的语气。"惊诧于梅雨潭的绿"，是呼应前文，也为全文作结，要略高稍强，句末降下，读出收束感。

三、议论文

谈骨气 吴 晗

我们中国人△是有骨气的。

战国时代的孟子，有几句很好的话："富贵不能淫，贫贱不能移，威武不能屈，此之谓大丈夫。"意思是说，高官厚禄收买不了，贫穷困难折磨不了，强暴武力威胁不了，这就是所谓△大丈夫。大丈夫的这种种行为，表现出了英雄气概，我们今天就叫作△有骨气。

我国经过了奴隶社会、∧封建社会的漫长时期，每个时代都有很多这样有骨气的人，我们△就是这些有骨气的人的子孙，我们是有着优良传统的民族。

当然，社会不同，∧阶级不同，骨气的具体含义△也不同。这一点必须认识清楚。但是，就坚定不移地△为当时的进步事业服务这一原则来说，我们祖先的许多有骨气的动人事迹，还有它积极的教育意义，是值得我们学习的。

南宋末年，首都临安被元军攻入，丞相文天祥组织武装力量坚决抵抗，失败被俘后元朝劝他投降，他写了一首诗，其中有两句是："人生自古谁无死，留取丹心照汗青"。意思是△人总是要死的，就看怎么死法，是屈辱而死呢，∧还是为民族利益而死？他选取了后者，要把这片忠心记录在历史上。文天祥被拘囚在北京一个阴湿的地牢里，受尽了折磨，元朝多次劝他，只要投降，便可以做大官，但△他坚决拒绝，终于在公元一二八二年被杀害了。

孟子说的几句话，在文天祥身上都表现出来了。他写的有名的△《正气歌》，歌颂了古代有骨气的人的英雄气概，并且以自己的生命来抗拒压迫，号召人民继续起来反抗。

另一个故事△是古代一个穷人，饿得快死了，有人丢给他一碗饭，说："嗟，来食!"（喂，来吃!）饿人拒绝了"嗟来"的施舍，不吃这碗饭，后来就饿死了。不食嗟来之食这个故事很有名，传说了千百年，也是有积极意义的。那人摆着一副慈善家的面孔，吆喝一声△"喂，来吃!"这个味道是不好受的。吃了这碗饭，第二步怎样呢？显然，他不会白白施舍，吃他的饭就要替他办事。那位穷人是有骨气的：看你那副脸孔、∧那个神气，宁可饿死，∧也不吃你的饭。

不食嗟来之食，表现了中国人民的骨气。

还有个例子。民主战士闻一多△是在一九四六年七月十五日被国民党枪杀的。在这之前，朋友们得到要暗杀他的消息，劝告他暂时隐蔽，他毫不在乎，照常工作，而且更加努力。明知敌人要杀他，在被害前的几分钟还大声疾呼，痛斥国民党特务，指出他们的日子不会很长久了，人民民主一定得到胜利。毛主席在△《别了，司徒雷登》一文中指出："许多曾经是自由主义者或民主个人主义者的人们，在美帝国主义及其走狗国民党反动派面前△站起来了。闻一多拍案而起，∧横眉怒对△国民党的手枪，宁可倒下去，∧不愿屈服。"高度赞扬他△表现了我们民族的英雄气概。

孟子的这些话，虽然是在两千多年以前说的，但直到现在，还有它积极的意义。当然△我们无产阶级有自己的英雄气概，∧有自己的骨气，这就是△决不向任何困难低头，压不扁，折不弯，顶得住，吓不倒，为了社会主义、∧共产主义建设的胜利，我们一定能够克服任何困难，奋勇前进!

朗读提示：

本文是一篇说理性的杂文，属于议论文的范围。文中用三个具体内容不同、时代背景不同的例子，从"富贵不能淫""贫贱不能移""威武不能屈"三方面深刻地论证了"我们中国人是有骨气的"，同时还具体指出了无产阶级也有自己的骨气。朗读的基调是坚定有力。本文是以事实为例证，证明"中国人是有骨气"的论点，在朗读时要注意把三个事例完整、准确地表达出来，以增强说服力，使人对文章的论点确信无疑。

全文可分为三部分。

第一部分是第一至第四自然段，提出"我们中国人是有骨气的"论点。第一段提出全文的论点。第二段引用孟子的三句话来解释"骨气"。第一句是陈述语气，用中速读；第二句是肯定语气，用慢速读；第三、四句是陈述语气，注意读好排比的语势。第三段指出："我国每个时代都有很多这样有骨气的人"，有骨气是我们民族的优良传统和气质，从而肯定了第一段提出的论点。第一分句是陈述语气，第二、三、四分句是肯定语气。第四段指出尽管在不同时代"骨气"的具体含义不同，但那些有骨气的动人事迹仍具有积极的教育意义。这段既肯定论点提出的必要性，又引出下文的论证，有承上启下的作用。第一句是陈述语气；第二句是肯定语气；第三句的第一、二分句是陈述语气，第三、四分句是肯定语气。

第二部分是第五至第九自然段，列举三个实例，具体论证"我们中国人是有骨气的"论点。第五、六段举出第一个事例：南宋爱国将领文天祥抗元失败被俘，拒绝高官厚禄的劝诱，英勇不屈，慷慨牺牲。着重从"富贵不能淫"这个角度具体论证中国人是有骨气的。第五段基本上是陈述语气。其中"人生自古谁无死，留取丹心照汗青"是激昂语气，用稍慢速读；"被俘""折磨""杀害"等可用沉缓的声音读；"坚持拒绝"应提高音量读。第六段是陈述、赞扬语气。第七、八段举出第二个事例：齐国闹大饥荒，一个穷人宁可饿死不吃傲慢施舍之食。着重从"贫贱不能移"的角度具体论证中国人是有骨气的。第七段第一句基本上是陈述语气读，其中"嗟，来食！"是鄙视、命令语气；第二句是赞扬肯定语气；第三句第一分句是陈述语气，第二分句是鄙视、命令语气，第三分句是肯定语气；第四句是疑问语气，用稍快速读；第五句是肯定语气；第六句第一分句是赞扬语气，第二分句是鄙视语气，第三、四分句是坚定语气。第八段是赞扬语气。第九段举出第三个事例：先概述闻一多先生被害前明知国民党要杀害他，却毫不退却，痛斥敌人，坚信革命必定胜利。后引用毛主席的话，对闻一多先生的大无畏气概给予更进一步的肯定和赞扬。着重从"威武不能屈"的角度具体论证中国人是有骨气的。第一、二句是陈述语气，其中"枪杀的"要读得沉缓；第三句第一、二分句是陈述语气，第三、四、五分句是坚定语气；第四句第一、二、三分句是愤怒语气，第四、五分句是肯定语气，其中"一定得到胜利"应提高音量读；第五句至此段最后基本上是选择语气，其中"毛主席……指出"和此段最后一句是陈述语气。

第三部分是第十自然段，说明"骨气"积极意义，并指出无产阶级也有自己的骨气。第一句指出孟子说的"骨气"在现在还有积极意义，是陈述语气；第二句指出无产阶级骨气的具体内容，是肯定语气。

四、说明文

海洋与生命　童裳亮

　　生命在海洋里诞生绝不是偶然的，海洋的物理和化学性质，是它成为孕育原始生命的摇篮。

　　我们知道，水是生物的重要组成部分，许多动物组织的含水量在百分之八十以上，而一些海洋生物的含水量△高达百分之九十五。水是新陈代谢的重要媒介，没有它，体内的一系列生理和生物化学反应就无法进行，生命也就停止。因此，在短时期内动物缺水要比缺少食物更加危险。水对今天的生命是如此重要，它对脆弱的原始生命，更是举足轻重了。生命在海洋里诞生，就不会有缺水之忧。

　　水是一种良好的溶剂。海洋中含有许多生命所必需的无机盐，如氯化钠、氯化钾、碳酸盐、磷酸盐，还有溶解氧，原始生命可以毫不费力地从中吸取它所需要的元素。

　　水具有很高的热容量，加之海洋浩大，任凭夏季烈日曝晒，冬季寒风扫荡，它的温度变化却比较小。△因此，巨大的海洋就像是天然的"温箱"，是孕育原始生命的温床。

　　阳光虽然为生命所必需，但是阳光中的紫外线却有扼杀原始生命的危险。水能有效地吸收紫外线，因而又为原始生命提供了天然的"屏障"。

　　这一切都是原始生命得以产生和发展的必要条件。

朗读提示：

　　《海洋与生命》是生物学家童裳亮写的一篇介绍海洋生物的说明文，说明了海洋与人类的密切关系，提示了生命的诞生、存在和发展对于海洋的依赖关系。根据说明文的性质和特点，朗读本文一定要注意节奏，速度适中，感情不宜大起大落，把海洋与生命的关系通过朗读表述清楚。全文的朗读基调是沉稳而清晰的。

　　第一自然段表述了海洋孕育生命是由它的物理和化学性质所决定的。朗读这段时，速度不要太快，以便让读者了解整篇文章的基本内容。

　　第二段紧紧围绕"生命在海洋里诞生绝不是偶然的"这一基本观点，从水与生物的关系说明水对生命的重要性。这段中"重要""高达"两个词是重音词，"高达"的前面应有一个强调性停连。"百分之八十"和"百分之九十五"两个百分比应读得清晰，以此说明水对生物的重要性。"举足轻重"四个字应稍微拉长音节，弱读，起到低中见高的作用。

　　第三段写海水的溶剂性对于生命的作用。其中五种化学物质要慢读，读清楚。因为有些听众对这些物质可能不太熟悉，所以让听众听明白是朗读的第一要素，"毫不费力"应轻读，以达到以轻表重的目的。

　　第四段写海洋的恒温是孕育生命的温床。"热容量"和"天然"两词可稍重读，"夏季烈日曝晒，冬季寒风扫荡，"这两句应有一个对比度，让听众体会到夏季与冬季的不同。"因此"前面有一个语气停顿，以此说明海洋对生物繁衍环境的重要性。

　　第五段强调海洋具有抵御太阳紫外线的作用，而生命正是在海洋的这种"保护"下才得以繁衍的。"但是"前面应有一个转换停连以表达紫外线扼杀生命的危险，也为海水吸收紫外线的作用做诠释。

　　结尾段是对全文的归纳总结。"这一切"稍稍拉长字音，"必要条件"是重读音节。

第六章 语音规范化

第一节 异读词读音的规范

一、异读词的类型

异读词是指同一个词读音分歧，同时存在几个不同的读音。例如"教室"，有的读 jiào shì，有的读 jiào shǐ，有的读 jiào shí；"机械"有的读 jī xiè，有的读 jī jiè。这些异读词，如果从语音的角度分析，可以分出以下几种类型（下列各例中左边一行的读音为规范语音）：

1. 声母不同

波浪 bō-pō   机械 xiè-jiè

商埠 bù-fù   步骤 zhòu-zòu

缔结 dì-tì   谬论 miù-niù

2. 韵母不同

熟练 shú-shóu   娇嫩 nèn-nùn

跃进 yuè-yào   塑料 sù-suò

琴弦 xián-xuán   揩油 kāi-kā

3. 声调不同

接触 chù-chǔ   号召 zhào-zhāo

穴位 xué-xuè   教室 shì-shǐ

侵略 qīn-qǐn   卑鄙 bǐ-bì

复习 fù-fú   比较 jiào-jiǎo

4. 声、韵、调中有两项或三项不同

僻静 pì-bèi   供给 jǐ-gěi

堤防 dī-tí   奇数 jī-qí

巷道 hàng-xiàng   红色 sè-shǎi

二、异读词的审订工作

异读词的存在是语音规范化的一大障碍，也是各方言区的人学习普通话的一个负担。异读词的审订是一项很复杂的工作，国家普通话审音委员会曾于 1957 年到 1963 年分三次发表了《普通话异读词审音表初稿》，并于 1963 年辑录成《普通话异读词审音总表初稿》。

《普通话异读词审音总表初稿》对现代汉语的规范和普通话的推广起了积极作用，但是，随着语言的发展，表中原审的一些词语的读音需要重新审定。于是，在 1982 年 6 月重建了普通话审音委员会，进行修订工作。并于 1985 年 12 月 27 日国家语言文字工作委员会、国家教委、原广播电视部正式公布了《普通话异读词审音表》。这次修订对《普通话异读词审音总表初稿》原定读音的改动是十分慎重的，既符合普通话语音发展规律，又利于广大人民群众学习普通话。

下面列表说明《普通话异读词审音表》对《普通话异读词审音总表初稿》（以下简称《初稿》）修订、增补的词条：

1. 变更《初稿》的读音 35 条

（1）精减读音 19 条（见表 6-1）。

表 6-1　精减读音 19 条

序号	词条	注音	说　明
1	呆板	dāi	取消 ái 音，统读 dāi
2	脊梁	jǐ	取消 jí 音，统读 jǐ
3	橙子	chéng	取消 chén 音，统读 chéng
4	确凿	záo	取消 zuò、zuó 音，统读 záo
5	幅儿	fúr	取消 fǔ 音，统读 fú
6	从容	cóng	取消 cōng 音，统读 cóng
7	框框	kuàng	取消 kuāng 音，统读 kuàng
8	澎湃	péng	取消 pēng 音，统读 péng
9	胜任	shèng	统读 shèng
10	骨头	gǔ	取消 gú 音，除"骨碌""骨朵"读 gū 外，统读 gǔ
11	缠绕	rào	取消 rǎo 音，统读 rào
12	指甲	zhǐ	取消 zhī 音，统读 zhǐ
13	寻思	xún	取消 xín 音，统读 xún
14	掷色子	zhì	取消 zhī 音，统读 zhì
15	麦芒	máng	取消 wáng 音，统读 máng
16	苤蓝	lan	lán "蓝"轻声读作 lan，不读作 la
17	唯唯诺诺	wéi	取消 wěi 音，统读 wéi
18	闯荡	chuǎng	取消 chuàng 音，统读 chuǎng
19	萎缩	wěi	取消 wēi 音，统读 wěi。（《初稿》注："萎"单用念阴平，如"气萎，买卖萎"）

（2）采用通用读音 8 条（见表 6-2）。

表 6-2　采用通用读音 8 条

序号	词条	注音	说　明
1	啥	shá	取消 shà 音，统读 shá
2	踪迹	jì	取消 jī 音，统读 jì

序号	词条	注音	说　　明
3	驯服	xùn	取消 xún 音，统读 xùn
4	咆哮	xiào	取消 xiāo 音，统读 xiào
5	卓见	zhuó	取消 zhuō 音，统读 zhuó
6	潦草	liáo	在"潦草""潦倒"中读 liáo
7	眯眼	mí	用作"尘土入眼"义时读 mí，也写作"迷"；用作"微微合眼"义时读作 mī
8	成绩	jì	取消 jī 音，统读 jì

（3）调整读音、明确用法8条（见表6-3）。

表6-3　调整读音、明确用法8条

序号	词条	注音	说　　明
1	自作自受	zuò	除"作坊"读 zuō 外，其余都读作 zuò
2	便秘	mì	除"秘鲁"读 bì 外，都读 mì
3	乳臭	xiù	此处"臭"指气味，不是"香臭"的"臭"
4	擂鼓	léi	除在"擂台""打擂"中读 lèi 音外，都读 léi
5	诸葛（姓）	gě	作姓氏都读 gě
6	苫布	shàn	"草帘、草垫子"名物义仍读 shan
7	嬷嬷	mō	不取 mā 音，统读 mō
8	侦察	zhēn	（原审作 zhēn，《初稿》误印为 zhēng）

2. 增补新审读音16条（见表6-4）。

表6-4　增补新审读音16条

序号	词条	注音	说　　明
1	曝光	bào	用作"日晒"义时，如"一曝十寒"读作 pù
2	猹	chá	统读 chá
3	汲	jí	字典、词典注音不一致，不取 jī，统读 jí
4	嗟叹	jiē	取消又音 juē，统读 jiē
5	拎	līn	字典、词典注音不一致，不取 līng，统读 līn
6	忙	māng	不取俗读 máng，统读 māng
7	蹼	pǔ	不取 pú，统读 pǔ
8	槭树	qì	取消 qī 音，统读 qì
9	任（姓、地名）	rén	不取误读 rèn
10	往	wǎng	取消 wàng 音，统读 wǎng
11	装帧	zhēn	取消 zhèng 音，统读 zhēn
12	荫	yìn	统读 yìn。"树荫""林荫"应写作"树阴""林阴"

续表 6-4

序号	词条	注音	说　明
13	沿	yán	取消 yàn 音，统读 yán
14	筑	zhù	统读 zhù
15	霰	xiàn	《现代汉语词典》二音二义，不取，统读 xiàn
16	落魄	pò	原字典、词典注有三个音：pò、bó、tuò。现只取 pò 音，"bó, tuò"分别写作"泊，拓"

3. 规范文白异读 5 条（见表 6-5）。

表 6-5　规范文白异读 5 条

序号	词条	注音	说　明
1	荨麻	qián	文读 qián，口语读 xún。如在"荨麻疹"中读 xún
2	红杉	shān	文读 shān，口语读 shā
3	螫	shì、zhē	文读 shì，口语读 zhē
4	血	xiě、xuè	文读 xuè，口语读 xiě
5	锁钥	yuè	文读 yuè，口语读 yào

三、认真学习《普通话异读词审音表》

国家语言文字工作委员会、国家教委、原广播电视部在 1985 年 12 月 27 日发布的《关于〈普通话异读词审音表〉的通知》中指出："自公布之日起，文教、出版、广播等部门及全国其他部门、行业所涉及的普通话异读词的读音、标音，均以本表为准。"

《普通话异读词审音表》对于正音工作就是一个法定的文件，为了促进语音规范化，人人都要认真对待它。尤其是从事语言工作的人更要注意自己语音的规范程度，学习规范语音，说普通话，应按审订的音来读。

第二节　误读字正音

一、多音字

有两个或更多读音的字叫多音字。普通话里较常用的字有三四百个多音字。

多音字在汉字中占的数量虽然比较少，但在普通话里的作用却十分重要。如果不能恰当地使用多音字，就必然会影响语言表达的准确，给语言交流带来一定的困难。反过来说，只有掌握了多音字，才能提高说普通话的质量。多音字有下面三种情况。

（1）由于意义、用法不同而读多音。例如：

和　hé：和平　和衣而卧　两数之和　和盘托出　你和我

　　hè：和诗一首　随声附和　一唱一和　曲高和寡

　　huó：和面　和泥

　　huò：和药　和稀泥（比喻）　牛奶里和点儿糖　洗了三和

huo：暖和 温和 热和 搅和 掺和

hú：我的牌和了

畜 chù（名词）：牲畜 六畜兴旺 畜力耕作

xù（动词）：畜牧 畜产品

（2）由于书面语和口语的不同而读多音。例如：

血 xuè（文）：血液 血缘 高血压 流血牺牲 呕心沥血

xiě（白）：吐血 血糊糊 血的教训 流血了

爪 zhǎo（书）：爪牙 前爪 张牙舞爪 凤爪

zhuǎ（口）：狗爪子 鸡爪子

（3）由于姓氏、人名、地名、中药名、古文及其他特殊领域中的特异读法与普通读法不同而读多音。例如：

桧 guì：桧树（一种乔木，又叫刺柏）

huì：秦桧（南宋陷害岳飞的奸臣）

蚌 bàng：蚌壳 老蚌生珠

bèng：蚌埠（安徽省市名）

单 dān：五世单传 单枪匹马 单相思

chán：单于（古代匈奴君主的称号）

shàn：姓单

术 shù：美术 医术高明 耍弄权术 算术

zhú：苍术 白术 莪术（均为根或茎可入药的草本植物）

金兀术（岳飞抗金时的金国统帅）

下面列出常见的多音字字音及组词，以供学习之用。

常见的多音字如下所述。

（1）第一组：

几	jī	茶几	几乎	几率	几维鸟	
	jǐ	几多	几何	几时	几许	
为	wéi	作为	选为	成为	极为重要	
	wèi	因为	为了	为人作嫁		
宁	níng	安宁	宁静	坐卧不宁		
	nìng	宁可	宁肯	宁缺毋滥		
处	chǔ	处理	处置	处分	设身处地	
	chù	处所	好处（名词）	办事处		
兴	xīng	兴办	兴建	兴许	兴奋	兴风作浪
	xìng	兴趣	兴头	兴致	诗兴大发	
当	dāng	相当	应当	当场	当之无愧	当家做主
	dàng	恰当	当成	当天	当铺	当真
吐	tǔ	谈吐	开花吐蕊	扬眉吐气	吐舌头	
	tù	呕吐	吐血	上吐下泻		
曲	qū	弯曲	歪曲	曲线	是非曲直	

	qǔ	戏曲	曲艺	昆曲	
创	chuāng	创口	创伤	创痕	创痛
	chuàng	创办	创见	创举	创造
泊	bó	停泊	漂泊	淡泊	
	pō	湖泊	血泊		
奔	bēn	奔走	奔波	奔驰	奔放　奔流
	bèn	奔命	奔头儿		
供	gòng	口供	供词	供认	烧香上供
	gōng	提供	供给	供应	供销供养
省	xǐng	省悟	不省人事	反省	省察　省亲
	shěng	俭省	辽宁省		
畜	chù	牲畜	耕畜	畜生	
	xù	畜牧	畜养	畜产公司	
症	zhēng	症结			
	zhèng	症候	症状	对症下药	
校	jiào	校场	校订	校对	校正
	xiào	学校	校规	校训	校庆
载	zǎi	登载	记载	刊载	千载难逢
	zài	载重	载途	装载	载歌载舞　怨声载道
钻	zuān	钻探	钻研	钻营	钻空子
	zuàn	钻头	钻戒	钻石	
强	jiàng	倔强	脾气强		
	qiǎng	勉强	强迫	强词夺理	强颜欢笑
	qiáng	强壮	强调	强攻	强渡　强行
落	là	丢三落四			
	lào	落枕	落色		
	luò	落笔	落魄	落成	落脚　沦落
散	sǎn	散居	散漫	散文	披头散发
	sàn	散布	散步	散会	散失
辟	bì	复辟			
	pì	开辟	辟谣	精辟	
答	dā	答应			
	dá	答复	对答	答辩	
横	hèng	蛮横	横暴	发横财	横祸
	héng	纵横	横竖		
模	mó	模范	模式	模型	
	mú	模子	模具	模样	

（2）第二组：

吓　hè（书）：恐吓　　　威吓　　　恫吓

	xià（口）：吓唬	吓了一跳		
削	xuē（书）：剥削	削弱	削减	削足适履
	xiāo（口）：削掉	切削	削瘦	削铅笔
给	jǐ（书）：给予	给养	供给	自给自足
	gěi（口）：给以	献给	转给	发给
剥	bō（书）：剥削	剥夺	生吞活剥	
	bāo（口）：剥皮	剥花生		
勒	lè（书）：勒令	勒索	勒逼	悬崖勒马
	lēi（口）：勒住	勒紧		
熟	shú（书）：熟练	熟悉	成熟	熟能生巧
	shóu（口）：饭熟了			
嚼	jué（书）：咀嚼			
	jiáo（口）：嚼舌	嚼子	味同嚼蜡	咬文嚼字
露	lù（书）：露天	泄露	出头露面	暴露
	lòu（口）：露头	露脸	露马脚	

（3）第三组：

大	dà	大豆	伟大		
	dài	大夫			
片	piān	唱片儿	相片儿	影片儿	
	piàn	唱片	相片	影片	
颤	chàn	颤动	颤抖	颤音	颤巍巍
	zhàn	颤栗	打颤		
似	sì	相似	似乎	近似	貌似
	shì	白雪似的			
亲	qīn	亲人	亲属	亲近	
	qìng	亲家			
苔	tāi	舌苔			
	tái	青苔	苔藓		
结	jié	团结	结合	结局	
	jiē	结结巴巴	结结实实	结了一个瓜	

二、形声字

形声字占汉字总数的90%以上。利用声旁一定的表音功能，可以提高识字效率，增强识记效果。但要注意，大约有3/4的形声字，声旁和整个字的读音不完全相同，完全按声旁确定字音对大多数形声字是不行的，同时，也不能想当然地利用声旁类推字音。

1. 错读声旁

汉字中，由于古今语音发生了较大的变化，致使其中许多形声字的声旁不再表示正确读音，如果再拘泥于原声旁读音，则会错读。例如：

"煲"应读bāo，不应读上半部声旁"保"音。

"墅"应读 shù，不应读上半部声旁"野"音。

"瞠"应读 chēng，不应读声旁"堂"音。

"绽"应读 zhàn，不应读声旁"定"音。

"胴"应读 dòng，不应读声旁"同"音。

"啻"应读 chì，不应读声旁"帝"音。

2. 不正确地利用声旁类推

这类汉字错读的原因一般是把读音不同，而声旁相同的字，都读为其中一常见字的读音，从而造成了错读。例如：

"媪"应读 ǎo，不应因"温"而读成 wēn。

"砭"应读 biān，不应因"贬"而读成 biǎn。

"歼"应读 jiān，不应因"迁"而读成 qiān。

"哺"应读 bǔ，不应因"浦"而读成 pǔ。

"娩"应读 miǎn，不应因"挽"而读成 wǎn。

"踝"应读 huái，不应因"棵"而读成 kē。

形声字易误读的有很多，请看下表各词中加点字的读音。

容易读错的字如下所述。

狭隘	应读 ài	不读 yì
同胞	应读 bāo	不读 pāo
翁媪	应读 ǎo	不读 wēn
悖逆	应读 bèi	不读 bó
迸裂	应读 bèng	不读 bìng
裨益	应读 bì	不读 pí
复辟	应读 bì	不读 pì
包庇	应读 bì	不读 pǐ
针砭	应读 biān	不读 biǎn
哺育	应读 bǔ	不读 pǔ
刹那	应读 chà	不读 shà
忏悔	应读 chàn	不读 qiān
琛宝	应读 chēn	不读 shēn
嗔怒	应读 chēn	不读 zhēn
瞠目	应读 chēng	不读 táng
魑魅	应读 chī mèi	不读 lí wèi
鞭笞	应读 chī	不读 tái
豆豉	应读 chǐ	不读 zhī
炽热	应读 chì	不读 zhì
怆然	应读 chuàng	不读 cāng
淙淙	应读 cóng	不读 zōng
皲裂	应读 cūn	不读 jùn
傣族	应读 dǎi	不读 tài

踱步	应读 duó	不读 dù
沸腾	应读 fèi	不读 fú
咖喱	应读 gā	不读 jiā
尴尬	应读 gān gà	不读 jiān jiè
粗犷	应读 guǎn	不读 kuàng
皈依	应读 guī	不读 fǎn
沆瀣	应读 hàng xiè	不读 kēng jiù
呵欠	应读 hē	不读 ā
干涸	应读 hé	不读 gù
恫吓	应读 hè	不读 xià
徘徊	应读 huái	不读 huí
畸形	应读 jī	不读 qí
缄默	应读 jiān	不读 zhēn
歼灭	应读 jiān	不读 qiān
眼睑	应读 jiǎn	不读 liǎn
发酵	应读 jiào	不读 xiào
菁华	应读 jīng	不读 qīng
粳米	应读 jīng	不读 gēng
狙击	应读 jū	不读 zǔ
沮丧	应读 jǔ	不读 zǔ
鸟瞰	应读 kàn	不读 gǎn
铿锵	应读 kēng	不读 jiān
羸弱	应读 léi	不读 yíng
联袂	应读 mèi	不读 jué
愤懑	应读 mèn	不读 mǎn
分娩	应读 miǎn	不读 wǎn
木讷	应读 nè	不读 nà
酝酿	应读 niàng	不读 rǎng
奇葩	应读 pā	不读 bā
澎湃	应读 pài	不读 bài
蹒跚	应读 pán	不读 mǎn
河畔	应读 pàn	不读 bàn
土坯	应读 pī	不读 pēi
媲美	应读 pì	不读 bǐ
骈文	应读 pián	不读 bìng
苗圃	应读 pǔ	不读 bǔ
蹊跷	应读 qī	不读 xī
悭吝	应读 qiān	不读 jiān
怯懦	应读 qiè	不读 què

惬意	应读 qiè	不读 jiā
引擎	应读 qíng	不读 jìng
龋齿	应读 qǔ	不读 yǔ
摄影	应读 shè	不读 niè
妊娠	应读 shēn	不读 chén
吮吸	应读 shǔn	不读 yǔn
悚然	应读 sǒng	不读 shù
塑料	应读 sù	不读 suò
鞭挞	应读 tà	不读 dá
绦虫	应读 tāo	不读 tiáo
迢迢	应读 tiáo	不读 zhāo
荼毒	应读 tú	不读 chá
湍急	应读 tuān	不读 chuǎn
斡旋	应读 wò	不读 gàn
膝盖	应读 xī	不读 qì
纤维	应读 xiān	不读 qiān
涎水	应读 xián	不读 yán
骁勇	应读 xiāo	不读 yáo
混淆	应读 xiáo	不读 yáo
挟制	应读 xié	不读 xiá
机械	应读 xiè	不读 jiè
长吁	应读 xū	不读 yù
自诩	应读 xǔ	不读 yǔ
酗酒	应读 xù	不读 xiōng
戏谑	应读 xuè	不读 nuè
赝品	应读 yàn	不读 yīng
笑靥	应读 yè	不读 yàn
摇曳	应读 yè	不读 yì
游弋	应读 yì	不读 gē
造诣	应读 yì	不读 zhǐ
拯救	应读 zhěng	不读 chěng
浸渍	应读 zì	不读 zé

三、形近字

形近字是指形体相似，读音和意义不同的字。常用的汉字，或因造字时原因或因长期演变的原因，导致许多字的形体十分相似，往往被错误认读。例如：

"草菅人命"的"菅"（jiān），因形似于"管"而错误读为 guǎn。

"棘手"的"棘"（jí），因形似于"辣"而错误读为 là。

"赡养"的"赡"（shàn），因形似于"瞻"而错误读为 zhān。

"病入膏肓"的"肓"（huāng），因形似于"盲"而错误读为 máng。

"向隅而泣"的"隅"（yú），因形似于"偶"而错误读为 ǒu。

这里把普通话水平测试"读单音节词语"项上经常被误认、误读的字作为字头，注上正确读音，并组词；而把与它们形近的字排列在后，注音组词，便于对照记忆。

凹－凸 凹 āo，凹陷／凸 tū，凸显

鬓－滨 鬓 bìn，两鬓／滨 bīn，湖滨

跛－瘸 跛 bǒ，跛脚／瘸 qué，瘸腿

擦－察 擦 cā，擦脸／察 chá，警察

财－柴 财 cái，财产／柴 chái，柴火

槽－糟 槽 cáo，水槽／糟 zāo，糟糕

蹭－憎 蹭 cèng，磨蹭／憎 zēng，憎恨

舂－春 舂 chōng，舂米／春 chūn，春天

踹－湍 踹 chuài，踹了一脚／湍 tuān，湍流

雌－睢 雌 cí，雌雄／睢 suī，睢宁

叼－叨 叼 diāo，叼肉／叨 dāo，叨扰

彷－仿 彷 páng，彷徨／仿 fǎng，仿佛

吠－犬 吠 fèi，狂吠／犬 quǎn，名犬

焚－婪 焚 fén，焚烧／婪 lán，贪婪

拂－佛 拂 fú，吹拂／佛 fó，佛教

犷－旷 犷 guǎng，粗犷／旷 kuàng，空旷

桓－垣 桓 huán，盘桓／垣 yuán，城垣

歼－纤 歼 jiān，歼灭／纤 xiān，纤细；又 qiàn，纤夫

侥－绕 侥 jiǎo，侥幸／绕 rào，围绕

窖－窘 窖 jiào，地窖／窘 jiǒng，窘迫

秸－拮 秸 jiē，秸秆／拮 jié，拮据

狙－咀 狙 jū，狙击／咀 jǔ，咀嚼

遽－邃 遽 jù，急遽／邃 suì，深邃

绢－捐 绢 juàn，手绢／捐 juān，捐款

撅－厥 撅 juē，撅嘴／厥 jué，昏厥

框－筐 框 kuàng，门框／筐 kuāng，竹筐

廖－寥 廖 liào，姓廖／寥 liáo，寂寥

邻－领 邻 lín，邻居／领 lǐng，领袖

拎－岭 拎 līn，拎包／岭 lǐng，山岭

绺－缕 绺 liǔ，一绺头发／缕 lǚ，条分缕析

戮－戳 戮 lù，杀戮／戳 chuō，邮戳

昧－味 昧 mèi，冒昧／味 wèi，味道

汨－汩 汨 mì，汨罗江／汩 gǔ，汩汩流淌

幂－幕 幂 mì，幂盖／幕 mù，幕布

抿－眠 抿 mǐn，抿嘴／眠 mián，睡眠

捺-奈捺 nà，按捺/奈 nài，无奈

呕-抠呕 ǒu，呕吐/抠 kōu，抠门儿

胚-坯胚 pēi，胚芽/坯 pī，砖坯

裴-斐裴 péi，裴多菲/斐 fěi，文辞斐然

硼-蹦硼 péng，硼酸/蹦 bèng，蹦跳

癖-辟癖 pǐ，癖好/辟 pì，开辟；又 bì，辟邪

瞟-膘瞟 piǎo，瞟了一眼/膘 biāo，肥膘

剖-颇剖 pōu，解剖/颇 pō，偏颇

畦-畸畦 qí，菜畦/畸 jī，畸形

茸-茸茸 qì，修茸/茸 róng，毛茸茸

沁-泌沁 qìn，沁人心脾/泌 mì，分泌，又 bì，泌阳（地名）

罄-馨罄 qìng，罄竹难书/馨 xīn，温馨

琼-晾琼 qióng，琼浆/晾 liàng，晾衣服

祛-怯祛 qū，祛除/怯 qiè，胆怯

扔-仍扔 rēng，扔东西/仍 réng，仍然

蕊-芯蕊 ruǐ，花蕊/芯 xīn，灯芯；又 xìn，芯子

缫-巢缫 sāo，缫丝/巢 cháo，雀巢

筛-帅筛 shāi，筛选/帅 shuài，元帅

赡-瞻赡 shàn，赡养/瞻 zhān，瞻仰

赦-郝赦 shè，赦免/郝 hǎo，姓郝

侍-寺侍 shì，服侍/寺 sì，佛寺

瘦-搜瘦 shòu，瘦弱/搜 sōu，搜捕

涮-刷涮 shuàn，涮肉/刷 shuā，牙刷

吮-允吮 shǔn，吮吸/允 yǔn，允许

烁-砾烁 shuò，闪烁/砾 lì，瓦砾

粟-粟粟 sù，沧海一粟/粟 lì，不寒而粟

髓-隋髓 suǐ，骨髓/隋 suí，隋朝

獭-癞獭 tǎ，水獭/癞 lài，癞蛤蟆

徙-徒徙 xǐ，迁徙/徒 tú，徒弟

妄-枉妄 wàng，痴心妄想/枉 wǎng，枉费心机

韦-苇韦 wéi，韦编三绝/苇 wěi，芦苇

瘟-蕴瘟 wēn，瘟疫/蕴 yùn，蕴涵

瓮-翁瓮 wèng，小瓮儿/翁 wēng，老翁

普通话语音训练

第七章 声母的训练

传统语音学在分析汉字字音时，把汉字字音分声韵两部分，音节开头的辅音称为声母。普通话有：b、p、m、f、d、t、n、l、g、k、h、j、q、x、zh、ch、sh、r、z、c、s 21 个声母，如图 7-1 和图 7-2 所示。

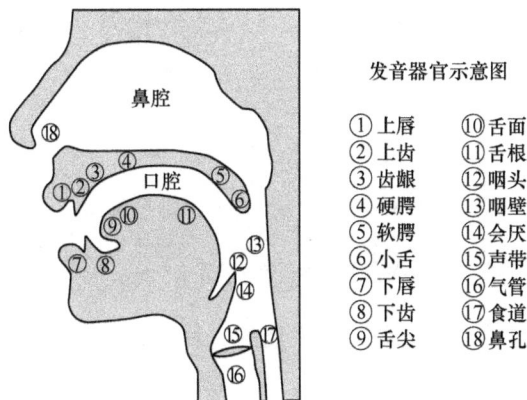

发音器官示意图

① 上唇　　⑩ 舌面
② 上齿　　⑪ 舌根
③ 齿龈　　⑫ 咽头
④ 硬腭　　⑬ 咽壁
⑤ 软腭　　⑭ 会厌
⑥ 小舌　　⑮ 声带
⑦ 下唇　　⑯ 气管
⑧ 下齿　　⑰ 食道
⑨ 舌尖　　⑱ 鼻孔

图 7-1　发音器官示意图

普通话声母总表

发音部位	塞音		塞擦音		擦音		鼻音	边音
	清音	清音	清音	浊音	清音	浊音	浊音	浊音
	不送气	送气	不送气	送气				
双唇音	b[p]	p[p']				m[m]		
唇齿音					f[f]			
舌尖前音			z[ts]	c[ts']	s[s]			
舌尖中音	d[t]	t[t']					n[n]	l[l]
舌尖后音			zh[tʂ]	ch[tʂ']	sh[ʂ]	r[ʐ]		
舌面音			j[tɕ]	q[tɕ']	x[ɕ]			
舌根音	g[k]	k[k']			h[x]			

图 7-2　普通话声母总表

第一节　唇音 b、p、m、f

一、发音要领

双唇音指上唇与下唇接触构成阻碍后发出的一种辅音，共有三个 b、p、m。

b 和 p 的区别在于不送气与送气，"不送气"，气息比较自然地放出，这就是 b 的音；"送气"，把嘴里存着的一口气用些力气喷出来，这就是 p 的发音。

b、p 和 m 的区别则是前两个辅音发音时软腭提前，气流从口腔出来，而后一个要求发成鼻音，注意除阻碍时的爆发力。

b、p、m 发音时，双唇用力，但成阻时不能僵硬，保持随时解除双唇阻碍的积极状态。f 形成阻碍时不能用力过猛，只要自然碰触即可。发音唇舌无力、口腔松软与这三个音发不好有直接的关系。

双唇音 b、p、m 发音示意图如图 7-3 所示。

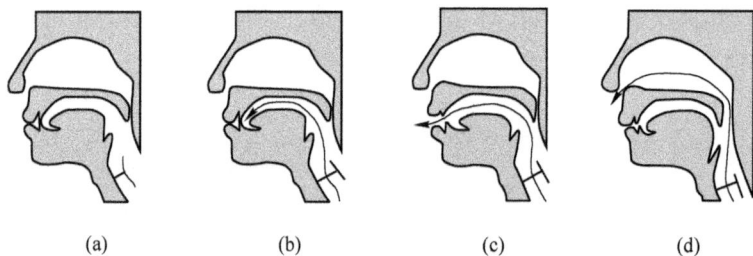

图 7-3　双唇音 b、p、m 发音示意图

（a）准备；（b）蓄气；（c）发音 $\begin{cases} \text{不送气 b} \\ \text{送　气 p} \end{cases}$；（d）m

唇齿音指下唇与上齿接触构成阻碍后发出的一种辅音。普通话语音中只有 f 一个。

发音时注意，上齿与下唇形成阻碍时要自然接触，不要上齿咬住下唇发音，否则成阻部位面积大，力量分散，有发成塞音趋势，显得笨拙。

接触面积不要太大，否则易产生杂音，要调理好气息，除阻后紧接元音，这样字音就清楚了。

唇齿音发音示意图如图 7-4 所示。

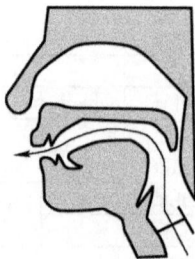

图 7-4　唇齿音发音示意图

二、发音练习

1. 词语练习

（1）第一组：

b–b	颁布 bān bù	包办 bāo bàn	辨别 biàn bié
	标兵 biāo bīng	背包 bēi bāo	版本 bǎn běn
b–p	被迫 bèi pò	奔跑 bēn pǎo	冰片 bīng piàn
	布匹 bù pǐ	背叛 bèi pàn	鞭炮 biān pào
b–m	报名 bào míng	版面 bǎn miàn	闭幕 bì mù
	帮忙 bāng máng	不妙 bú miào	别名 bié míng
b–f	迸发 bèng fā	不凡 bù fán	班风 bān fēng
	北方 běi fāng	冰峰 bīng fēng	奔放 bēn fàng
p–b	旁白 páng bái	排比 pái bǐ	拍板 pāi bǎn
	炮兵 pào bīng	拼搏 pīn bó	瀑布 pù bù
p–p	澎湃 péng pài	批评 pī píng	乒乓 pīng pāng
	偏僻 piān pì	匹配 pǐ pèi	评判 píng pàn
p–m	抛锚 pāo máo	皮毛 pí máo	拍卖 pāi mài
	片面 piàn miàn	屏幕 píng mù	破灭 pò miè
p–f	泼妇 pō fù	频繁 pín fán	皮肤 pí fū
	票房 piào fáng	配方 pèi fāng	评分 píng fēn
m–b	麻布 má bù	脉搏 mài bó	买办 mǎi bàn
	明白 míng bai	毛笔 máo bǐ	棉被 mián bèi
m–p	麦片 mài piàn	磨盘 mò pán	蒙骗 mēng piàn
	免票 miǎn piào	冒牌 mào pái	眉批 méi pī
m–m	美满 měi mǎn	命名 mìng míng	木棉 mù mián
	盲目 máng mù	冒昧 mào mèi	磨灭 mó miè
m–f	秘方 mì fāng	毛发 máo fà	米饭 mǐ fàn
	模范 mó fàn	民愤 mín fèn	面粉 miàn fěn
f–b	发表 fā biǎo	法宝 fǎ bǎo	帆布 fān bù
	翻版 fān bǎn	反驳 fǎn bó	范本 fàn běn
f–p	反扑 fǎn pū	浮萍 fú píng	封皮 fēng pí
	肥胖 féi pàng	放炮 fàng pào	分派 fēn pài
f–m	粉末 fěn mò	肥美 féi měi	父母 fù mǔ
	分明 fēn míng	反面 fǎn miàn	放牧 fàng mù
f–f	佛法 fó fǎ	丰富 fēng fù	芬芳 fēn fāng
	非分 fēi fèn	防范 fáng fàn	反复 fǎn fù

（2）第二组：

b–p	棒子－胖子	编目－篇目
	辫子－骗子	蝙蝠－篇幅

一遍－一片　　　　　被捕－佩服
补写－谱写　　　　　伯伯－婆婆
饱了－跑了　　　　　背上－配上

b-p　被迫 bèi pò　　　背叛 bèi pàn　　　包赔 bāo péi
　　　爆破 bào pò　　　奔跑 bēn pǎo　　　逼迫 bī pò
　　　布匹 bù pǐ　　　　冰片 bīng piàn　　般配 bān pèi
p-b　排比 pái bǐ　　　　陪伴 péi bàn　　　配备 pèi bèi
　　　叛变 pàn biàn　　　疲惫 pí bèi　　　拼搏 pīn bó
　　　皮包 pí bāo　　　　漂白 piǎo bái

（3）第三组：
f-h　废话－会话　　　　防空－航空
　　　幅度－弧度　　　　福利－互利
　　　公费－工会　　　　浮水－湖水
　　　发展－花展　　　　船夫－传呼
　　　舅父－救护　　　　佛像－活像
　　　翻腾－欢腾　　　　放荡－晃荡
　　　防风－黄蜂　　　　仿佛－恍惚

f-h　繁华 fán huá　　　绯红 fēi hóng　　　烽火 fēng huǒ
　　　返回 fǎn huí　　　饭盒 fàn hé　　　防洪 fáng hóng
　　　发话 fā huà　　　发狠 fā hěn　　　发挥 fā huī
　　　反悔 fǎn huǐ　　　放火 fàng huǒ　　废话 fèi huà
　　　分毫 fēn háo　　　分化 fēn huà　　　粉红 fěn hóng
　　　丰厚 fēng hòu　　　风华 fēng huá　　缝合 féng hé
h-f　豪放 háo fàng　　　毫发 háo fà　　　耗费 hào fèi
　　　浩繁 hào fán　　　河防 hé fáng　　　合法 hé fǎ
　　　和风 hé fēng　　　横幅 héng fú　　　洪峰 hóng fēng
　　　洪福 hóng fú　　　后方 hòu fāng　　　花房 huā fáng
　　　话锋 huà fēng　　　画幅 huà fú　　　划分 huà fēn
　　　荒废 huāng fèi　　　恢复 huī fù　　　混纺 hùn fǎng

2. 绕口令练习
b-p

一平盆面

一平盆面，烙一平盆饼，
饼碰盆，盆碰饼。

b-m

白庙和白猫

白庙外蹲一只白猫，

白庙里有一项白帽。
白庙外的白猫看见了白帽，
叼着白庙里的白帽跑出了白庙。

b-p

婆婆补裤

出仓库，走一步，
看见婆婆缝补一条破皮裤。
皮裤破，补皮裤，
皮裤不破就不必补皮裤。

f-h

画凤凰

对门儿有堵白粉墙，
白粉墙上画凤凰，
先画一只粉黄粉黄的黄凤凰，
后画一只绯红绯红的红凤凰。
红凤凰看黄凤凰，
黄凤凰看红凤凰，
红凤凰，黄凤凰，
两只都像活凤凰。

3. 对话练习

（1）问候。

A：你好！

B：你好！

A：你爸爸、妈妈好吗？

B：他们都很好，你爸爸、妈妈好吗？

A：他们也很好。

（2）帮忙。

A：你才来报到的吧？

B：是的。

A：我给你拿铺盖吧。

B：我能拿，谢谢。

A：我给你带路。

B：太不好意思了，报到在哪里呢？

A：看，在那儿，我刚报了到。

B：你是哪个科的？

A：我是物理科的。我叫高飞。

B：我也是物理科的。我叫方南。

A：太好了！

B：你分在哪个班？

A：2班。

B：我和你分在一个班，那更好了。

（3）喝咖啡。

A：我喜欢在咖啡里加些方糖。

B：我喜欢喝黑咖啡，原汁原味。

A：那太苦了，很难下咽，方糖在哪里？

B：大概在商店里。

A：嗨，你存心不让我喝，算了算了，我也来一次"原汁原味"吧。

第二节　舌尖中音 d、t、n、l

一、发音要领

舌尖中音指舌尖抵住上齿龈，气流在这一部位受到阻碍后发出的音。

调整好气息，使受腹部控制的气流，不断地冲击成阻部位，让舌尖灵活有力地弹击上齿龈，这就是所说的"舌的弹卷力"，要能够敲响它。

所谓"弹力"就是指舌尖阻被突然冲开，不要拖泥带水。

发音时着力点放在舌尖上，部位要准确，舌尖要有力度。注意不要发成舌叶音。

舌尖音 d、t、n、l 发音示意图如图7-5所示。

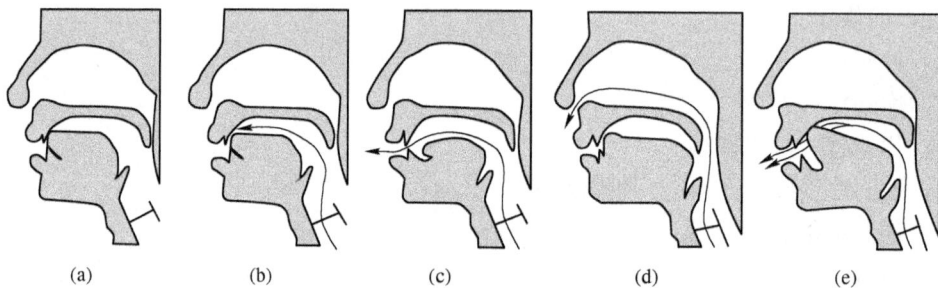

图7-5　舌尖音 d、t、n、l发音示意图

（a）准备；（b）蓄气；（c）发音 $\begin{cases} \text{不送气 d} \\ \text{送　气 t} \end{cases}$；（d）n；（e）l

二、发音练习

1. 词语练习

（1）第一组：

d-d　当代 dāng dài	单调 dān diào	打断 dǎ duàn
道德 dào dé	导弹 dǎo dàn	电灯 diàn dēng

d-t	代替 dài tì	歹徒 dǎi tú	地毯 dì tǎn
	灯塔 dēng tǎ	独特 dú tè	倒退 dào tuì
d-n	当年 dāng nián	惦念 diàn niàn	叮咛 dīng níng
	东南 dōng nán	电脑 diàn nǎo	悼念 dào niàn
d-l	道理 dào lǐ	捣乱 dǎo luàn	打擂 dǎ lèi
	带领 dài lǐng	大量 dà liàng	胆量 dǎn liàng
t-d	特点 tè diǎn	土地 tǔ dì	坦荡 tǎn dàng
	停顿 tíng dùn	铁道 tiě dào	推动 tuī dòng
t-t	厅堂 tīng táng	体态 tǐ tài	谈吐 tán tǔ
	淘汰 táo tài	贪图 tān tú	天体 tiān tǐ
t-n	腾挪 téng nuó	童年 tóng nián	天牛 tiān niú
	逃难 táo nàn	鸵鸟 tuó niǎo	头脑 tóu nǎo
t-l	铁路 tiě lù	条理 tiáo lǐ	提炼 tí liàn
	体力 tǐ lì	田螺 tián luó	讨论 tǎo lùn
n-d	拟定 nǐ dìng	年底 nián dǐ	挪动 nuó dòng
	纽带 niǔ dài	难道 nán dào	虐待 nüè dài
n-t	闹腾 nào teng	泥潭 ní tán	黏土 nián tǔ
	农田 nóng tián	怒涛 nù tāo	牛头 niú tóu
n-n	扭捏 niǔ niē	女奴 nǚ nú	泥泞 ní nìng
	牛奶 niú nǎi	泥淖 ní nào	能耐 néng nài
n-l	牛栏 niú lán	能量 néng liàng	逆流 nì liú
	年龄 nián líng	内乱 nèi luàn	凝练 níng liàn
l-d	朗读 lǎng dú	冷冻 lěng dòng	拉到 lā dào
	老大 lǎo dà	懒惰 lǎn duò	乐道 lè dào
l-t	雷同 léi tóng	脸膛 liǎn táng	礼堂 lǐ táng
	蓝图 lán tú	冷烫 lěng tàng	烙铁 lào tiě
l-n	冷暖 lěng nuǎn	留念 liú niàn	历年 lì nián
	老年 lǎo nián	烂泥 làn ní	两难 liǎng nán
l-l	罗列 luó liè	流露 liú lù	凛冽 lǐn liè
	磊落 lěi luò	伦理 lún lǐ	伶俐 líng lì

（2）第二组：

n-l	河南-荷兰	浓重-隆重	
	南天-蓝天	老牛-老刘	
	女客-旅客	无奈-无赖	
	留念-留恋	鲶鱼-鲢鱼	
	脑子-老子	男子-篮子	
n-l	哪里 nǎ lǐ	能量 néng liàng	农历 nóng lì
	纳凉 nà liáng	逆流 nì liú	农林 nóng lín
	脑力 nǎo lì	年历 nián lì	努力 nǔ lì

内涝 nèi lào　　　年龄 nián líng　　　女郎 nǚ láng
能力 néng lì　　　凝练 níng liàn　　　暖流 nuǎn liú
l-n　来年 lái nián　　　冷暖 léng nuǎn　　　流脑 liú nǎo
烂泥 làn ní　　　历年 lì nián　　　留恋 liú liàn
老娘 lǎo niáng　　　两难 liǎng nán　　　落难 luò nàn
累年 lěi nián　　　林农 lín nóng　　　连年 lián nián

2. 绕口令练习

（1）b-d

扁担和板凳

扁担长，板凳宽，
扁担没有板凳宽，
板凳没有扁担长，
扁担要绑在板凳上，
板凳不让扁担绑在板凳上，
扁担偏要绑在板凳上，
板凳偏不让扁担绑在板凳上。

（2）p-t

葡萄皮

吃葡萄不吐葡萄皮，
不吃葡萄倒吐葡萄皮。
吃吐鲁番葡萄，
不吐吐鲁番葡萄皮。
不吃吐鲁番葡萄，
倒吐吐鲁番葡萄皮。

（3）n-l

刘大娘和牛大梁

刘大娘地里种南瓜，
牛大梁院里种兰花，
刘大娘的南瓜长在柳树上，
牛大梁的兰花开在篱笆下，
南瓜可以代粮，
兰花可以绿化，
南瓜甜，兰花香，
不知你爱哪一样？

3. 对话练习

（1）海带和土豆。

A：黄海，咱们走吧，快开饭了。

B：慌什么？

A：晚了，买不到好菜。

B：你最爱吃什么菜？

A：我最爱吃土豆，怎么弄，我都爱吃。你呢？

B：你忘了，我告诉过你。

A：你从来没告诉过我。

B：看看菜谱，都有什么菜？

A：菠菜、荷包蛋、麻辣豆腐、红烧大排……

B：罗宋汤、蛋花汤，还有火腿海带汤。哪个菜合你的意？

A：我刚说过……

B：噢，罗宋汤！师傅，一碗罗宋汤，一碗海带汤。

A：噢，黄海！你说过，你爱大海，你……

B：对了，我在海里捞海带。

A：太棒了！

（2）篮球队。

A：说起往事，我很留恋在中学时参加男子篮球队的那段时间。

B：我倒是很难忘我去南宁旅游时的那位女导游。口齿伶俐，博闻强记，历史典故、风土人情信手拈来，真是了不起。

A：我们球队有个主攻手，身材高大，技术精湛，特别是他的篮板球，是他的一绝，我们都叫他"小乔丹"呢！

B：我也很喜欢打篮球，什么时候比一次？

A：唉，俱往矣！我现在看到球就怕。

（3）说名字。

A：咱们俩的名字——"史年民""司连明"很容易被一些人混淆。

B：怎么会？我是我，你是你嘛！

A：如果让一个江西人、湖南人、四川人、湖北人、广东人或广西人来说这三个字，就很有可能把咱俩搞错。

B：噢，我知道了，这些方言区的人说普通话时容易把 n、l 混淆，平翘舌音有时也分不清楚。

第三节　舌根音 g、k、h

一、发音要领

舌根音指舌根和软腭相接，气流在这一部位受到阻碍后发出的一种辅音。

它们是 21 个声母中发音最靠后的 3 个音,音色也是属于最暗的一组。

男声为了追求声音的宽厚、有气势,把这三个本来已经靠后的舌根音发得更靠后,它极容易把韵母也带到了后面,导致发声状态不正确的问题,喉音的产生和它有直接的关系。

要注意舌位有意识地前移,也就是"后音前发",如图 7-6 所示。

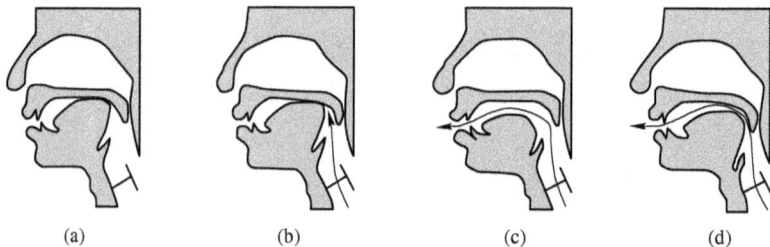

图 7-6 舌根音 g、k、h 发音示意图

(a) 准备;(b) 蓄气;(c) 发音 $\begin{cases} \text{不送气 g} \\ \text{送 气 k} \end{cases}$;(d) h

二、发音练习

1. 词语练习

g-g	桂冠 guì guān	观光 guān guāng	巩固 gǒng gù
	改革 gǎi gé	公干 gōng gàn	孤高 gū gāo
g-k	感慨 gǎn kǎi	国库 guó kù	甘苦 gān kǔ
	管窥 guǎn kuī	概括 gài kuò	高亢 gāo kàng
g-h	改行 gǎi háng	勾画 gōu huà	官话 guān huà
	恭候 gōng hòu	蛊惑 gǔ huò	光华 guāng huá
k-g	看管 kān guǎn	开国 kāi guó	考古 káo gǔ
	开关 kāi guān	凯歌 kǎi gē	可观 kě guān
k-k	可靠 kě kào	宽阔 kuān kuò	刻苦 kè kǔ
	空壳 kōng ké	慷慨 kāng kǎi	坎坷 kán kě
k-h	开化 kāi huà	抗旱 kàng hàn	考核 kǎo hé
	可好 ké hǎo	空海 kōng hǎi	口号 kǒu hào
h-g	海关 hǎi guān	怀古 huái gǔ	环顾 huán gù
	好感 háo gǎn	悔改 huí gǎi	宦官 huàn guān
h-k	汉口 hàn kǒu	惶恐 huáng kǒng	回扣 huí kòu
	航空 háng kōng	昏聩 hūn kuì	寒苦 hán kǔ
h-h	绘画 huì huà	航海 háng hǎi	豪华 háo huá
	含恨 hán hèn	行话 háng huà	花卉 huā huì

2. 绕口令练习

(1) g-k-h

王婆夸瓜又夸花

王婆卖瓜又卖花，
一边卖来一边夸，
又夸花，又夸瓜，
夸瓜大，大夸花，
夸花夸瓜为了卖瓜卖花。

（2）g-k-h

哥哥抓鸽

哥哥过河捉个鸽，
回家割鸽来请客，
客人吃鸽称鸽肉，
哥哥请客乐呵呵。

（3）h-h

华华和红红

华华有两朵黄花，
红红有两朵红花，
华华要红花，
红红要黄花。
华华送给红红一朵黄花，
红红送给华华一朵红花。

3. 对话练习

（1）考试。

A：这次考试都不怎么好，为什么？

B：老师，这几道考试题，我们都没有弄懂。

A：是吗？好吧，大家看黑板，让我们一起来更正。

（2）买钢笔。

A：同志，我要买一支钢笔。

B：这一种好吗？

A：有紫红色的吗？

B：这种紫红色的笔刚卖完。只有丹东牌的了，你要不要？

A：给拿来看看好吗？

B：好。

A：还可以，就买这一支。

（3）请假。

A：您是三年级二班班主任吗？

B：是啊，有什么事吗？请坐！

A：老师好。我是张敏的哥哥，张敏病了，感冒发烧，今天要请一天病假。

B：好的，您让她好好休息，不要着急，等病好了，我们会给她补课的。

A：麻烦老师了。

B：没什么。

A：老师忙吧，再见！

B：不送了，再见。

（4）看电影。

A：明天是星期天，你有空吗？

B：什么事？

A：我买了两张电影票，我们一起去看电影，怎么样？

B：好啊，是什么片子？

A：《海底总动员》，你看过没有？

B：没看过，听说很有意思，我非常想看呢，你买的是哪儿的票？

A："西湖"电影院的，晚上七点，六点半在校门口见面。讲好了，可别不去呀！

B：好，一定去。

第四节　舌面音 j、q、x

一、发音要领

舌面音指舌面前部抵住或接近硬腭前部，气流在这一部位受到阻碍后形成的音。

注意是舌面的前部而不是舌尖去和硬腭前部接触，避免舌尖在齿缝间发成尖音（舌尖化）。为了防止尖音的出现，除了做好辨音外，注意不要让舌尖碰到牙齿或两齿之间。

另一个问题是，部分人发得舌位比较靠后，这可能是受方言影响，所以发音时要找准发音部位，如图 7-7 所示。

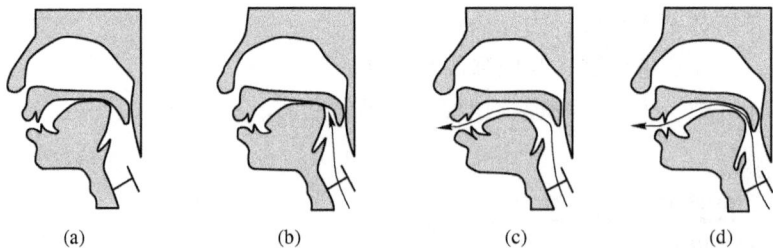

（a）　　　　（b）　　　　（c）　　　　（d）

图 7-7　舌面音 j、q、x 发音示意图

（a）准备；（b）蓄气；（c）发音 $\begin{cases} \text{不送气 j} \\ \text{送　气 q} \end{cases}$；（d）x

二、发音练习

1. 词语练习

（1）第一组：

j–j	积极 jī jí	季节 jì jié	结晶 jié jīng
	拒绝 jù jué	境界 jìng jiè	健将 jiàn jiàng
j–q	减去 jiǎn qù	进去 jìn qù	坚强 jiān qiáng
	娇气 jiāo qì	就寝 jiù qǐn	讲情 jiǎng qíng
j–x	积习 jī xí	见效 jiàn xiào	继续 jì xù
	侥幸 jiǎo xìng	酒席 jiǔ xí	讲学 jiǎng xué
q–j	迁居 qiān jū	勤俭 qín jiǎn	秋季 qiū jì
	全局 quán jú	起劲 qǐ jìn	奇迹 qí jì
q–q	亲切 qīn qiè	轻巧 qīng qiǎo	前驱 qián qū
	请求 qǐng qiú	全球 quán qiú	欠缺 qiàn quē
q–x	气象 qì xiàng	清香 qīng xiāng	抢先 qiǎng xiān
	庆幸 qìng xìng	取消 qǔ xiāo	求学 qiú xué
x–j	小节 xiǎo jié	详尽 xiáng jìn	信笺 xìn jiān
	下降 xià jiàng	孝敬 xiào jìng	谢绝 xiè jué
x–q	休憩 xiū qì	辖区 xiá qū	兴起 xīng qǐ
	嫌弃 xián qì	心情 xīn qíng	限期 xiàn qī
x–x	循序 xún xù	现象 xiàn xiàng	宣泄 xuān xiè
	鲜血 xiān xuè	小学 xiǎo xué	细心 xì xīn

（2）第二组：

1）z、c、s–j、q、x：

资金–基金	字母–继母
字号–记号	上苍–唱腔
诗词–稀奇	名次–名气
自在–记载	刺猬–气味
投资–投机	脏水–江水
字画–计划	彼此–比起
刺死–气死	草儿–巧儿

2）z、c、s–j、q、x：

字迹 zì jì	字句 zì jù	自己 zì jǐ
自家 zì jiā	自觉 zì jué	瓷器 cí qì
刺激 cì ji	词句 cí jù	赐教 cì jiào
思想 sī xiǎng	思绪 sī xù	私交 sī jiāo
私情 sī qíng	私心 sī xīn	司机 sī jī
丝线 sī xiàn	死角 sí jiǎo	四季 sì jì

3）j、q、x–z、c、s：

缉私 jī sī	祭祀 jì sì	其次 qí cì
集资 jí zī	妻子 qī zi	袖子 xiù zi
下策 xià cè	席子 xí zi	习字 xí zì
细瓷 xì cí	计算 jì suàn	急躁 jí zào

咨询 zī xún　　　　及早 jí zǎo　　　　夹杂 jiā zá
劝阻 quàn zǔ　　　　杰作 jié zuò　　　　先祖 xiān zǔ

2. 绕口令练习

（1）j-q-x

锡匠和漆匠

东边来了个锡匠卖锡，
西边来了个漆匠卖漆。
锡匠说漆匠偷了他的锡，
漆匠说锡匠偷了他的漆。
倒不知漆匠偷了锡匠的锡，
还是锡匠偷了漆匠的漆。

（2）q-j

勤和精

小青和小琴，
小琴手很勤，
小青人很精。
手勤人精，
琴勤青精。
你学小琴，
还是学小青？

（3）zh ch sh-j q x

精致不是经济

精致不是经济，
组织不是阻击。
把不直念成不急，
秩序就会变成继续，
大使就会变成大喜。

3. 对话练习

（1）拜访师长。

A B：徐老师在家吗？

C：是林娟、杨群啊，快请进来。

A B：徐老师好！

C：你们好。坐，快请坐，有什么事儿坐下来谈。

A：是这样的，下星期五，我们学生会要召开一个座谈会，主题是《我们是明天的教师》。想请您给大家讲讲话。

C：嗯，很好，很有必要。我一定去。

ＡＢ：我们代表大家谢谢您了。

C：不用客气。

ＡＢ：那我们告辞了。

C：好。

ＡＢ：徐老师，您请留步。

C：那我就不送了。

ＡＢ：徐老师，再见！

C：再见！

（2）接待上访群众。

A：老大爷，您找谁呀？（起身笑迎）

B：我找区长。

A：区长下乡了，您有什么事让我转告他行吗？

B：也行，我要反映一个问题。

A：您有书面材料吗？

B：没有，我写不好。

A：老大爷，您请坐，喝杯茶，有话慢慢儿说。

B：好！同志，谢谢你！是这事儿，今年三月县里修公路，占了我三分多承包地，可现在补偿金还没给我，这都半年多了。

A：啊！县里不是早就把钱划到镇里了吗？

B：村儿里有的人拿到了，可我没有拿到。问村干部，他们也说不清为什么。

A：哦，原来是这样。大爷，请您先回去，我们明天就派人去调查、处理这件事，如果您说的是实情，我们会把补偿的钱送到您的手里。

B：好，同志，我相信你们，我这就回去等消息。

A：老大爷，您走好。

（3）工作调动谈话。

A：（接电话）您好，这里是秘书科。

B：小刘，你好。我是办公室吴彬。

A：啊，吴主任，有什么事要我办吗？

B：请你马上到我办公室来一下。

A：好的。（过一会儿，敲门）可以进来吗？

B：来来来！小刘，你先坐下。

A：吴主任，什么事儿这么郑重其事啊？

B：是这样的。为了加大督察工作的力度，打算把你调到县督察办，任副主任，专抓督察工作。

A：是不是我没把秘书科的事情做好？

B：不是。你担任秘书科长两年来一直很尽心，工作干得有声有色。调你去督察办，完全是工作的需要。

A：那我现在的工作交给谁呢？

B：由小黄接替你的工作。

A：说实话，督察工作涉及面广，时限性、政策性都很强，我怕自己不能胜任。

B：嘿！凭你的能力，我相信你一定会干得很出色。

A：既然领导这么信任我，我就试试吧，尽我最大努力把工作干好。

B：好！人事局通知到达后，你就到督察办上班儿。

A：您有什么要交代我吗？

B：还是那句话，放开手干，我相信你行。

第五节　舌尖后音 zh、ch、sh、r

一、发音要领

舌尖后音指舌尖后移与齿龈后部接触构成阻碍后发出的一种辅音。

这组音又称为翘舌音，发音的问题是易和舌尖前音相混。从部位上分：一种情况是这组声母发得比较靠后，把翘舌音发成了卷舌音；另一种是发音偏前，舌位较平，接近于平舌音的位置。因此，发音时舌尖要尽量后移，顶住硬腭前部，再发舌尖后音，听起来就不那么偏前了，如图 7-8 所示。

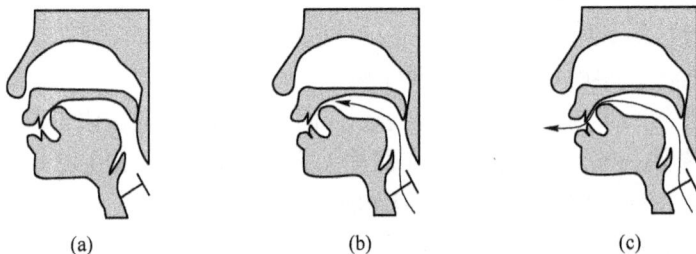

| | (a) | (b) | (c) |

图 7-8　舌尖后音 zh、ch 发音示意图

(a) 准备；(b) 蓄气；(c) 发音 $\begin{cases} \text{不送气 zh} \\ \text{送　气 ch} \end{cases}$

二、发音练习

1. 词语练习

（1）第一组：

zh-zh	战争 zhàn zhēng	主张 zhǔ zhāng	住宅 zhù zhái
	诊治 zhěn zhì	终止 zhōng zhǐ	珍珠 zhēn zhū
zh-ch	转产 zhuǎn chǎn	章程 zhāng chéng	主创 zhǔ chuàng
	正常 zhèng cháng	支持 zhī chí	轴承 zhóu chéng
zh-sh	忠实 zhōng shí	征收 zhēng shōu	周身 zhōu shēn
	招生 zhāo shēng	注射 zhù shè	重赏 zhòng shǎng
zh-r	阵容 zhèn róng	追认 zhuī rèn	稚弱 zhì ruò

	整日 zhěng rì	重任 zhòng rèn	骤然 zhòu rán
ch-zh	沉重 chén zhòng	惩治 chéng zhì	超值 chāo zhí
	车站 chē zhàn	撤职 chè zhí	朝政 cháo zhèng
ch-ch	愁肠 chóu cháng	出差 chū chāi	唇齿 chún chǐ
	抽查 chōu chá	城池 chéng chí	初创 chū chuàng
ch-sh	充实 chōng shí	陈设 chén shè	产生 chǎn shēng
	常识 cháng shí	承受 chéng shòu	超声 chāo shēng
ch-r	承认 chéng rèn	耻辱 chǐ rǔ	怅然 chàng rán
	炽热 chì rè	出入 chū rù	成人 chéng rén
sh-zh	实质 shí zhì	山楂 shān zhā	商展 shāng zhǎn
	伸展 shēn zhǎn	声张 shēng zhāng	盛装 shèng zhuāng
sh-ch	收场 shōu chǎng	双重 shuāng chóng	善处 shàn chǔ
	水产 shuǐ chǎn	声称 shēng chēng	审查 shěn chá
sh-sh	山水 shān shuǐ	双声 shuāng shēng	舒适 shū shì
	税收 shuì shōu	硕士 shuò shì	赏识 shǎng shí
sh-r	上任 shàng rèn	市容 shì róng	世人 shì rén
	收入 shōu rù	商人 shāng rén	湿热 shī rè
r-zh	人证 rén zhèng	肉质 ròu zhì	弱者 ruò zhě
	容止 róng zhǐ	乳汁 rǔ zhī	任职 rèn zhí
r-ch	日常 rì cháng	日程 rì chéng	蠕虫 rú chóng
	冗长 rǒng cháng	热忱 rè chén	如初 rú chū
r-sh	认识 rèn shí	柔顺 róu shùn	燃烧 rán shāo
	容身 róng shēn	溶蚀 róng shí	儒商 rú shāng
r-r	仍然 réng rán	柔软 róu ruǎn	如若 rú ruò
	忍让 rěn ràng	闰日 rùn rì	濡染 rú rǎn

（2）第二组：

zh-z	闸-杂	折-则	只-紫
	寨-在	照-造	宙-奏
	站-赞	诊-怎	张-脏
	争-增	逐-足	桌-坐
	坠-最	专-钻	谆-尊
ch-c	插-擦	彻-测	持-词
	柴-才	超-操	臭-凑
	产-惨	常-藏	出-粗
	戳-撮	吹-催	串-篡
	春-村	虫-从	赤-次
sh-s	沙-撒	社-色	是-四
	少-扫	收-搜	山-三
	商-桑	生-僧	说-缩

| | 顺-损 | 睡-碎 | 栓-酸 |

（3）第三组：

z-zh	杂志 zá zhì	栽种 zāi zhòng	宗旨 zōng zhǐ
	增长 zēng zhǎng	资助 zī zhù	自治 zì zhì
	作主 zuò zhǔ	尊重 zūn zhòng	作者 zuò zhě
z-ch	嘴唇 zuǐ chún	增产 zēng chǎn	祖传 zǔ chuán
	早晨 zǎo chén	尊崇 zūn chóng	钻床 zuàn chuáng
	责成 zé chéng	坐车 zuò chē	造船 zào chuán
z-sh	在世 zài shì	遭受 zāo shòu	杂耍 zá shuǎ
	仄声 zè shēng	宰杀 zǎi shā	左手 zuǒ shǒu
c-zh	侧重 cè zhòng	草纸 cáo zhǐ	村庄 cūn zhuāng
	瓷砖 cí zhuān	参照 cān zhào	此致 cǐ zhì
	采摘 cǎi zhāi	财政 cái zhèng	辞职 cí zhí
c-ch	财产 cái chǎn	餐车 cān chē	操场 cāo chǎng
	错处 cuò chù	残喘 cán chuǎn	磁场 cí chǎng
	促成 cù chéng	此处 cǐ chù	催产 cuī chǎn
c-sh	从事 cóng shì	菜市 cài shì	次数 cì shù
	刺杀 cì shā	此时 cǐ shí	措施 cuò shī
	测试 cè shì	磋商 cuō shāng	凑手 còu shǒu
s-zh	司长 sī zhǎng	送终 sòng zhōng	算账 suàn zhàng
	散装 sǎn zhuāng	扫帚 sào zhou	四肢 sì zhī
	碎砖 suì zhuān	三只 sān zhī	诉职 sù zhí
s-sh	飒爽 sà shuǎng	诉说 sù shuō	随时 suí shí
	散射 sǎn shè	宿舍 sù shè	素食 sù shí
	松树 sōng shù	算术 suàn shù	损失 sǔn shī
s-ch	思潮 sī cháo	搜查 sōu chá	酸楚 suān chǔ
	速成 sù chéng	扫除 sǎo chú	丝绸 sī chóu
	赛车 sài chē	四尺 sì chǐ	散场 sàn chǎng
zh-z	指责 zhǐ zé	制作 zhì zuò	振作 zhèn zuò
	追踪 zhuī zōng	准则 zhǔn zé	壮族 zhuàng zú
	转载 zhuán zǎi	制造 zhì zào	种族 zhǒng zú
zh-c	祝词 zhù cí	逐次 zhú cì	制裁 zhì cái
	铡草 zhá cǎo	榨菜 zhà cài	中餐 zhōng cān
	账册 zhàng cè	遮藏 zhē cáng	注册 zhù cè
zh-s	砸碎 zá suì	诊所 zhěn suǒ	周岁 zhōu suì
	竹笋 zhú sǔn	折算 zhé suàn	追随 zhuī suí
	朱色 zhū sè	住宿 zhù sù	真丝 zhēn sī
ch-z	查字 chá zì	赤字 chì zì	出租 chū zū
	斥责 chì zé	趁早 chèn zǎo	称赞 chēng zàn

		吵嘴 cháo zuǐ	吹奏 chuī zòu
ch-c	掺杂 chān zá	尺寸 chǐ cùn	陈醋 chén cù
	纯粹 chún cuì	春蚕 chūn cán	长辞 cháng cí
	船舱 chuán cāng	差错 chā cuò	蠢材 chǔn cái
	储藏 chǔ cáng	抽丝 chōu sī	初三 chū sān
ch-s	称颂 chēng sòng	拆散 chāi sǎn	场所 cháng suǒ
	成色 chéng sè	陈诉 chén sù	处死 chǔ sǐ
	沉思 chén sī	生字 shēng zì	水灾 shuǐ zāi
sh-z	师资 shī zī	深造 shēn zào	刷子 shuā zi
	实在 shí zai	手足 shǒu zú	傻子 shǎ zi
	识字 shí zì	顺从 shùn cóng	水彩 shuí cǎi
sh-c	史册 shǐ cè	生存 shēng cún	数词 shù cí
	深层 shēn céng	首次 shǒu cì	适才 shì cái
	赏赐 shǎng cì	胜似 shèng sì	生死 shēng sǐ
sh-s	世俗 shì sú	神速 shén sù	绳索 shéng suǒ
	石笋 shí sǔn	出色 chū sè	十四 shí sì
	收缩 shōu suō		

（4）第四组：

		智力-自力	
zh-z	主妇-祖父	战时-暂时	
	知识-姿势	摘花-栽花	
	主力-阻力	大志-大字	
	站住-赞助	征订-增订	
	争光-增光	找到-早到	
	制动-自动	支助-资助	
	纸花-紫花	照旧-造就	
	治理-自理	札记-杂技	
	珠子-租子	中和-综合	
	终止-宗旨	织补-滋补	
	专营-钻营	志愿-自愿	
	支援-资源	鱼翅-鱼刺	
ch-c	初步-粗布	持续-次序	
	出气-粗气	推迟-推辞	
	臭钱-凑钱	木柴-木材	
	春装-村庄	赤子-次子	
	重来-从来	草虫-草丛	
	撤出-测出	八成-八层	
	不成-不曾	乱吵-乱草	
	池塘-祠堂	电池-电磁	
	插手-擦手	失去-撕去	
sh-s	树立-肃立		

失事－私事　　　　　　　施与－私语
出色－三色　　　　　　　诗人－私人
商业－桑叶　　　　　　　生人－僧人
师长－司长　　　　　　　实数－食宿
杀人－仁人　　　　　　　近视－近似
收集－搜集　　　　　　　山脚－三角
申述－申诉　　　　　　　熟语－俗语
深林－森林　　　　　　　筛子－塞子
闪光－散光　　　　　　　没睡－没碎
事实－四十　　　　　　　使者－死者

（5）第五组：

1）ø→r：

人民 rén mín　　　　　当然 dāng rán　　　　燃烧 rán shāo
传染 chuán rǎn　　　　嚷嚷 rāng rang　　　　瓜瓤 guā ráng
让步 ràng bù　　　　　富饶 fù ráo　　　　　打扰 dá rǎo
环绕 huán rào　　　　　招惹 zhāo rě　　　　　热闹 rè nao
任务 rèn wù　　　　　　缝纫 féng rèn　　　　仍然 réng rán
日夜 rì yè　　　　　　　利刃 lì rèn　　　　　韧性 rèn xìng
万仞 wàn rèn　　　　　光荣 guāng róng　　　绒线 róng xiàn
容貌 róng mào　　　　　熔化 róng huà　　　　融和 róng hé
榕树 róng shù　　　　　冗长 rǒng cháng　　　柔软 róu ruǎn
肉末 ròu mò　　　　　　若干 ruò gān　　　　　滋润 zī rùn

2）l→r：

如果 rú guǒ　　　　　　蠕动 rú dòng　　　　　乳品 rǔ pǐn
侮辱 wǔ rǔ　　　　　　儒雅 rú yǎ　　　　　　妇孺 fù rú
濡染 rú rǎn　　　　　　锐利 ruì lì　　　　　花蕊 huā ruǐ
瑞雪 ruì xuě　　　　　扔掉 rēng diào　　　　腐乳 fú rǔ

3）ø-r：

眼色－染色　　　　　　　夜风－热风
要道－绕道　　　　　　　油印－柔韧
颜料－燃料　　　　　　　银圆－人员
隐痛－忍痛　　　　　　　银川－仁川
刀印－刀刃　　　　　　　于今－如今
余数－如数　　　　　　　于此－如此
鱼粉－乳粉　　　　　　　预习－入席
浴场－入场　　　　　　　预选－入选

4）r-l：

入地－陆地　　　　　　　乳汁－卤汁
腐乳－俘虏　　　　　　　出入－出路

2. 绕口令练习

（1）zh-ch

长竹长

长竹长，我也长，

长竹比我还要长，

长竹长，我也长，

我和长竹一起长，

我想长得比长竹长，

长竹长得比我还要长，

我望着长竹哭一场。

（2）sh-s

四和十

四是四，十是十，

十四是十四，

四十是四十，

谁能说准四十、十四、四十四，

就请谁来试一试。

（3）zh、ch、sh-z、c、s

寺和狮

狮子山上狮山寺，

山寺门前四狮子。

山寺是禅寺，

狮子是石狮。

狮子看守狮子寺，

禅寺保护石狮子。

（4）r-y

日头热

日头热，晒人肉，

晒得心里好难受，

晒人肉，好难受，

晒得头皮直发皱。

3. 对话练习

（1）上课。

A：还有 5 分钟就上课了，再不走就迟到了！

B：我的鞋找不到了！化学书也没了！

A：你这个马大哈！每天不是这个不见了，就是那个不见了！真没办法！

B：嚷什么呀？快帮我看看床下有没有？再看看抽屉！

A：在这儿呢！快走！快走！

（2）听讲座。

A：今晚有一个文学欣赏讲座。你去吗？

B：在哪儿？谁主讲？

A：在电教室，是程教授。

B：电教室的音响效果特别棒！一定去！

A：原来你是想去欣赏音响而不是欣赏文学！

B：哪里哪里，一举两得嘛。

（3）看病。

A：同志，请坐，您哪不舒服？

B：最近几天我咳嗽得很厉害。

A：请解开衣服，我先给您听听。（听诊）下午感觉发烧吗？

B：不觉得发烧。

A：支气管有点儿发炎，肺部没有什么问题，吃点儿止咳药吧。

B：好的。

A：（开方）请您按时吃药，注意休息。

B：谢谢。

A：不谢。

C：大夫，请问一下，得了肝炎应该怎样调理才好得快？

A：思想要乐观，要加强营养，适当地多吃高糖、高蛋白和含维生素多的食品，还要注意休息，保证睡眠，再加上按时服药，很快就会好的。

C：麻烦您了，大夫。

A：没什么。希望你早日恢复健康。

C：谢谢。

（4）问路。

A：同志，请问去岱庙怎么走哇？

B：从这儿一直往前走，到新华书店往左拐，走到十字路口儿再往右拐，过了电影院就到了。路可不近哪。

A：哦。再麻烦您，坐公共汽车怎么走好哇？

B：北边儿不远，就是二路公共汽车站，您坐四站，在电影院下车。

A：好，谢谢您！

B：不用谢。

第六节　舌尖前音 z、c、s

一、发音要领

舌尖前音指舌尖平伸抵住或接近上齿背，气流在这一部位受到阻碍后发出的音，又叫平舌音。

发音时要避免舌尖伸到齿缝中间发成齿间音。另外，舌尖要与上齿背成阻而不是舌前部整个贴在上齿背上，否则舌中部无力，如图 7-9 所示。

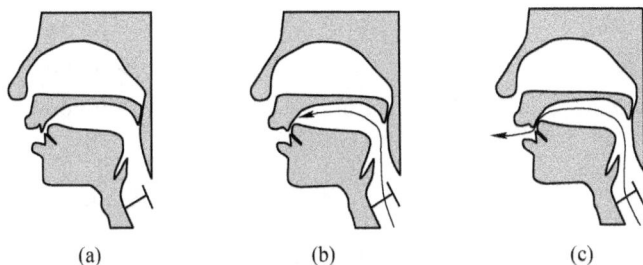

图 7-9　舌尖前音 z、c 发音示意图

(a) 准备；(b) 蓄气；(c) 发音 $\begin{cases} \text{不送气 z} \\ \text{送　气 c} \end{cases}$

s、sh、r 都是擦音。s 是舌尖前音，sh 是舌尖后音。r 和 sh 的发音部位相同，也是舌尖后音，但 sh 是清音，声带不颤动；r 是浊音，声带颤动。它们的读音是 si、shi、ri。

二、发音练习

1. 字词练习

z-z	自尊 zì zūn	总则 zǒng zé	在座 zài zuò
	祖宗 zǔ zong	罪责 zuì zé	做作 zuò zuo
	走嘴 zóu zuǐ	藏族 zàng zú	栽赃 zāi zāng
c-c	从此 cóng cǐ	参差 cēn cī	层次 céng cì
	苍翠 cāng cuì	仓促 cāng cù	残存 cán cún
	猜测 cāi cè	粗糙 cū cāo	草丛 cǎo cóng
s-s	思索 sī suǒ	洒扫 sá sǎo	速算 sù suàn
	色素 sè sù	诉讼 sù sòng	琐碎 suǒ suì
	松散 sōng sǎn	送死 sòng sǐ	搜索 sōu suǒ
z-c	紫菜 zǐ cài	遵从 zūn cóng	总裁 zǒng cái
	早操 zǎo cāo	造次 zào cì	自从 zì cóng
	座次 zuò cì	早餐 zǎo cān	资财 zī cái
c-z	嘈杂 cáo zá	存在 cún zài	操纵 cāo zòng
	才子 cái zǐ	词组 cí zǔ	错字 cuò zì
	错杂 cuò zá	擦澡 cā zǎo	草字 cǎo zì

z–s　紫色 zǐ sè　　　　赠送 zèng sòng　　　阻塞 zǔ sè
　　　自私 zì sī　　　　子孙 zǐ sūn　　　　总算 zǒng suàn
　　　再三 zài sān　　　赞颂 zàn sòng　　　足岁 zú suì
s–z　嫂子 sǎo zi　　　　色泽 sè zé　　　　　私自 sī zì
　　　俗字 sú zì　　　　塑造 sù zào　　　　嗓子 sǎng zi
　　　塞责 sè zé　　　　散座 sǎn zuò　　　　三藏 sān zàng
c–s　粗俗 cū sú　　　　苍松 cāng sōng　　　彩色 cǎi sè
　　　酸楚 suān chǔ　　草算 cǎo suàn　　　蚕丝 cán sī
　　　菜色 cài sè　　　草酸 cǎo suān　　　沧桑 cāng sāng
s–c　松脆 sōng cuì　　　素材 sù cái　　　　随从 suí cóng
　　　色彩 sè cǎi　　　酥脆 sū cuì　　　　三寸 sān cùn
　　　酸菜 suān cài　　宋词 sòng cí　　　　散存 sàn cún

2. 绕口令练习

（1）c–s

松葱颂

山上松，地上葱，
松颂葱，葱颂松，
松颂葱劲长叶儿青，
葱颂松夸松耐寒冬。

（2）c–s

蒜和葱

老宋和老宗，
二人去买葱。
老宋把葱说成蒜，
老宗把蒜说成葱。
蒜是蒜，葱是葱，
芜荽竹笋芥菜青，
翠瓜莴苣大辣椒，
哪样说错都不行。

（3）c–ch

崔粗腿和崔腿粗

山前有个崔粗腿，
山后有个崔腿粗。
二人山前来比腿，
不知是崔粗腿比崔腿粗的腿粗，
还是崔腿粗比崔粗腿的腿粗。

3. 对话练习

（1）炒菜。

A：除了小徐，其他人都随我去厨房帮忙。

B：小徐怎么这么特殊？

A：小徐去买酒。这么热的天，你也想去吗？

B：那我可不想去。不过我也不会包饺子。

A：你可真是"衣来伸手，饭来张口"的大小姐！

B：你别这样说，不会包饺子，可我会炒菜呀！

A：真的？拿手好菜是什么？

B：香酥鸡、烤乳鸽、清蒸蟹、西瓜拼盘……太多了。

（2）受理投诉电话。

A：喂！是工商局投诉电话吗？

B：对。我是值班员。您有什么要投诉吗？

A：新兴菜市场有人正在卖注水的鸭子。

B：您看清是几号摊位吗？

A：是9号，就是最北边的那个摊儿。

B：好，谢谢您的举报。我们马上派人去查处。

A：我刚才在那儿买了一只鸭子，回家后才发现是注了水的，该怎么办？

B：您可以马上去退货。

A：他要是不退呢？

B：请找我们工商局在市场里的管理人员帮助解决。

（3）新同学。

A：你是新来的刘新同学吧？

B：对，你是……

C：他叫方志刚，是我们的班长，待人可热情啦。我叫王平，以后咱们就一起学习了。

B：噢，那太好啦！咱班有多少同学？

A：四十四个，你来了就四十五个，三十三个男同学，十二个女同学。

C：我们班原来有三十五个团员，你是团员吗？

B：是，去年十二月入团。我们什么时间团员活动？

A：星期三下午。你会唱歌吗？欢迎你参加咱班的歌咏队！

B：哎呀我唱不好，怕不行吧。

C：没关系，我们都唱不好，一块儿学嘛。

A：咱们到教室去吧，同学们都等着欢迎你呢！

BC：好！

第八章 韵母的训练

传统语音学在分析汉字字音时，把汉字字音分声韵两部分，声母后面的部分叫韵母。普通话 39 个韵母，有的由元音构成，有的由元音加辅音构成。按结构分：单元音韵母、复元音韵母、带鼻音韵母。

第一节 单元音韵母

一、发音要领

1. ɑ

它是一个央低不圆唇元音。发音是软腭上升，关闭鼻腔，音波从口腔出。前舌面下降，舌中部微隆起，舌位低，口腔开度大。

发音时，注意口腔打开，气流通畅，下巴松弛，舌位避免偏前或靠后，如图 8-1 所示。

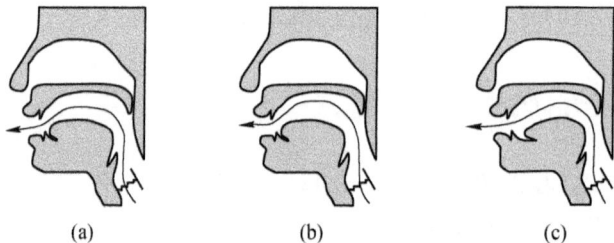

图 8-1 元音 ɑ 发音示意图

(a) ɑ；(b) ɑ 前；(c) ɑ 后

2. o

这是后半高圆唇元音。发音时，它的口腔比 ɑ 略窄，口腔半闭，舌头后缩，舌高点偏后，舌面两边微卷，舌中部凹进。

在东北、西北方言口语中，o 这个元音独立作为韵母时，往往由 e 来代替，因此需特别引起注意。

3. e

这是后半高不圆唇元音。发音时，在发 o 的基础上，唇稍向两嘴角展开就是 e 了，e 和 o 的区别就是不圆唇。

练习时保持微笑状态，上下齿从外观上可见到，要稍有些距离，这样发音会圆润、明亮。

4. ê

发音时，它的舌位是在前的，半低的。如果念不好这个韵母，可以连着 i 念 ie；连着 ü 念 üe。ê 是不圆唇的。

元音 ê 在普通话语音里，永远与 i、ü 结合成复韵母，一般不单独使用，不直接与声母相拼，如图 8-2 所示。

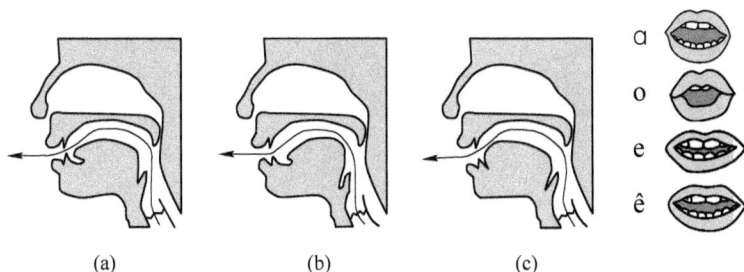

图 8-2　元音 o、e、ê 发音示意图
(a) o 圆唇 e 不圆唇；(b) 中央 e；(c) ê

5. i

这是前高不圆唇元音。发音时，口腔开度较小，舌尖在下齿背，舌中部隆起，前舌面上升接近硬腭，舌高点偏前，气流通路狭窄，但不应使气流产生摩擦，嘴角向两边展开成扁平状。

练习时，尽量把口腔打开些，舌位稍后些，这就是"窄元音宽发"。

6. u

这是后高圆唇元音。发音是，口腔开度较小，舌尖离下齿背稍远，舌头后缩，后舌面上升接近软腭，气流通路狭窄，唇向前撮，呈圆形，唇孔比口小，如吹气状。

7. ü

这是前高圆唇元音。发音时，口腔开度较小，唇圆成扁平形小孔，双唇聚拢，两嘴角撮起，没有 u 圆，舌高点比 i 略后。

ü 和 i 的发音情况基本相同区别就在于唇形的圆扁，但 ü 没有 i 那么明亮，如图 8-3 所示。

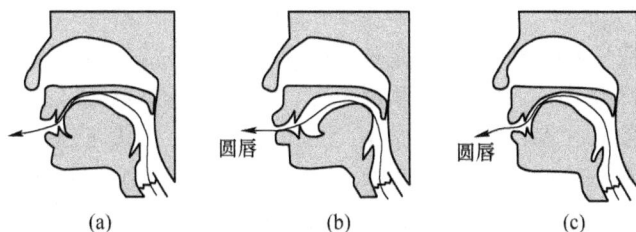

图 8-3　i、u、ü 发音示意图
(a) i；(b) u；(c) ü

这是舌尖中不圆唇卷舌元音。发音时，口腔在半开半闭之间，舌尖卷起，对着硬腭。这个音只能自成音节。

实际读音有［ɑr］和［er］之分，当读序数词"二"时为［ɑr］，其他字音则是［er］，如图8-4所示。

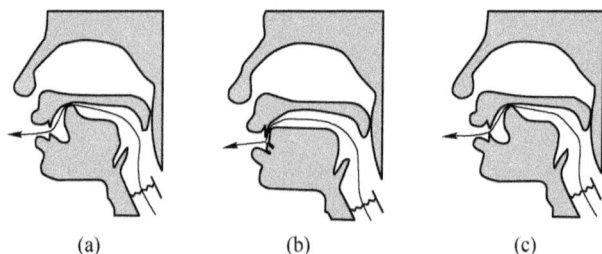

图8-4　卷舌元音er和舌尖元音-i发音
(a) e；(b) -i前；(c) -i后

8. -i［前］

舌尖前不圆唇元音。发音时，舌尖轻抵下齿背，舌面前部对着上齿龈，但不要靠得太近，也不要发生摩擦。比 i 发得低一点，靠后一点，口腔也要开些。

在普通话里只能和 z、c、s 相拼，不能自成音节。

9. -i［后］

舌尖后不圆唇元音，发音时，舌尖翘起对着硬腭前部，舌头后缩，使气流受到节制，不致使发生摩擦的程度。

这个单韵母只和 zh、ch、sh、r 四个声母相拼，不能自成音节。

二、发音练习

1. 词语练习

(1) 第一组：

ɑ	眨巴 zhǎ ba	马达 mǎ dá	打岔 dǎ chà
	爸爸 bà ba	麻辣 má là	挞伐 tà fá
o	破获 pò huò	摩托 mó tuō	没落 mò luò
	薄弱 bó ruò	泼墨 pō mò	婆娑 pó suō
e	改革 gǎi gé	民歌 mín gē	科技 kē jì
	搁笔 gē bǐ	客车 kè chē	蝌蚪 kē dǒu
i	长期 cháng qī	中医 zhōng yī	点滴 diǎn dī
	分析 fēn xī	刺激 cì jī	灯谜 dēng mí
u	监督 jiān dū	读书 dú shū	杰出 jié chū
	无辜 wú gū	皮肤 pí fū	唐突 táng tū
ü	伴侣 bàn lǚ	谦虚 qiān xū	文娱 wén yú
	雨具 yǔ jù	区域 qū yù	豫剧 yù jù
-i［ɿ］	反思 fǎn sī	其次 qí cì	私人 sī rén
	工资 gōng zī	字典 zì diǎn	自由 zì yóu
-i［ʅ］	指使 zhí shǐ	制止 zhì zhǐ	只是 zhǐ shì
	咫尺 zhí chǐ	值日 zhí rì	日食 rì shí

er	而且 ér qiě	二胡 èr hú	木耳 mù ěr
	耳朵 ěr duo	儿歌 ér gē	儿化 ér huà

（2）第二组：

e-o	模型 mó xíng	描摹 miáo mó	抹杀 mǒ shā
	末尾 mò wěi	泡沫 pào mò	茉莉 mò lì
	莫非 mò fēi	漠视 mò shì	默读 mò dú
	出没 chū mò	阡陌 qiān mò	蓦然 mò rán
	泼墨 pō mò	脉脉 mò mò	佛教 fó jiào
	伯伯 bó bo	博士 bó shì	拼搏 pīn bó
	渤海 bó hǎi	驳斥 bó chì	船舶 chuán bó
	脖颈 bó gěng	停泊 tíng bó	薄膜 báo mó
	萝卜 luó bo	胳膊 gē bo	博得 bó dé
	刻薄 kè bó	勃然 bó rán	薄荷 bò he
	坡度 pō dù	偏颇 piān pō	湖泊 hú pō
	婆婆 pó po	婆娑 pó suō	叵测 pǒ cè
	破获 pò huò	魄力 pò lì	摸索 mō suǒ
	磨炼 mó liàn	摩擦 mó cā	魔术 mó shù
	饽饽 bō bo	玻璃 bō li	调拨 diào bō
	剥削 bō xuē	波段 bō duàn	衣钵 yī bō
	广播 guǎng bō	菠菜 bō cài	波折 bō zhé

（3）第三组：

e-uo	厕所 cè suǒ	恶果 è guǒ	合伙 hé huǒ
	车祸 chē huò	合作 hé zuò	俄国 é guó
	课桌 kè zhuō	各国 gè guó	热火 rè huǒ
uo-e	撮合 cuō he	错车 cuò chē	挫折 cuò zhé
	国策 guó cè	国歌 guó gē	火车 huǒ chē
	火舌 huǒ shé	或者 huò zhě	货车 huò chē
	若何 ruò hé	说和 shuō he	说客 shuì kè
	拖车 tuō chē	驼色 tuó sè	卧车 wò chē
	灼热 zhuó rè	作恶 zuò è	作者 zuò zhě

（4）第四组：

w-u	希望 xī wàng	老翁 lǎo wēng	水瓮 shuǐ wèng
	挖苦 wā ku	娃娃 wá wa	瓦屋 wà wū
	外围 wài wéi	威武 wēi wǔ	委婉 wěi wǎn
	魁伟 kuí wěi	违背 wéi bèi	尾随 wěi suí
	慰问 wèi wèn	完全 wán quán	温暖 wēn nuǎn
	闻讯 wén xùn	问讯 wèn xùn	往往 wǎng wǎng
	紊乱 wěn luàn	罗网 luó wǎng	狂妄 kuáng wàng
	威望 wēi wàng	歪曲 wāi qū	外国 wài guó

危险 wēi xiǎn	微小 wēi xiǎo	巍峨 wēi é
围攻 wéi gōng	唯一 wéi yī	维修 wéi xiū
作为 zuò wéi	伟大 wěi dà	因为 yīn wèi
刺猬 cì wei	欣慰 xīn wèi	位置 wèi zhi
未来 wèi lái	玩味 wán wèi	玩具 wán jù
惋惜 wǎn xī	挽救 wǎn jiù	腕力 wàn lì
万岁 wàn suì	温和 wēn hé	文化 wén huà
稳重 wěn zhòng	口吻 kóu wěn	忘记 wàng jì

（5）第五组：

i–ü	继续 jì xù	谜语 mí yǔ	例句 lì jù
	纪律 jì lǜ	体育 tǐ yù	地域 dì yù
ü–i	履历 lǚ lì	语气 yǔ qì	距离 jù lí
	曲艺 qǔ yì	具体 jù tǐ	预习 yù xí
i–ü	分期–分区	名义–名誉	
	容易–荣誉	季节–拒绝	
	雨季–雨具	办理–伴侣	
	适宜–适于	书籍–书局	
	大姨–大鱼	得意–德育	
	里程–旅程	实际–实据	
	戏曲–序曲	臆测–预测	
	遗传–渔船	移民–渔民	
	意见–遇见	雨季–语句	
	防疫–防御		

2. 绕口令练习

（1）o–e

红薯掉河

村东有条清水河，
河岸是个小山坡。
大伙儿坡上挖红薯，
闹闹嚷嚷笑呵呵。
忽听河里一声响，
河水溅起一丈多，
谁不小心掉下河？
一位姑娘回答我：
不是有人掉下河，
是个红薯滚下坡。

（2）i-ü

赶毛驴

清早起来雨渐渐，
王七上街去买席，
骑着毛驴跑得急，
捎带卖蛋又贩梨。
一跑跑到小桥西，
毛驴一下失了蹄。
打了蛋，撒了梨，跑了驴，
急得王七眼泪滴，
又哭鸡蛋又骂驴。

（3）e-uo

哥和锅

大哥有大锅，
二哥有二锅。
大哥要换二哥的二锅，
二哥不换大哥的大锅。

3. 对话练习

（1）品尝北京烤鸭。

A：晚上好！你们有几位？

B：两位。今天我们来品尝一下正宗的北京烤鸭，但一整只太多，有小份儿的吗？

A：有。您可以点两份儿烤鸭，加上薄饼和调料，还有一碗鸭汤。

C：吃烤鸭时一般都喝什么饮料？

A：您可以要白酒和啤酒。

C：这儿有什么啤酒？

A：您喜欢北京啤酒吗？

C：好的，要一瓶。给我们两个杯子。

A：每张饼里可以放上三四片鸭肉，蘸上点儿甜面酱，再放上几根葱丝，把它卷成筒再吃。

B：谢谢，我们试试看。

C：哦，真香，真的好吃。

B：很脆，也不腻。

C：这汤的味道很浓，鸭骨头熬汤的主意不错。

A：很高兴你喜欢北京烤鸭。我们赠送你们每人一副我们饭店的筷子。

B：哦，这太好了。我们留作永久的纪念。

C：谢谢。这是我们的信用卡，请结账。

A：好的，请稍候。

（2）住宿

A：下午好，先生。您住宿吗？

B：您好！我想住一间单人房。

A：您有没有预订？

B：没有。这有什么关系吗？

A：没有。请问您要住多久？

B：至少一个星期吧，可能还要长一些。

A：我来看看有没有合适的房间。二楼还有一间单人房。

B：可以让我看一下吗？

A：当然可以，请这边走。

B：（看过房间以后）这个房间面对马路，汽车噪音不小。我想要安静点儿的房间。还有吗？

A：真抱歉，其他房间现在都客满了。不过六点以后，我们能为您在五楼安排一间客房。

B：那太谢谢你了。我暂时就住这间吧。

A：好。请把您的护照给我看一下好吗？

第二节　复元音韵母

音素舌位综合示意图如图 8-5 所示。

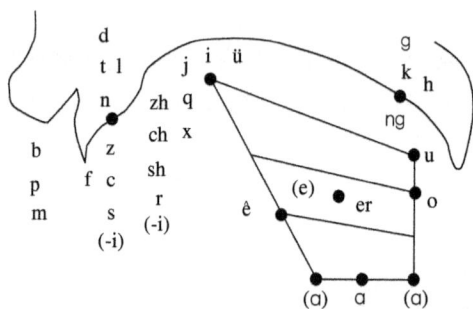

图 8-5　音素舌位综合示意图

一、发音要领

1. 前响复韵母：ai、ei、ao、ou

（1）ai　发声时，a 处于略前而高的位置，口腔开度略小。i 也只是表示舌头移动的方向，实际到不了 i 的位置。a 音较为清晰响亮，i 音发得轻短较弱，并应避免偏前，打开口腔。

（2）ei 里的 e 是一个前半高不圆唇元音，舌位比 i 低一点。它与前面提到的单元音 e 并不是同一音位，只是写法相同罢了。ei 里的 i 舌位比单发的 i 略低，舌高点略偏后。由于是前响，前面的音素发得要清晰、响亮，后面的音素发得轻短较弱。

（3）ao 发音时，ao 中的 a 受到后高元音 o 的影响，a 处于比较靠后的位置，舌位也高一点。o 也同时受到 a 的影响，舌位比单发音稍低，嘴唇略圆。

（4）ou 里的 o 比单发时舌高点略后且略高，但 o 的唇形没有单发时圆，双唇略撮，舌尖微接下齿背，舌位在 e 稍后处。o 发得较长较响亮，u 比单发时口腔开度大，但唇形比 u 扁，舌根隆起，发音较短。

2. 后响复韵母：ia、ie、ua、uo、üe

（1）ia 发音时，a 由于受高元音 i 的影响，a 的舌位稍高，口腔开度比单发时稍闭。同样 i 也会受央低元音 a 的影响，舌位稍降，口腔稍高。i、a 相比，i 的发音短暂，而极具过渡性。a 的发音较为响亮，时程也较长。

（2）ie 里的 e 是一个前半低不圆唇元音，在拼音方案中记作 ê，一般可以用 e 来代替。发音时，前舌面略向硬腭上升，舌位半低，比 ei 中的 e 略低。不圆唇。i 的发音较为短暂，ê 的发音较为响亮。

（3）ua 发音时，a 的口型比单发时稍圆，口腔稍开。u 的口形稍开，舌位稍降。u 的发音短暂，a 的发音较为响亮。

（4）uo 发音时，uo 里的比单发时口腔稍闭，唇形稍圆。uo 里的 u 比单发时的唇形略大，但发得轻短，o 发得响而长。注意：uo 的发音动程窄，合口后，打开口腔，避免发成单韵母。

（5）üe 里 e 与 ie 中的 e 属同一元音，在拼音方案中记作 ê。ü 较轻短，ê 响而长。发音时注意 ü 的撮口，打开口腔。

3. 中响复韵母：iao、iou、uai、uei

（1）iao 发音时，在 ao 的基础上增加了 i（韵头）到 ao 的发音动程，ao 中的 a 舌位稍高且唇形略扁，这是受到了 i 的影响。i 的舌位比单元音 i 更高，与上腭接近甚至稍有摩擦，故称之为"半元音"，而且发得轻短。a 发得响亮，最后趋向 o 的部位。

（2）iou 发音时，舌位由较紧的 i（韵头）向后向低过渡，o 音后舌面向软腭升起，唇形是圆的，韵尾 u 表示元音活动的方向。对于口腔稍窄的人来说，注意口腔开度，以及尾音 u 的唇形，以保持字音的准确度。

（3）uai 在 ai 的基础上增加了 u（韵头）到 ai 的发音动程，由于受到圆唇 u 音的影响，ai 里的 a 变得稍圆。发音时，u 发得轻短，a 发得响亮，最后趋向 i 的部位，整个发音过程唇形舌位变化较大。

（4）uei 发音时，ei 的前面加了一段 u 的发音动程，舌位从后先降后升，前舌面向硬腭上升，不圆唇，韵尾 i 表示元音活动的方向。在非零声母音节中，e 并不突出，只是处于由 u 到 i 的过程中，所以在写法上省略掉这个 e。

二、发音练习

1. 词语练习

（1）第一组：

ai	黑白 hēi bái	节拍 jié pāi	小麦 xiǎo mài
	轮胎 lún tāi	能耐 néng nài	召开 zhào kāi

ei	干杯 gān bēi	甜美 tián měi	劳累 láo lèi
	分配 fēn pèi	咖啡 kā fēi	交给 jiāo gěi
ao	同胞 tóng bāo	波涛 bō tāo	皮袄 pí'ǎo
	大刀 dà dāo	参考 cān kǎo	富饶 fù ráo
ou	解剖 jiě pōu	网兜 wǎng dōu	鼓楼 gǔ lóu
	阴谋 yīn móu	出口 chū kǒu	温柔 wēn róu
ia	安家 ān jiā	对虾 duì xiā	押韵 yā yùn
	融洽 róng qià	电压 diàn yā	高雅 gāo yǎ
ie	区别 qū bié	重叠 chóng dié	原野 yuán yě
	歼灭 jiān miè	补贴 bǔ tiē	队列 duì liè
ua	浮夸 fú kuā	菊花 jú huā	印刷 yìn shuā
	青蛙 qīng wā	瓜果 guā guǒ	抓紧 zhuā jǐn
uo	推托 tuī tuō	袅娜 niǎo nuó	包罗 bāo luó
	火锅 huǒ guō	开阔 kāi kuò	假若 jiǎ ruò
üe	暴虐 bào nüè	策略 cè lüè	感觉 gǎn jué
	肥缺 féi quē	皮靴 pí xuē	大约 dà yuē
iao	目标 mù biāo	花鸟 huā niǎo	外交 wài jiāo
	取消 qǔ xiāo	石雕 shí diāo	自描 zì miáo
iou	荒谬 huāng miù	吹牛 chuī niú	奔流 bēn liú
	研究 yán jiū	中秋 zhōng qiū	离休 lí xiū
uai	财会 cái kuài	关怀 guān huái	盛衰 shèng shuāi
	格外 gé wài	元帅 yuán shuài	徘徊 pái huái
uei	类推 lèi tuī	圆规 yuán guī	幸亏 xìng kuī

（2）第二组：

ie-üe	杰出 jié chū	解散 jiě sàn	姐妹 jiě mèi
	戒备 jiè bèi	告诫 gào jiè	介绍 jiè shào
	芥蒂 jiè dì	界河 jiè hé	借贷 jiè dài
	届时 jiè shí	切削 qiē xiāo	茄子 qié zi
	暂且 zàn qiě	怯懦 qiè nuò	惬意 qiè yì
	切题 qiè tí	窃听 qiè tīng	些许 xiē xǔ
	歇息 xiē xi	鞋粉 xié fěn	挟持 xié chí
	携带 xié dài	谐音 xié yīn	偕同 xié tóng
	邪恶 xié è	协调 xié tiáo	威胁 wēi xié
	泄气 xiè qì	装卸 zhuāng xiè	谢意 xiè yì
	懈怠 xiè dài	纸屑 zhǐ xiè	冶金 yě jīn
	野外 yě wài	也许 yé xǔ	夜幕 yè mù
	液体 yè tǐ	页码 yè mǎ	叶子 yè zi
	业绩 yè jì	哽咽 gěng yè	业务 yè wù
	约略 yuē lüè	雀跃 què yuè	觉察 jué chá

爵位 jué wèi	角色 jué sè	角逐 jué zhú
决赛 jué sài	抉择 jué zé	倔强 jué jiàng
绝句 jué jù	缺点 quē diǎn	却步 què bù
商榷 shāng què	确凿 què záo	雨靴 yǔ xuē
削弱 xuē ruò	学位 xué wèi	雪原 xuě yuán
戏谑 xì xuè	血统 xuè tǒng	约束 yuē shù
悦耳 yuè ěr	阅览 yuè lǎn	越级 yuè jí
月色 yuè sè	乐曲 yuè qǔ	血液 xuè yè
确切 què qiè	孑孓 jié jué	谢绝 xiè jué
诀别 jué bié	节约 jié yuē	解决 jiě jué
决裂 jué liè	血脉 xuè mài	卸车 xiè chē

（3）第三组：

ei-uei			
	堆积 duī jī	兑现 duì xiàn	队列 duì liè
	堆砌 duī qì	推测 tuī cè	蜕变 tuì biàn
	兑换 duì huàn	对比 duì bǐ	队形 duì xíng
	颓废 tuí fèi	退潮 tuì cháo	对峙 duì zhì
	推断 tuī duàn	腿脚 tuǐ jiǎo	退却 tuì què
	退还 tuì huán	醉心 zuì xīn	罪魁 zuì kuí
	崔嵬 cuī wéi	催眠 cuī mián	精粹 jīng cuì
	脆弱 cuì ruò	随便 suí biàn	碎石 suì shí
	嘴角 zuǐ jiǎo	陶醉 táo zuì	罪恶 zuì è
	摧毁 cuī huǐ	璀璨 cuǐ càn	荟萃 huì cuì
	虽然 suī rán	隧道 suì dào	最近 zuì jìn
	犯罪 fàn zuì	憔悴 qiáo cuì	随笔 suí bǐ
	骨髓 gú suǐ	岁月 suì yuè	催芽 cuī yá

2. 绕口令练习

（1）ie-üe

捉蝴蝶

杰杰聂聂和页页，
花园里面捉蝴蝶。
彩蝶粉蝶和凤蝶，
只只蝴蝶像树叶。
杰杰用针把蝶别，
聂聂将蝶墙上贴。
杰杰聂聂看页页，
页页还在捉蝴蝶。

（2）uei-ei

嘴和腿

嘴说腿，腿说嘴，

嘴说腿爱跑腿，

腿说嘴爱卖嘴。

光动嘴，不动腿，

不如不长腿。

3. 对话练习

（1）普通话考试。

A：这次普通话考试采用口试的形式，你准备好了吗？

B：还不行，有些音我老是发不好。这盒录音带借我听一下，可以吗？

A：拿去吧，不过，星期六之前一定要还给我。

B：没问题。好借好还，再借不难。

（2）哥哥中榜。

A：你哥哥得了全校高考状元，没庆贺一下吗？

B：能少得了吗？亲戚、朋友来了一拨又一拨。

A：够你们忙的，他考上了哪所学校？

B：北大国际关系学院。

A：太好了！学什么专业？

B：传播学。

（3）刮台风。

A：糟糕！台风把树都刮倒了！

B：哟，这下可要交通大堵塞了。

A：幸亏我们来得早，要不就可能被堵在路上。

B：是啊！又是风又是雨，够吓人的。

A：差不多过去了。雨一停，就会有人清扫街道的。

（4）发票。

A：这张发票超出了规定的数额，不能报销的。

B：路途太远，规定的差旅费根本不够。

A：这可是公司的规定。谁也不能特殊。

B：我也是为公司办事的啊！

A：有理不在声高。大声吼叫的样子很可笑的。

B：我可笑？我看你可恶！

第三节　带鼻音韵母

一、发音要领

1. 前鼻韵母：an、en、ian、in、uan、uen、üan、ün

（1）an　发音时，an 中的 a 的舌位由于受到前鼻韵尾 n 的影响，a 处于比较前的位置，a 为前低不圆唇元音。n 的归音部位比它充当声母时的除阻部位稍后。

（2）en　发音时，e 的舌位比单发时靠前，舌头处于静止的位置，接着舌位升高，舌尖顶住上齿龈，软腭下垂，气流从鼻腔流出，归音到鼻辅音 n 上。发音时注意与 eng 这个后鼻音韵母的区别。

（3）ian　an 韵前加了一个轻短的 i 韵头结合而成。发音时，a 处于比较前且比较高的位置。在实际运用中注意往返动程要宽，活动范围稍大些。

（4）in　发音时，舌尖抵住下齿背发出 i 音，然后舌尖上举顶住上齿龈，同时软腭下降，气流从鼻腔流出。

（5）uan　an 韵前加了一个轻短的 u 韵头结合而成。发音时，a 的舌位比单发时靠前，a 为前低不圆唇元音。u 的口形比单发时稍圆。

（6）uen　先发 u，舌头抬高接近软腭，圆唇，u 发得轻短。紧接着，舌尖前伸抵上齿龈，软腭下降，气流从鼻腔流出，语流中注意 u 的圆唇与口腔开度的保持。中间的元音 e 是过渡性的，在非零声母音节中，中间的 e 被省略掉，记成 un。

（7）üan　an 韵前加了一个轻短的 ü（韵头）结合而成。发音时，a 的舌位比单发时偏高，略在中部。ü 的舌位较高且靠前，唇形较圆。实际运用时应注意撮口圆唇。

（8）ün　发音时，先发圆唇撮口的 ü，但唇形没有单发时那么圆，舌面接近硬腭，紧接着舌尖前伸抵上齿龈，软腭下垂，气流从鼻腔出，注意舌面不要升得太高，以免产生摩擦噪声。

2. 后鼻韵母：ang、eng、ong、iang、ing、uang、ueng、iong

（1）ang　发音时，ang 中的 a 受后鼻韵尾 ng 的影响，a 处于比较后的位置，a 为后低不圆唇元音。a 的口腔开度大于单发的 a。

（2）eng　发音时，e 的舌位比单发时偏前且低，然后舌根后缩与软腭接触，此时软腭下垂，气流从鼻腔流出。

（3）ong　发音时，o 的发音与发单韵母 o 不同，它在 u 与 o 之间，口腔开度比 u 的开度稍大，时程较短。然后舌根接触软腭，口腔通路封闭，发出鼻音。

（4）iang　是 ang 前加了一个轻短的 i 韵头结合而成，发音时 iang 韵母的发音动程较宽。ang 受到 i 的影响，a 的唇形稍扁。

（5）ing　发音时，舌面接近硬腭先发出 i，然后舌头后缩，舌根与软腭接触，口腔关闭，气流从鼻腔流出。实际运用中注意与 in 的区别。

（6）uang　是 ang 韵前加一个轻短的 u 韵头结合而成。uang 韵母的发音动程较宽，受到 u 的影响，a 的唇形较圆。

（7）ueng　发音时，u 要发得轻短，然后接着发 eng。实际运用时注意合口音 u 的圆唇，可增加字音的准确度和清晰度。再有别把 u 发成唇齿音 v。

（8）iong 发音时，i 韵头由于受到圆唇 o 的影响，唇形由扁趋圆，接近于 ü。与 j、q、x 组成音节时，注意在发音开始就要撮口，否则影响使用的清晰度。

二、发音练习

1. 词语练习

（1）第一组：

an	接班 jiē bān	浪漫 làng màn	征帆 zhēng fān
	简单 jiǎn dān	河南 hé nán	副刊 fù kān
en	飞奔 fēi bēn	部门 bù mén	春分 chūn fēn
	词根 cí gēn	诚恳 chéng kěn	天真 tiān zhēn
in	外宾 wài bīn	出品 chū pǐn	知音 zhī yīn
	毛巾 máo jīn	重新 chóng xīn	竹林 zhú lín
ün	红军 hóng jūn	人群 rén qún	功勋 gōng xūn
	风云 fēng yún	韵母 yùn mǔ	逊色 xùn sè
ian	新编 xīn biān	海绵 hǎi mián	对联 duì lián
	诗篇 shī piān	字典 zì diǎn	青年 qīng nián
üan	婵娟 chán juān	寒暄 hán xuān	学院 xué yuàn
	健全 jiàn quán	乐园 lè yuán	旋转 xuán zhuǎn
uan	开端 kāi duān	取暖 qǔ nuǎn	柔软 róu ruǎn
	集团 jí tuán	混乱 hùn luàn	贯穿 guàn chuān
uen	社论 shè lùn	批准 pī zhǔn	农村 nóng cūn
	翻滚 fān gǔn	自尊 zì zūn	温顺 wēn shùn
ang	远方 yuǎn fāng	健康 jiàn kāng	锋芒 fēng máng
	担当 dān dāng	民航 mín háng	脸庞 liǎn páng
eng	信封 xìn fēng	才能 cái néng	电灯 diàn dēng
	联盟 lián méng	吹捧 chuī pěng	冰冷 bīng lěng
ong	华东 huá dōng	交通 jiāo tōng	沙龙 shā lóng
	卷宗 juàn zōng	开明 kāi míng	恭敬 gōng jìng
	品评 pǐn píng	客厅 kè tīng	年轻 nián qīng
iang	红娘 hóng niáng	长江 cháng jiāng	理想 lǐ xiǎng
	栋梁 dòng liáng	富强 fù qiáng	模样 mú yàng
iong	受窘 shòu jiǒng	帮凶 bāng xiōng	雄壮 xióng zhuàng
	无穷 wú qióng	作用 zuò yòng	怂恿 sǒng yǒng
uang	同窗 tóng chuāng	激光 jī guāng	备荒 bèi huāng
	国王 guó wáng	情况 qíng kuàng	山庄 shān zhuāng
ueng	渔翁 yú wēng	蕹菜 wèng cài	嗡嗡 wēng wēng
	蓊郁 wěng yù	水瓮 shuǐ wèng	

（2）第二组：

in-ing

濒临 bīn lín	今音 jīn yīn	金印 jīn yìn
斤斤 jīn jīn	仅仅 jǐn jǐn	近邻 jìn lín
近亲 jìn qīn	尽心 jìn xīn	临近 lín jìn
凛凛 lǐn lǐn	民心 mín xīn	拼音 pīn yīn
亲近 qīn jìn	亲信 qīn xìn	新近 xīn jìn
薪金 xīn jīn	心劲 xīn jìn	心音 xīn yīn
信心 xìn xīn	辛勤 xīn qín	引进 yǐn jìn
冰晶 bīng jīng	殷勤 yīn qín	兵营 bīng yíng
秉性 bǐng xìng	并行 bìng xíng	病情 bìng qíng
叮咛 dīng níng	定型 dìng xíng	定性 dìng xìng
丁玲 dīng líng	宁静 níng jìng	零星 líng xīng
聆听 líng tīng	精英 jīng yīng	精灵 jīng líng
精明 jīng míng	惊醒 jīng xǐng	晶莹 jīng yíng
清明 qīng míng	情景 qíng jǐng	刑警 xíng jǐng
姓名 xìng míng	性命 xìng mìng	评定 píng dìng
名伶 míng líng	明星 míng xīng	蜻蜓 qīng tíng

（3）第三组：

n

短篇 duǎn piān	担心 dān xīn	版本 bǎn běn
断然 duàn rán	残品 cán pǐn	感叹 gǎn tàn
短浅 duǎn qiǎn	安魂 ān hún	安然 ān rán
片段 piàn duàn	伦敦 lún dūn	银川 yín chuān
人民 rén mín	谈论 tán lùn	关联 guān lián
烟云 yān yún	论文 lùn wén	森林 sēn lín
深山 shēn shān	反问 fǎn wèn	春天 chūn tiān
案件 àn jiàn	展览 zhǎn lǎn	团圆 tuán yuán
认真 rèn zhēn	选刊 xuǎn kān	前进 qián jìn
文件 wén jiàn	联欢 lián huān	询问 xún wèn
边远 biān yuǎn	源泉 yuán quán	灿烂 càn làn
金钱 jīn qián	演员 yǎn yuán	餐馆 cān guǎn
传单 chuán dān	连绵 lián mián	简便 jiǎn biàn
欢颜 huān yán	衬衫 chèn shān	元旦 yuán dàn
严寒 yán hán	心弦 xīn xián	参观 cān guān

ng

乘方 chéng fāng	梦境 mèng jìng	匆忙 cōng máng
逞能 chěng néng	倾听 qīng tīng	丛生 cóng shēng
冲撞 chōng zhuàng	洪峰 hóng fēng	冬青 dōng qīng
闯荡 chuǎng dàng	憧憬 chōng jǐng	方向 fāng xiàng
葱茏 cōng lóng	崇敬 chóng jìng	仿宋 fǎng sòng
灯光 dēng guāng	从容 cóng róng	风光 fēng guāng
动听 dòng tīng	党章 dǎng zhāng	刚强 gāng qiáng

芳香 fāng xiāng　　　东方 dōng fāng　　　红星 hóng xīng

放映 fàng yìng　　　栋梁 dòng liáng　　　上声 shǎng shēng

奉行 fèng xíng　　　凤凰 fèng huáng　　　隆冬 lóng dōng

广场 guáng chǎng　　供应 gōng yìng　　　冷静 lěng jìng

讲评 jiǎng píng　　　将领 jiàng lǐng　　　铿锵 kēng qiāng

晶莹 jīng yíng　　　应用 yìng yòng　　　竞争 jìng zhēng

朗诵 lǎng sòng　　　创伤 chuāng shāng　京城 jīng chéng

耕种 gēng zhòng　　奖惩 jiǎng chéng　　恭敬 gōng jìng

an-ang	开饭-开放	担心-当心
	一半--一磅	烂漫-浪漫
	赞歌-葬歌	反问-访问
en-eng	身世-声势	陈旧-成就
	诊治-整治	申明-声明
	瓜分-刮风	审视-省市
an-en	战士-阵势	翻身-分身
	遗憾-遗恨	盘子-盆子
	板子-本子	寒冷-很冷
ang-eng	长度-程度	商人-生人
	东方-东风	长工-成功
	小庞-小彭	
in-ing	人民-人名	不信-不幸
	辛勤-心情	亲近-清静
	引子-影子	金银-经营
ian-iang	险像-想象	简历-奖励
	鲜花-香花	浅显-抢险
	新鲜-新乡	大连-大梁
uan-uang	机关-激光	大碗-大网
	大船-大床	环球-黄球
	管饭-广泛	欢迎-荒淫
ün-iong	运费-用费	晕车-用车
	因循-英雄	勋章-胸章

an-ang	安康 ān kāng	返航 fǎn háng	肝脏 gān zàng
	担当 dān dāng	班长 bān zhǎng	站岗 zhàn gǎng
ang-an	商贩 shāng fàn	当然 dāng rán	傍晚 bàng wǎn
	畅谈 chàng tán	上班 shàng bān	方案 fāng'àn
en-eng	真诚 zhēn chéng	本能 běn néng	深层 shēn céng
	神圣 shén shèng	文风 wén fēng	纷争 fēn zhēng
eng-en	成本 chéng běn	承认 chéng rèn	胜任 shèng rèn
	登门 dēng mén	诚恳 chéng kěn	风尘 fēng chén

in-ing	心情 xīn qíng	民警 mín jǐng	金星 jīn xīng
	禁令 jìn lìng	聘请 pìn qǐng	拼命 pīn mìng
ing-in	灵敏 líng mǐn	迎新 yíng xīn	影印 yǐng yìn
	挺进 tǐng jìn	轻信 qīng xìn	定亲 dìng qīn
ian-iang	演讲 yǎn jiǎng	点将 diǎn jiàng	现象 xiàn xiàng
	健将 jiàn jiàng	绵羊 mián yáng	勉强 miǎn qiǎng
iang-ian	相见 xiāng jiàn	香甜 xiāng tián	相片 xiàng piàn
	想念 xiǎng niàn	香烟 xiāng yān	量变 liàng biàn
uan-uang	观光 guān guāng	管状 guǎn zhuàng	宽广 kuān guǎng
	观望 guān wàng	万状 wàn zhuàng	端庄 duān zhuāng
uang-uan	光环 guāng huán	慌乱 huāng luàn	狂欢 kuáng huān
	双关 shuāng guān	王冠 wáng guān	壮观 zhuàng guān
uen-ong	稳重 wěn zhòng	滚动 gǔn dòng	顺从 shùn cóng
	昆虫 kūn chóng	滚筒 gún tǒng	混同 hùn tóng
ong-uen	农村 nóng cūn	共存 gòng cún	红润 hóng rùn
	中文 zhōng wén	通顺 tōng shùn	重孙 chóng sūn

（4）第四组：

an-uan	单凭-端平	担水-断水
	耽误-端午	丹阳-端阳
	忌惮-极端	担待-断代
	胆小-短小	弹弓-锻工
	重担-中断	弹片-断片
	淡然-断言	面谈-面团
	坛子-团子	泥潭-泥团
	健谈-建团	山岚-山峦
	灿烂-产卵	烂草-乱吵
	赞叹-钻探	山水-酸水
	涣散-换算	山菜-酸菜
	滥用-乱用	失散-失算

uan-uen	端正 duān zhèng	端庄 duān zhuāng	断言 duàn yán
	段落 duàn luò	一寸 yí cùn	寒酸 hán suān
	敦促 dūn cù	蒜苗 suàn miáo	祖孙 zǔ sūn
	蹲点 dūn diǎn	算盘 suàn pán	损害 sǔn hài
	矛盾 máo dùn	亏损 kuī sǔn	锦缎 jǐn duàn
	吞咽 tūn yàn	锻炼 duàn liàn	吨位 dūn wèi
	暖和 nuǎn huo	顿时 dùn shí	迟钝 chí dùn
	峰峦 fēng luán	湍急 tuān jí	囤积 tún jī
	沦落 lún luò	暖气 nuǎn qì	杂乱 zá luàn
	论坛 lùn tán	理论 lǐ lùn	轮船 lún chuán

尊敬 zūn jìng	钻研 zuān yán	钻头 zuàn tóu
窜逃 cuàn táo	自尊 zì zūn	村子 cūn zi
村镇 cūn zhèn	篡改 cuàn gǎi	存在 cún zài
忖度 cǔn duó	自忖 zì cǔn	寸草 cùn cǎo
酸软 suān ruǎn	预算 yù suàn	姓孙 xìng sūn
损失 sǔn shī	竹笋 zhú sǔn	钻探 zuān tàn

（5）第五组：

eng-ong	更正-公正	逞能-充能
	恒星-红星	公证-公众
	征用-中用	龙灯-隆冬
	耕种-公众	工整-工种
	征程-忠诚	升腾-生铜
	青藤-青铜	吭气-空气
	成败-崇拜	耕耘-公允
	征途-中途	恒心-红心
	真正-珍重	保证-保重

eng-ong	称颂 chēng sòng	成功 chéng gōng	成龙 chéng lóng
	灯笼 dēng long	疼痛 téng tòng	能动 néng dòng
	奉送 fèng sòng	更动 gēng dòng	冷冻 lěng dòng
	朦胧 méng lóng	萌动 méng dòng	蓬松 péng sōng
	腾空 téng kōng	赠送 zèng sòng	蒸笼 zhēng lóng
	峥嵘 zhēng róng	整容 zhěng róng	郑重 zhèng zhòng
	正统 zhèng tǒng	正中 zhèng zhōng	正宗 zhèng zōng

ong-eng	冲程 chōng chéng	冲锋 chōng fēng	崇奉 chóng fèng
	东风 dōng fēng	动能 dòng néng	农耕 nóng gēng
	纵横 zòng héng	丛生 cóng shēng	宫灯 gōng dēng
	工程 gōng chéng	工整 gōng zhěng	公升 gōng shēng
	公正 gōng zhèng	红灯 hóng dēng	洪峰 hóng fēng
	空蒙 kōng méng	通风 tōng fēng	童声 tóng shēng
	同等 tóng děng	同盟 tóng méng	中层 zhōng céng
	中等 zhōng děng	中锋 zhōng fēng	众生 zhòng shēng

（6）第六组：

ing-iong	用兵 yòng bīng	雄兵 xióng bīng	雄劲 xióng jìn
	用刑 yòng xíng	雄鹰 xióng yīng	雄性 xióng xìng
	英勇 yīng yǒng	应用 yìng yòng	顶用 dǐng yòng
	平庸 píng yōng	行凶 xíng xiōng	英雄 yīng xióng

2. 绕口令练习

（1）en-eng

姓陈和姓程

姓陈不能说成姓程，
姓程不能说成姓陈。
禾木是程，
耳东是陈。
如果陈程不分，
就会认错了人。

（2）ui-un

崔队长蹲点

崔队长蹲点到孙村，
推广科技搞革新。
村委主任栾暖春，
团支部书记段双轮，
尊重崔队长，
率领青年人，
采用新品种，
麦穗增一寸，
科学种田好，
丰收粮满囤。
崔队长蹲点成功心里醉，
离开孙村去李囤，
继续推广科学种田新科技，
崔队长最爱的是庄户人。

（3）eng-ong

糊灯笼

虹虹糊红粉灯笼，
给军属送光荣灯。
锋锋糊粉红灯笼，
给军属送灯光荣。
虹虹糊完红粉灯笼，
锋锋糊完粉红灯笼，
虹虹、锋锋一起去送光荣灯。

（4）ing-iong

放风筝

冬冬和锋锋，
晴空放风筝。
冬冬放蜻蜓，
锋锋放雄鹰，
迎面空中起东风，
蜻蜓雄鹰乘风行。

3. 对话练习

（1）en-eng。

小陈：哟！小程，你的头怎么了？

小程：昨天打球不小心碰伤了，缝了三针。

小陈：真想不到！一定要小心哪，千万别弄感染了！

小程：是啊，现在天气很热，最容易感染。我现在去打消炎针。

小陈：要不要我陪你？

小程：我自己可以，谢谢你。

（2）in-ing。

小金：宿舍装电话以后，方便多了。

小景：没有电话的时候想电话，有了电话真麻烦。

小金：怎么讲？

小景：你想啊，一部电话得负担多少东西？亲情、友情、师生情……

小金：这不正好给你机会联络感情吗？

小景：可电话费负担不起呀，上个月我买了3张卡，弄得伙食费很紧张。

小金：那你就不要打那么多嘛，有事打，没事别瞎聊！

小景：但他们老是呼我呀！

小金：说来说去，还是你自己引火烧身哪。

小景：再有啊，那电话说不定什么时候就响了，弄得我们睡不好。

小金：我教你一个办法，睡觉的时候把话机挂起来，别人打不进来。

小景：可人家有急事找你，这不误事吗？

小金：这也不行，那也不行，没电话的时候你不也活得挺好？

（3）an-ang。

小潘：小胖怎么肯答应你的？

小庞：那可是下了功夫的。先晓之以理，再动之以情。

小潘：能把小胖请出山，那可不容易！你有本事！

小庞：那当然！我庞然想做的事哪有做不成的？

小潘：嗬，一夸你，你就成了"大人物"了！

第九章　声调的训练

第一节　调　　值

普通话语音把声调音高分成"低、半低、中、半高、高"五度，阴平声高而平，阳平声是中升调，上声是降升调，去声是全降调。

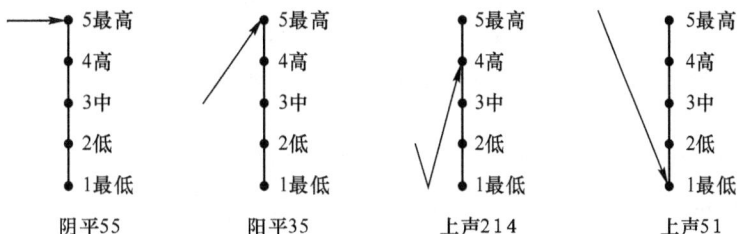

阴平55　　　　阳平35　　　　上声214　　　　上声51

一、发音要领

1. 阴平

高平调，调值55。发音时，声带绷到最紧，始终没有明显变化保持高音，如：青春光辉、春天花开、公司通知、新屋出租等。

2. 阳平

中升调，调值35。发音时，声带从不松不紧开始，逐渐绷紧，到最紧为止，如：人民银行、连年和平、农民犁田、圆形循环等。

3. 上声

降升调，调值214。发音时，声带从略微有些紧张开始，立刻松弛下来，稍稍延长，然后迅速绷紧，但没有绷到最紧，降升调的音长在普通话4个声调中是最长的，如：彼此理解、理想美满、永远友好、管理很好等。

4. 去声

全降调，调值51。发音时，声带从紧开始，到完全松弛为止。全降调的音长在普通话4个声调中是最短的，如：下次注意、世界教育、报告胜利、创造利润等。

二、发音练习

1. 词语练习

（1）第一组：

1）阴平。

① 阴+阴：

消失 xiāo shī　　　　　　初期 chū qī　　　　　　支撑 zhī chēng

参差 cēn cī　　　　村庄 cūn zhuāng　　　辛酸 xīn suān
青春 qīng chūn　　痴心 chī xīn　　　　师资 shī zī
朝晖 zhāo huī　　　粗糙 cū cāo　　　　丰收 fēng shōu
花苞 huā bāo　　　低估 dī gū　　　　　佳音 jiā yīn
津贴 jīn tiē　　　　精微 jīng wēi　　　铿锵 kēng qiāng
扁舟 piān zhōu　　剖析 pōu xī　　　　翩跹 piān xiān
谦虚 qiān xū　　　东风 dōng fēng　　冲锋 chōng fēng
推敲 tuī qiāo　　　剥削 bō xuē　　　　催逼 cuī bī
奔波 bēn bō　　　堆积 duī jī　　　　芬芳 fēn fāng
增加 zēng jiā　　　疏松 shū sōng　　　贪污 tān wū
发挥 fā huī　　　　烽烟 fēng yān　　　芭蕉 bā jiāo
分割 fēn gē　　　　背包 bēi bāo　　　悲观 bēi guān
边疆 biān jiāng　　冰川 bīng chuān　　冬青 dōng qīng

② 阴+阳：

拼搏 pīn bó　　　　官僚 guān liáo　　通俗 tōng sú
加强 jiā qiáng　　　高潮 gāo cháo　　居留 jū liú
渊博 yuān bó　　　殷勤 yīn qín　　　雍容 yōng róng
殷红 yān hóng　　　庄严 zhuāng yán　征尘 zhēng chén
畸形 jī xíng　　　　包含 bāo hán　　　编辑 biān jí
真实 zhēn shí　　　风格 fēng gé　　　激情 jī qíng
脱离 tuō lí　　　　纤毫 xiān háo　　　疯狂 fēng kuáng
科学 kē xué　　　　污浊 wū zhuó　　　修辞 xiū cí
羞惭 xiū cán　　　逍遥 xiāo yáo　　　湍流 tuān liú
休眠 xiū mián　　　生灵 shēng líng　逶迤 wēi yí
汪洋 wāng yáng　　轻柔 qīng róu　　丝弦 sī xián
坚强 jiān qiáng　　飘零 piāo líng　　抒情 shū qíng
森严 sēn yán　　　安然 ān rán　　　轻盈 qīng yíng
批驳 pī bó　　　　松弛 sōng chí　　侵蚀 qīn shí

③ 阴+上：

冠冕 guān miǎn　　屈指 qū zhǐ　　　呼喊 hū hǎn
纲领 gāng lǐng　　开始 kāi shǐ　　　基础 jī chǔ
温暖 wēn nuǎn　　钢笔 gāng bǐ　　　充满 chōng mǎn
潇洒 xiāo sǎ　　　迂腐 yū fǔ　　　　曲解 qū jiě
汹涌 xiōng yǒng　思想 sī xiǎng　　慷慨 kāng kǎi
歌舞 gē wǔ　　　　摘引 zhāi yǐn　　思考 sī kǎo
删改 shān gǎi　　商贾 shāng gǔ　　清醒 qīng xǐng
倾吐 qīng tǔ　　　枯槁 kū gǎo　　　奢侈 shē chǐ
吹捧 chuī pěng　　颠簸 diān bǒ　　消损 xiāo sǔn
推理 tuī lǐ　　　　秋水 qiū shuǐ　　音响 yīn xiǎng

驱遣 qū qiǎn　　颠倒 diān dǎo　　欣赏 xīn shǎng
珍品 zhēn pǐn　　敷衍 fū yǎn　　知晓 zhī xiǎo
周转 zhōu zhuǎn　征讨 zhēng tǎo　遵守 zūn shǒu
搁浅 gē qiǎn　　交往 jiāo wǎng　牵强 qiān qiǎng

④ 阴+去：

希望 xī wàng　　接受 jiē shòu　　呆滞 dāi zhì
堆砌 duī qì　　轻信 qīng xìn　　波浪 bō làng
娟秀 juān xiù　昌盛 chāng shèng　挥斥 huī chì
堤岸 dī àn　　苛刻 kē kè　　　宽裕 kuān yù
依赖 yī lài　　抛掷 pāo zhì　　欺骗 qī piàn
欣慰 xīn wèi　憎恶 zēng wù　　荒废 huāng fèi
尊重 zūn zhòng　恢复 huī fù　　溪涧 xī jiàn
接洽 jiē qià　　滋润 zī rùn　　饥饿 jī'è
归宿 guī sù　　乖戾 guāi lì　　安适 ān shì
萧瑟 xiāo sè　　激愤 jī fèn　　京戏 jīng xì
奚落 xī luò　　泼墨 pō mò　　汁液 zhī yè
综述 zōng shù　丰韵 fēng yùn　真谛 zhēn dì
拙劣 zhuō liè　经验 jīng yàn　音译 yīn yì
规范 guī fàn　　装扮 zhuāng bàn　亲信 qīn xìn

2）阳平。

① 阳+阴：

隆冬 lóng dōng　圆规 yuán guī　桅杆 wéi gān
逾期 yú qī　　集资 jí zī　　浊音 zhuó yīn
乾坤 qián kūn　崇高 chóng gāo　房间 fáng jiān
直接 zhí jiē　　蹒跚 pán shān　撩拨 liáo bō
油脂 yóu zhī　旁观 páng guān　铭心 míng xīn
流芳 liú fāng　晴空 qíng kōng　栏杆 lán gān
聆听 líng tīng　屏风 píng fēng　棉衣 mián yī
灵通 líng tōng　拳击 quán jī　零星 líng xīng
繁多 fán duō　难堪 nán kān　眉批 méi pī
夺标 duó biāo　曾经 céng jīng　国歌 guó gē
行踪 xíng zōng　拮据 jié jū　职称 zhí chēng
迷津 mí jīn　　尘封 chén fēng　图书 tú shū
丛生 cóng shēng　节约 jié yuē　疾风 jí fēng
临危 lín wēi　凌空 líng kōng　摩擦 mó cā

② 阳+阳：

竭诚 jié chéng　执着 zhí zhuó　怀疑 huái yí
哗然 huá rán　孑孓 jié jué　弘扬 hóng yáng
寒流 hán liú　重叠 chóng dié　财源 cái yuán

阁楼 gé lóu　　　赔偿 péi cháng　　　实习 shí xí
即席 jí xí　　　琳琅 lín láng　　　缠绵 chán mián
孩提 hái tí　　　格言 gé yán　　　民族 mín zú
涤纶 dí lún　　　囫囵 hú lún　　　衡量 héng liáng
瓷瓶 cí píng　　　竹节 zhú jié　　　池塘 chí táng
雏形 chú xíng　　　逢迎 féng yíng　　　蓬勃 péng bó
重阳 chóng yáng　　　孩童 hái tóng　　　团结 tuán jié
琢磨 zhuó mó　　　和谐 hé xié　　　芜杂 wú zá
彤云 tóng yún　　　蚕食 cán shí　　　协调 xié tiáo
豺狼 chái láng　　　完全 wán quán　　　吉祥 jí xiáng
顽强 wán qiáng　　　隔绝 gé jué　　　盈余 yíng yú

③ 阳+上：

行驶 xíng shǐ　　　寒冷 hán lěng　　　游泳 yóu yǒng
涂抹 tú mǒ　　　涵养 hán yǎng　　　词典 cí diǎn
哲理 zhé lǐ　　　合拢 hé lǒng　　　牛奶 niú nǎi
赔款 péi kuǎn　　　缝补 féng bǔ　　　峡谷 xiá gǔ
陪审 péi shěn　　　昂首 áng shǒu　　　房产 fáng chǎn
盆景 pén jǐng　　　熟语 shú yǔ　　　旋转 xuán zhuǎn
描写 miáo xiě　　　苗圃 miáo pǔ　　　民警 mín jǐng
凉爽 liáng shuǎng　　　桥孔 qiáo kǒng　　　灵感 líng gǎn
嘲讽 cháo fěng　　　长久 cháng jiǔ　　　明显 míng xiǎn
和蔼 hé ǎi　　　迟缓 chí huǎn　　　唇齿 chún chǐ
重演 chóng yǎn　　　儒雅 rú yǎ　　　排比 pái bǐ
淳朴 chún pǔ　　　盟友 méng yǒu　　　晴朗 qíng lǎng
读者 dú zhě　　　弥补 mí bǔ　　　横扫 héng sǎo
烦冗 fán rǒng　　　博览 bó lǎn　　　涎水 xián shuǐ

④ 阳+去：

沦落 lún luò　　　排列 pái liè　　　澎湃 péng pài
遗憾 yí hàn　　　角色 jué sè　　　陈述 chén shù
层次 céng cì　　　革命 gé mìng　　　别墅 bié shù
妨碍 fáng'ài　　　随便 suí biàn　　　愁闷 chóu mèn
白昼 bái zhòu　　　习惯 xí guàn　　　诚挚 chéng zhì
辽阔 liáo kuò　　　矛盾 máo dùn　　　尝试 cháng shì
巡视 xún shì　　　忙碌 máng lù　　　痕迹 hén jì
柔韧 róu rèn　　　的确 dí què　　　结构 jié gòu
惆怅 chóu chàng　　　活跃 huó yuè　　　矍铄 jué shuò
辞赋 cí fù　　　愉悦 yú yuè　　　蛮横 mán hèng
伶俐 líng li　　　沉睡 chén shuì　　　缠绕 chán rào
难忘 nán wàng　　　独立 dú lì　　　急剧 jí jù

群众 qún zhòng　　　纯粹 chún cuì　　　凭据 píng jù

狂妄 kuáng wàng　　　凝重 níng zhòng　　　岑寂 cén jì

3）上声。

① 上+阴：

改编 gǎi biān　　　感知 gǎn zhī　　　俯冲 fǔ chōng

减缩 jiǎn suō　　　反攻 fǎn gōng　　　海鸥 hǎi ōu

秉公 bǐng gōng　　　笔端 bǐ duān　　　解剖 jiě pōu

顶峰 dǐng fēng　　　鼓吹 gǔ chuī　　　铁丝 tiě sī

惋惜 wǎn xī　　　倒戈 dǎo gē　　　点播 diǎn bō

取经 qǔ jīng　　　上声 shǎng shēng　　　总纲 zǒng gāng

组织 zǔ zhī　　　崭新 zhǎn xīn　　　老翁 lǎo wēng

卷烟 juǎn yān　　　恐慌 kǒng huāng　　　首都 shǒu dū

总督 zǒng dū　　　可憎 kě zēng　　　体操 tǐ cāo

嘱托 zhǔ tuō　　　凯歌 kǎi gē　　　讲究 jiǎng jiū

野炊 yě chuī　　　起飞 qǐ fēi　　　尾追 wěi zhuī

陨星 yǔn xīng　　　果真 guǒ zhēn　　　瓦屋 wǎ wū

海滨 hǎi bīn　　　古装 gǔ zhuāng　　　总之 zǒng zhī

选修 xuǎn xiū　　　港湾 gǎng wān　　　逞凶 chěng xiōng

② 上+阳：

忖度 cǔn duó　　　缓急 huǎn jí　　　柏油 bǎi yóu

显达 xiǎn dá　　　简洁 jiǎn jié　　　检查 jiǎn chá

导源 dǎo yuán　　　补偿 bǔ cháng　　　启蒙 qǐ méng

耿直 gěng zhí　　　礼仪 lǐ yí　　　永恒 yǒng héng

楷模 kǎi mó　　　虎穴 hǔ xué　　　阐明 chǎn míng

反驳 fǎn bó　　　企鹅 qǐ é　　　嘴唇 zuǐ chún

剪裁 jiǎn cái　　　狡猾 jiǎo huá　　　早熟 zǎo shú

揣摩 chuǎi mó　　　旅游 lǚ yóu　　　百灵 bǎi líng

洗尘 xǐ chén　　　审核 shěn hé　　　采撷 cǎi xié

狡黠 jiǎo xiá　　　妥协 tuǒ xié　　　赌博 dǔ bó

彩旗 cǎi qí　　　语文 yǔ wén　　　朗读 lǎng dú

坦途 tǎn tú　　　整齐 zhěng qí　　　惩罚 chéng fá

选择 xuǎn zé　　　火柴 huǒ chái　　　早晨 zǎo chén

尾随 wěi suí　　　改革 gǎi gé　　　请求 qǐng qiú

③ 上+上：

讲演 jiǎng yǎn　　　委婉 wěi wǎn　　　笼统 lǒng tǒng

橄榄 gǎn lǎn　　　享有 xiǎng yǒu　　　指使 zhǐ shǐ

捆绑 kǔn bǎng　　　眼睑 yǎn jiǎn　　　洗礼 xǐ lǐ

选手 xuǎn shǒu　　　友好 yǒu hǎo　　　堡垒 bǎo lěi

倘使 tǎng shǐ　　　总署 zǒng shǔ　　　讲解 jiǎng jiě

母语 mǔ yǔ　　　　浅显 qiǎn xiǎn　　　　耻辱 chǐ rǔ
软骨 ruǎn gǔ　　　　鼓舞 gǔ wǔ　　　　请帖 qǐng tiě
美满 měi mǎn　　　　举止 jǔ zhǐ　　　　展览 zhǎn lǎn
辅佐 fǔ zuǒ　　　　腼腆 miǎn tiǎn　　　　舞蹈 wǔ dǎo
苟且 gǒu qiě　　　　哺养 bǔ yǎng　　　　咫尺 zhǐ chǐ
悔改 huǐ gǎi　　　　耳语 ěr yǔ　　　　主宰 zhǔ zǎi
奖品 jiǎng pǐn　　　　补给 bǔ jǐ　　　　粉笔 fěn bǐ
古朴 gǔ pǔ　　　　懒散 lǎn sǎn　　　　潦草 liǎo cǎo
剪纸 jiǎn zhǐ　　　　玛瑙 mǎ nǎo　　　　窈窕 yǎo tiǎo

④ 上+去：

斗笠 dǒu lì　　　　笼罩 lǒng zhào　　　　翡翠 fěi cuì
宇宙 yǔ zhòu　　　　窘迫 jiǒng pò　　　　阐释 chǎn shì
隐患 yǐn huàn　　　　璀璨 cuǐ càn　　　　矫健 jiǎo jiàn
想象 xiǎng xiàng　　　　蛊惑 gǔ huò　　　　感喟 gǎn kuì
显赫 xiǎn hè　　　　毁誉 huǐ yù　　　　储蓄 chǔ xù
闪烁 shǎn shuò　　　　宠爱 chǒng ài　　　　侥幸 jiǎo xìng
广袤 guǎng mào　　　　涌现 yǒng xiàn　　　　短暂 duǎn zàn
揣测 chuǎi cè　　　　禀赋 bǐng fù　　　　悱恻 fěi cè
踊跃 yǒng yuè　　　　笃厚 dǔ hòu　　　　紊乱 wěn luàn
陨灭 yǔn miè　　　　醒悟 xǐng wù　　　　忍耐 rěn nài
掌故 zhǎng gù　　　　底蕴 dǐ yùn　　　　处境 chǔ jìng
审讯 shěn xùn　　　　缴获 jiǎo huò　　　　抵触 dǐ chù
舍弃 shě qì　　　　抚慰 fǔ wèi　　　　诽谤 fěi bàng
曲艺 qǔ yì　　　　琥珀 hǔ pò　　　　仿造 fǎng zào

4）去声。

① 去+阴：

绰约 chuò yuē　　　　进修 jìn xiū　　　　卷宗 juàn zōng
奠基 diàn jī　　　　爱惜 ài xī　　　　扣押 kòu yā
客观 kè guān　　　　簇拥 cù yōng　　　　炮兵 pào bīng
衬托 chèn tuō　　　　聘书 pìn shū　　　　笨拙 bèn zhuō
墨汁 mò zhī　　　　负担 fù dān　　　　树梢 shù shāo
踏青 tà qīng　　　　雇佣 gù yōng　　　　律师 lǜ shī
变更 biàn gēng　　　　措施 cuò shī　　　　肃杀 sù shā
暗中 àn zhōng　　　　蜜蜂 mì fēng　　　　述说 shù shuō
颂歌 sòng gē　　　　故乡 gù xiāng　　　　雀斑 què bān
示威 shì wēi　　　　丧失 sàng shī　　　　陋规 lòu guī
入侵 rù qīn　　　　陆军 lù jūn　　　　特殊 tè shū
兽医 shòu yī　　　　辨析 biàn xī　　　　扩张 kuò zhāng
麦收 mài shōu　　　　没收 mò shōu　　　　气温 qì wēn

类推 lèi tuī　　　　　辣椒 là jiāo　　　　　触须 chù xū

② 去+阳：

告别 gào bié　　　　　贵族 guì zú　　　　　案牍 àn dú

睦邻 mù lín　　　　　陋俗 lòu sú　　　　　绘图 huì tú

幼苗 yòu miáo　　　　事实 shì shí　　　　　墨菊 mò jú

淡薄 dàn bó　　　　　嗫嚅 niè rú　　　　　塞责 sè zé

摈除 bìn chú　　　　　幸福 xìng fú　　　　　叛徒 pàn tú

富饶 fù ráo　　　　　过程 guò chéng　　　确实 què shí

动摇 dòng yáo　　　　畅谈 chàng tán　　　确凿 què záo

固执 gù zhí　　　　　黯然 àn rán　　　　　困难 kùn nan

内容 nèi róng　　　　教材 jiào cái　　　　政权 zhèng quán

废弛 fèi chí　　　　　造谣 zào yáo　　　　距离 jù lí

掠夺 lüè duó　　　　幕僚 mù liáo　　　　效尤 xiào yóu

睡眠 shuì mián　　　　率直 shuài zhí　　　脉搏 mài bó

誓词 shì cí　　　　　爆竹 bào zhú　　　　诺言 nuò yán

善良 shàn liáng　　　贸然 mào rán　　　　共同 gòng tóng

③ 去+上：

线索 xiàn suǒ　　　　瑞雪 ruì xuě　　　　奋勇 fèn yǒng

幻影 huàn yǐng　　　翅膀 chì bǎng　　　　校友 xiào yǒu

中肯 zhòng kěn　　　色彩 sè cǎi　　　　侵染 qīn rǎn

猎取 liè qǔ　　　　　候鸟 hòu niǎo　　　钓饵 diào ěr

壁垒 bì lěi　　　　　落选 luò xuǎn　　　劣等 liè děng

聘请 pìn qǐng　　　　祸首 huò shǒu　　　酗酒 xù jiǔ

赡养 shàn yǎng　　　病理 bìng lǐ　　　　腹稿 fù gǎo

舰艇 jiàn tǐng　　　　静止 jìng zhǐ　　　赐予 cì yǔ

蓓蕾 bèi lěi　　　　彻底 chè dǐ　　　　傲骨 ào gǔ

宪法 xiàn fǎ　　　　蓄养 huàn yǎng　　　劲旅 jìng lǚ

媚骨 mèi gǔ　　　　润笔 rùn bǐ　　　　犒赏 kào shǎng

弱点 ruò diǎn　　　　料理 liào lǐ　　　　布景 bù jǐng

烈属 liè shǔ　　　　报纸 bào zhǐ　　　　宦海 huàn hǎi

④ 去+去：

类似 lèi sì　　　　　际遇 jì yù　　　　　罢黜 bà chù

制造 zhì zào　　　　谬误 miù wù　　　　灌溉 guàn gài

锻炼 duàn liàn　　　恶劣 è liè　　　　校对 jiào duì

策略 cè lüè　　　　　句读 jù dòu　　　　造诣 zào yì

脆弱 cuì ruò　　　　怯懦 qiè nuò　　　　劣质 liè zhì

对峙 duì zhì　　　　戏剧 xì jù　　　　爱戴 ài dài

傲慢 ào màn　　　　蔑视 miè shì　　　　闭塞 bì sè

地震 dì zhèn　　　　酝酿 yùn niàng　　　败坏 bài huài

覆盖 fù gài　　　　　唾弃 tuò qì　　　　　案件 àn jiàn

愤怒 fèn nù　　　　　贩卖 fàn mài　　　　热血 rè xuè

梦呓 mèng yì　　　　动荡 dòng dàng　　　会意 huì yì

吝啬 lìn sè　　　　　订阅 dìng yuè　　　　魄力 pò lì

复辟 fù bì　　　　　兑换 duì huàn　　　　锐利 ruì lì

富庶 fù shù　　　　　庇护 bì hù　　　　　戒备 jiè bèi

（2）第二组：

1）四声同调。

① 阴平：

声东击西 shēng dōng jī xī　　　　　江山多娇 jiāng shān duō jiāo

卑躬屈膝 bēi gōng qū xī　　　　　　居安思危 jū ān sī wēi

珍惜光阴 zhēn xī guāng yīn　　　　春天花开 chūn tiān huā kāi

丰收归仓 fēng shōu guī cāng　　　　息息相关 xī xī xiāng guān

挖空心思 wā kōng xīn sī　　　　　　乌七八糟 wū qī bā zāo

② 阳平：

名存实亡 míng cún shí wáng　　　　牛羊成群 niú yáng chéng qún

儿童文学 ér tóng wén xué　　　　　文如其人 wén rú qí rén

竭泽而渔 jié zé ér yú　　　　　　　严格执行 yán gé zhí xíng

闻名全国 wén míng quán guó　　　　提前完成 tí qián wán chéng

豪情昂扬 háo qíng áng yáng　　　　人民团结 rén mín tuán jié

③ 上声：

远景美好 yuǎn jǐng měi hǎo　　　　请你指导 qǐng nǐ zhǐ dǎo

产品展览 chǎn pǐn zhǎn lǎn　　　　口语语法 kǒu yǔ yǔ fǎ

早晚洗澡 zǎo wǎn xǐ zǎo　　　　　宝塔手表 bǎo tǎ shǒu biǎo

岂有此理 qǐ yǒu cǐ lǐ　　　　　　　勉强饮酒 miǎn qiǎng yǐn jiǔ

厂长领导 chǎng zhǎng lǐng dǎo　　打井饮水 dǎ jǐng yǐn shuǐ

④ 去声：

日夜奋战 rì yè fèn zhàn　　　　　　胜利闭幕 shèng lì bì mù

创造世界 chuàng zào shì jiè　　　　自怨自艾 zì yuàn zì yì

面面俱到 miàn miàn jù dào　　　　跃跃欲试 yuè yuè yù shì

意气用事 yì qì yòng shì　　　　　　万籁俱寂 wàn lài jù jì

蜕化变质 tuì huà biàn zhì　　　　　自作自受 zì zuò zì shòu

2）四声顺序。

兵强马壮 bīng qiáng mǎ zhuàng　　深谋远虑 shēn móu yuǎn lù

山重水复 shān chóng shuǐ fù　　　心怀叵测 xīn huái pǒ cè

优柔寡断 yōu róu guǎ duàn　　　　风调雨顺 fēng tiáo yǔ shùn

花红柳绿 huā hóng liǔ lǜ　　　　　心明眼亮 xīn míng yǎn liàng

胸怀广阔 xiōng huái guǎng kuò　　高朋满座 gāo péng mǎn zuò

光明磊落 guāng míng lěi luò　　　千锤百炼 qiān chuí bǎi liàn

中流砥柱 zhōng liú dǐ zhù

天然宝藏 tiān rán bǎo zàng

雕虫小技 diāo chóng xiǎo jì

瓜田李下 guā tián lǐ xià

逍遥法外 xiāo yáo fǎ wài

虚情假意 xū qíng jiǎ yì

英雄好汉 yīng xióng hǎo hàn

斯文扫地 sī wén sǎo dì

千奇百怪 qiān qí bǎi guài

吞云吐雾 tūn yún tǔ wù

阴谋诡计 yīn móu guǐ jì

身强体壮 shēn qiáng tǐ zhuàng

资源满地 zī yuán mǎn dì

鸡鸣狗盗 jī míng gǒu dào

鞍前马后 ān qián mǎ hòu

妖魔鬼怪 yāo mó guǐ guài

飞檐走壁 fēi yán zǒu bì

挑肥拣瘦 tiāo féi jiǎn shòu

三足鼎立 sān zú dǐng lì

生财有道 shēng cái yǒu dào

因循守旧 yīn xún shǒu jiù

山盟海誓 shān méng hǎi shì

3) 四声逆序。

败柳残花 bài liǔ cán huā

背井离乡 bèi jǐng lí xiāng

赤胆红心 chì dǎn hóng xīn

大显神通 dà xiǎn shén tōng

废品回收 fèi pǐn huí shōu

购买图书 gòu mǎi tú shū

刻苦读书 kè kǔ dú shū

墨守成规 mò shǒu chéng guī

弄巧成拙 nòng qiǎo chéng zhuō

热火朝天 rè huǒ cháo tiān

四海为家 sì hǎi wéi jiā

痛改前非 tòng gǎi qián fēi

下笔成章 xià bǐ chéng zhāng

袖手旁观 xiù shǒu páng guān

耀武扬威 yào wǔ yáng wēi

探讨原因 tàn tǎo yuán yīn

寿比南山 shòu bǐ nán shān

碧草如茵 bì cǎo rú yīn

遍体鳞伤 biàn tǐ lín shāng

大好河山 dà hǎo hé shān

大有文章 dà yǒu wén zhāng

奋起直追 fèn qǐ zhí zhuī

过眼云烟 guò yǎn yún yān

妙手回春 miào shǒu huí chūn

逆水行舟 nì shuǐ xíng zhōu

破釜沉舟 pò fǔ chén zhōu

视死如归 shì sǐ rú guī

驷马难追 sì mǎ nán zhuī

万古长青 wàn gǔ cháng qīng

笑里藏刀 xiào lǐ cáng dāo

异口同声 yì kǒu tóng shēng

字里行间 zì lǐ háng jiān

暮鼓晨钟 mù gǔ chén zhōng

兔死狐悲 tù sǐ hú bēi

4) 四声交错。

天长地久 tiān cháng dì jiǔ

虚怀若谷 xū huái ruò gǔ

班门弄斧 bān mén nòng fǔ

倾盆大雨 qīng pén dà yǔ

天南地北 tiān nán dì běi

枪林弹雨 qiāng lín dàn yǔ

得心应手 dé xīn yìng shǒu

眉飞色舞 méi fēi sè wǔ

提心吊胆 tí xīn diào dǎn

明目张胆 míng mù zhāng dǎn

恬不知耻 tián bù zhī chǐ

海枯石烂 hǎi kū shí làn

眼花缭乱 yǎn huā liáo luàn

语重心长 yǔ zhòng xīn cháng

趾高气扬 zhǐ gāo qì yáng

和风细雨 hé fēng xì yǔ

信口开河 xìn kǒu kāi hé

教学相长 jiào xué xiāng zhǎng

前因后果 qián yīn hòu guǒ 　　画龙点睛 huà lóng diǎn jīng

龙飞凤舞 lóng fēi fèng wǔ 　　畅通无阻 chàng tōng wú zǔ

神通广大 shén tōng guǎng dà 　　慢条斯理 màn tiáo sī lǐ

乔装打扮 qiáo zhuāng dǎ bàn 　　造型美观 zào xíng měi guān

忠言逆耳 zhōng yán nì ěr 　　集思广益 jí sī guǎng yì

轻描淡写 qīng miáo dàn xiě 　　置若罔闻 zhì ruò wǎng wén

卓有成效 zhuó yǒu chéng xiào 　　言简意赅 yán jiǎn yì gāi

身体力行 shēn tǐ lì xíng 　　掌上明珠 zhǎng shàng míng zhū

第二节　调　　类

一、调类差异字

调类就是声调的种类，就是把调值相同的字归纳在一起所建立的类。一种语言中有几种调值，就有几个调类。学习声调，不仅要注意调值，还要注意调类差异字。各地方言的调类与普通话的调类有的相同，有的不同，而且每种声调所属字的范围也不完全相同，少数字所属调类与普通话不一致，这些不一致的字就是方言与普通话的调类差异字。

二、调类练习

（1）阴平字

挨打 āi	逼迫 bī	广播 bō
拨款 bō	剥削 bō	擦地 cā
吃饭 chī	出去 chū	邮戳 chuō
穿插 chā	差别 chā	撑腰 chēng
答应 dā	跌倒 diē	多少 duō
碉堡 diāo	滴水 dī	孵化 fū
敷衍 fū	皮肤 fū	氛围 fēn
割草 gē	刮风 guā	胳膊 gē
搁浅 gē	戈壁 gē	供应 gōng
玫瑰 guī	忽然 hū	积极 jī
几乎 jī	夹子 jiā	接受 jiē
皆大欢喜 jiē	茎叶 jīng	激动 jī
结晶 jīng	细菌 jūn	信笺 jiān
哭泣 kū	苛求 kē	窥探 kuī
抡起 lūn	抹布 mā	劈柴 pī
瞥见 piē	瞥见 piē	胚胎 pēi
拼音 pīn	姘居 pīn	扑灭 pū
掐掉 qiā	切菜 qiē	抱屈 qū
曲解 qū	呛水 qiāng	侵略 qīn

失败 shī　　　　塞住 sāi　　　　刷子 shuā
虽然 suī　　　　说话 shuō　　　　收缩 suō
淑女 shū　　　　司机 sī　　　　　叔父 shū
贴上 tiē　　　　踢球 tī　　　　　脱掉 tuō
突然 tū　　　　 塌陷 tā　　　　　踏实 tā
剔除 tī　　　　 屋里 wū　　　　　挖井 wā
危险 wēi　　　　功勋 xūn　　　　 膝盖 xī
可惜 xī　　　　 作息 xī　　　　　获悉 xī
吸收 xī　　　　 鲜为人知 xiǎn　　剥削 xuē
鸭子 yā　　　　 押宝 yā　　　　　挤压 yā
燕山 yān　　　　晕车 yūn　　　　 摘要 zhāi
捉住 zhuō　　　 桌椅 zhuō　　　　知道 zhī
脂肪 zhī　　　　姓邹 zōu　　　　　诸位 zhū
憎恨 zēng

（2）阳平字

蹩脚 bié　　　　嘈杂 cáo　　　　 崇高 chóng
丛刊 cóng　　　 雌雄 cí　　　　　踌躇 chú
惩罚 chéng　　　乘车 chéng　　　 持续 chí
惭愧 cán　　　　得到 dé　　　　　通牒 dié
蝴蝶 dié　　　　间谍 dié　　　　　而且 ér
幸福 fú　　　　 辐射 fú　　　　　蝙蝠 fú
幅员 fú　　　　 节约 jié　　　　　芙蓉 fú
凡是 fán　　　　改革 gé　　　　　国家 guó
巾帼 guó　　　　一丘之貉 hé　　　班级 jí
疾病 jí　　　　 觉得 jué　　　　　角色 jué
即刻 jí　　　　 书籍 jí　　　　　集合 jí
及格 jí　　　　 编辑 jí　　　　　棘手 jí
颐和园 yí　　　 嫉妒 jí　　　　　聊斋 liáo
朦胧 méng　　　 抛锚 máo　　　　 疲劳 pí
胸脯 pú　　　　 蒲扇 pú　　　　　仆人 pú
脾脏 pí　　　　 其他 qí　　　　　潜力 qián
仍然 réng　　　 媳孺 rú　　　　　填空 tián
违背 wéi　　　　洞穴 xué　　　　　穴位 xué
媳妇 xí　　　　 愚蠢 yú　　　　　邮票 yóu
呻吟 yín　　　　舆论 yú　　　　　延安 yán
适宜 yí　　　　 愉快 yú　　　　　娱乐 yú
仪表 yí　　　　 沿着 yán　　　　　逾期 yú
筵席 yán　　　　职工 zhí　　　　　执行 zhí

（3）上声字

大伯子 bǎi　　　卑鄙 bǐ　　　　　鄙鄙 bǐ

匕首 bǐ	处决 chǔ	处理 chǔ
处方 chǔ	处女 chǔ	揣测 chuǎi
逞强 chěng	抵抗 dǐ	辅助（fǔ）
菲薄 fěi	水浒 hǔ	罕见 hǎn
尽管 jǐn	长颈鹿 jǐng	矩形 jǔ
循规蹈矩 jǔ	解约 jiě	针灸 jiǔ
酩酊 mǐng	风靡 mǐ	拟人 nǐ
拟定 nǐ	布匹 pǐ	顷刻 qǐng
而且 qiě	勉强 qiǎng	强迫 qiǎng
绮丽 qǐ	关卡 qiǎ	染料 rǎn
骨髓 suǐ	有的放矢 shǐ	谈吐 tǔ
请帖 tiě	侮辱 wǔ	唯唯诺诺 wěi
享受 xiǎng	享尽 xiǎng	迁徙 xǐ
窈窕 yǎo tiǎo	奄奄一息 yǎn	崭新 zhǎn
指甲 zhǐ	指头 zhǐ	

（4）去声字

傍晚 bàng	姓鲍 bào	促进 cù
挫折 cuò	赤道 chì	接触 chù
订正 dìng	追悼 dào	当天 dàng
档案 dàng	上颚 è	师范 fàn
复杂 fù	复核 fù	束缚 fù
妇女 fù	附近 fù	范例 fàn
腹部 fù	害怕 hài	消耗 hào
蛮横 hèng	混合 hùn	候鸟 hòu
教诲 huì	桦林 huà	间隔 jiàn
脱臼 jiù	内疚 jiù	校对 jiào
鲫鱼 jì	禁止 jìn	利剑 jiàn
比较 jiào	技校 jì	克数 kè
克服 kè	瞭望 liào	掠夺 lüè
恶劣 liè	偏僻 pì	开辟 pì
尖锐 ruì	隧道 suì	住宿 sù
摄影 shè	双室 shì	适宜 shì
涉及 shè	字帖 tiè	因为 wèi
咆哮 xiào	肖像 xiào	迅速 xùn
渲染 xuàn	荫凉 yìn	应用 yìng
火焰 yàn	友谊 yì	参与 yù
异议 yì	益处 yì	亚洲 yà
暂时 zàn	敬赠 zèng	质量 zhì
号召 zhào	浙江 zhè	甘蔗 zhè
处置 zhì	秩序 zhì	地质 zhì

第十章 音变的训练

音变是指两个或两个以上的音节连起来读的时候所产生的语音变化。这种音变一般都有较强的规律性，根据不同的具体情况，可以把连读音变分为两种类型：变调和变音。

第一节 变   调

一、上声的变调

1. 发音要领

两个上声相连，前一个上声调值变 35；在原为上声改读轻声的字音前，则有两种不同的变调，有的变 35，有的变 21。

在非上声（阴平、阳平、去声）的前面，调值由 214 变 21。

三个上声相连，开头、当中的上声音节有两种变调：①当词语的结构是"双单格"时，开头、当中的上声音节调值变为 35。②当词语的结构是"单双格"，开头音节处在被强调的逻辑重音时，读作"半上"，调值变为 21，当中音节则按两字组变调规律变为 35。

如果连续的上声字不止三个，则可以根据词语含义适当分组按上述办法变调。

2. 发音练习（按照变调标调）

（1）第一组：

法网 fá wǎng	奶粉 nái fěn	捆绑 kún bǎng
反省 fán xǐng	恼火 náo huǒ	讲稿 jiáng gǎo
指导 zhí dǎo	荏苒 rén rǎn	感慨 gán kǎi
好歹 háo dǎi	奖赏 jiáng shǎng	手表 shóu biǎo
走访 zóu fǎng	古朴 gú pǔ	减产 jián chǎn
雪耻 xué chǐ	水井 shuí jǐng	阻梗 zú gěng
苦胆 kú dǎn	简短 jián duǎn	选举 xuán jǔ
往返 wáng fǎn	泉眼 quán yǎn	口水 kóu shuǐ
怂恿 sóng yǒng	彩礼 cái lǐ	老鼠 láo shǔ
傻女 shá nǚ	索取 suó qǔ	母狗 mú gǒu
早晚 záo wǎn	鼓掌 gú zhǎng	谷草 gú cǎo
理解 lí jiě	首长 shóu zhǎng	死板 sí bǎn
彼此 bí cǐ	躲闪 duó shǎn	旅馆 lǚ guǎn
堡垒 báo lěi	打扰 dá rǎo	冷暖 léng nuǎn
美好 méi hǎo	铁饼 tié bǐng	领导 líng dǎo

（2）第二组：

虎骨/酒	草稿/纸	跑马/表
考古/所	打靶/场	展览/馆
讲演/稿	领导/好	水手/长
品种/少	了解/我	往北/走
很/美满	讲/法语	有/影响
小/老虎	买/水果	有/几种
耍/笔杆	请/允许	好/总理
鲁/厂长	孔/乙己	小/拇指
撒/火种	小/两口	纸/雨伞

（3）第三组：

永远/友好	老李/想走
请/往北/走	我/很/了解/你

咱俩/永远/友好

请你/给我/打点儿/洗脸水

马场/有/五种/好马

李/小姐/表演/两场/舞蹈

二、"一"的变调

1. 发音要领

"一"单独使用，用在词语末尾或它后面紧跟着别的数词时读原调——阴平（55）；在去声前，一律变阳平（35）；在非去声（阴平、阳平、上声）前，变去声（51）；嵌在相同的动词的中间，读轻声。

2. 发音练习（按照变调标调）

（1）第一组：

第一 dì yī	万一 wàn yī	唯一 wéi yī
五一 wǔ yī	十一 shí yī	一千 yì qiān
一家 yì jiā	一间 yì jiān	一边 yì biān
一杯 yì bēi	一声 yì shēng	一双 yì shuāng
一包 yì bāo	一瓶 yì píng	一直 yì zhí
一条 yì tiáo	一台 yì tái	一盒 yì hé
一群 yì qún	一层 yì céng	一盘 yì pán
一起 yì qǐ	一笔 yì bǐ	一嘴 yì zuǐ
一手 yì shǒu	一点 yì diǎn	一千 yì qiān
一样 yí yàng	一次 yí cì	一路 yí lù
一万 yí wàn	一向 yí xiàng	一件 yí jiàn

（2）第二组：

一般见识	一败涂地	一诺千金	一年到头
一包在内	一板一眼	一孔之见	一衣带水

一笔勾销	一本正经	一来二去	一劳永逸
一步登天	一臂之力	一了百了	一马当先
一尘不染	一成不变	一落千丈	一毛不拔
一筹莫展	一触即发	一脉相承	一模一样
一蹴而就	一刀两断	一面之交	一字一板
一发千钧	一定之规	一命呜呼	一往无前
一反常态	一帆风顺	一念之差	一丝不挂
一鼓作气	一概而论	一盘散沙	一如既往
一技之长	一呼百应	一窍不通	一穷二白
一箭双雕	一见如故	一丘之貉	一气呵成
一蹶不振	一举两得	一文不名	一贫如洗

三、"不"的变调

1. 发音要领

单独使用或在词尾以及在非去声前读原调——去声（51）；在去声前，变为阳平（35）；嵌在相同的动词中间，读轻声；在可能补语中读轻声。

2. 发音练习（按照变调标调）

（1）第一组：

不高 bù gāo	不长 bù cháng	不管 bù guǎn	不怕 bú pà
不低 bù dī	不来 bù lái	不理 bù lǐ	不去 bú qù
不黑 bù hēi	不平 bù píng	不久 bù jiǔ	不对 bú duì
不说 bù shuō	不红 bù hóng	不懂 bù dǒng	不配 bú pèi
不吃 bù chī	不白 bù bái	不老 bù lǎo	不错 bú cuò
不多 bù duō	不成 bù chéng	不好 bù hǎo	不利 bú lì
来不及 lái bu jí	大不了 dà bu liǎo	想不到 xiǎng bu dào	
赶不上 gǎn bu shàng	坐不下 zuò bu xià	了不起 liǎo bu qǐ	

（2）第二组：

不管不顾	不哼不哈	不即不离	不卑不亢
不伦不类	不偏不倚	不三不四	不干不净
不清不楚	不言不语	不屈不挠	不折不扣
不大不小	不上不下	不见不散	不慌不忙
不前不后	不闻不问	不左不右	不多不少
不劳而获	不学无术	不可救药	不了了之
不知所措	不打自招	不假思索	不毛之地
不可思议	不谋而合	不约而同	不可一世
不得人心	不出所料	不负众望	不甘示弱
不分彼此	不乏其人	不欢而散	不苟言笑

不近人情	不惑之年	不堪回首	不拘小节
不可胜数	不辱使命	不识时务	不虚此行

四、叠字形容词的变调

1. 发音要领

AA 式的变调：AA 式为形容词单音节重叠的形式。如"高高""红红""深深"等，一般不变调。当 AA 式后加儿尾，重叠的第二个音节变成"儿化韵"时，第二个音节变成阴平。

ABB 式变调：ABB 式若重叠的音节为阴平则不必变调，若非阴平则变读成为阴平。

AABB 式的变调：轻声词重叠成的 AABB 式口语词，第二音节变读轻声，第三、四音节变读阴平。

少数轻声词重叠成的 AABB 式词，用在书面上也可以不变调。例如：清清楚楚 qīngqīngchǔchǔ、明明白白 míngmíngbáibái、老老实实 lǎolǎoshíshí。

2. 发音练习

（1）第一组：

平平儿的 píng pīngr de	长长儿的 cháng chāngr de
稳稳儿的 wěn wēnr de	满满儿的 mǎn mānr de
圆圆儿的 yuán yuānr de	白白儿的 bái bāir de
狠狠儿的 hěn hēnr de	小小儿的 xiǎo xiāor de
活活儿的 huó huōr de	短短儿的 duǎn duānr de

（2）第二组：

黑洞洞 hēi dōng dōng	香喷喷 xiāng pēn pēn
蓝盈盈 lán yīng yīng	绿油油 lù yōu yōu
空荡荡 kōng dāng dāng	毛茸茸 máo rōng rōng
沉甸甸 chén diān diān	软绵绵 ruǎn miān miān
火辣辣 huǒ lā lā	湿淋淋 shī līn līn
懒洋洋 lǎn yāng yāng	乱蓬蓬 luàn pēng pēng
慢腾腾 màn tēng tēng	灰蒙蒙 huī mēng mēng

（3）第三组：

慢慢腾腾 màn man tēng tēng	规规矩矩 guī gui jū jū
马马虎虎 mǎ ma hū hū	别别扭扭 biè bie niū niū
模模糊糊 mó mo hū hū	严严实实 yán yan shī shī
哭哭啼啼 kū ku tī tī	舒舒服服 shū shu fū fū
稳稳当当 wěn wen dāng dāng	客客气气 kè ke qī qī
明明白白 míng ming bāi bāi	漂漂亮亮 piào piao liāng liāng
热热闹闹 rè re nāo nāo	亮亮堂堂 liàng liang tāng tāng
鼓鼓囊囊 gǔ gu nāng nāng	跟跟跄跄 liàng liang qiāng qiāng

第二节　变　音

一、轻声

1. 发音要领

当前一个音节声调是阴平的时候，后一个轻声音节的调形是短促的半低调，调值为2。

当前一个音节声调是阳平的时候，后一个轻声音节的调形是短促的中高调，调值为3。

当前一个音节声调是上声的时候，后一个轻声音节的调形是短促的半高平调，调值为4。

当前一个音节声调是去声的时候，后一个轻声音节的调形是短促的低降调，调值为1。

2. 发音练习

（1）第一组：

我的 wǒ de	谁的 shuí de	你的 nǐ de
他的 tā de	粉的 fěn de	黑的 hēi de
喝的 hē de	玩的 wán de	好的 hǎo de
穿的 chuān de	弯的 wān de	破的 pò de
种田的 zhòng tián de	领路的 lǐng lù de	读书的 dú shū de
聘请的 pìn qǐng de	唱歌的 chàng gē de	卖菜的 mài cài de
用力地 yòng lì de	适当地 shì dāng de	悄悄地 qiāo qiāo de
愉快地 yú kuài de	彻底地 chè dǐ de	亲切地 qīn qiè de
人呢 rén ne	鸡呢 jī ne	笔呢 bǐ ne
锯呢 jù ne	他呢 tā ne	我呢 wǒ ne
吃啦 chī la	错啦 cuò la	行啦 xíng la
你去啦 nǐ qù la	上课啦 shàng kè la	说好啦 shuō hǎo la
写完啦 xiě wán la	不干啦 bù gàn la	睡着啦 shuì zháo la
怎么啦 zěn me la	退步啦 tuì bù la	工作啦 gōng zuò la
算了 suàn le	罢了 bà le	对了 duì le
好了 hǎo le	行了 xíng le	坏了 huài le
为了 wèi le	除了 chú le	得了 dé le
说得对 shuō de duì	唱得好 chàng de hǎo	强得多 qiáng de duō
走得慢 zǒu de màn	学得好 xué de hǎo	热得快 rè de kuài
好得很 hǎo de hěn	拿得起 ná de qǐ	放得下 fàng de xià
觉得 jué de	记得 jì de	懂得 dǒng de
显得 xiǎn de	值得 zhí de	晓得 xiǎo de
使得 shǐ de	认得 rèn de	省得 shěng de
石头 shí tou	里头 lǐ tou	骨头 gǔ tou
前头 qián tou	馒头 mán tou	木头 mù tou
舌头 shé tou	拳头 quán tou	念头 niàn tou

150

枕头 zhěn tou	外头 wài tou	罐头 guàn tou
斧头 fǔ tou	丫头 yā tou	锄头 chú tou
我们 wǒ men	他们 tā men	你们 nǐ men
咱们 zán men	它们 tā men	她们 tā men
俺们 ǎn men	人们 rén men	孩儿们 háir men
孩子 hái zi	样子 yàng zi	房子 fáng zi
儿子 ér zi	日子 rì zi	院子 yuàn zi
桌子 zhuō zi	鬼子 guǐ zi	村子 cūn zi
脖子 bó zi	鼻子 bí zi	脑子 nǎo zi
嗓子 sǎng zi	胡子 hú zǐ	小子 xiǎo zi
架子 jià zi	台子 tái zi	池子 chí zi
本子 běn zi	炉子 lú zi	瓶子 píng zi

（2）第二组：

包袱 bāo fu	抽屉 chōu ti	材料 cái liao
窗户 chuāng hu	簸箕 bò ji	玻璃 bō li
煎饼 jiān bing	芥末 jiè mo	口袋 kǒu dai
核桃 hé tao	罐头 guàn tou	锄头 chú tou
冬瓜 dōng gua	豆腐 dòu fu	蛤蟆 há ma
耳朵 ěr duo	灯笼 dēng long	枕头 zhěn tou
芝麻 zhī ma	月亮 yuè liang	钥匙 yào shi
围裙 wéi qun	太阳 tài yang	葡萄 pú tao
动弹 dòng tan	对付 duì fu	干净 gān jing
故事 gù shi	后面 hòu mian	机灵 jī ling
结实 jiē shi	厚道 hòu dao	富裕 fù yu
暖和 nuǎn huo	规矩 guī ju	告诉 gào su
棉花 mián hua	蘑菇 mó gu	粮食 liáng shi
扑克 pū ke	衣服 yī fu	笤帚 tiáo zhou
伯伯 bó bo	大夫 dài fu	把式 bǎ shi
编辑 biān ji	裁缝 cái feng	家伙 jiā huo
姑娘 gū niang	父亲 fù qin	兄弟 xiōng di
客人 kè ren	干事 gàn shi	夫人 fū ren
妈妈 mā ma	奴才 nú cai	会计 kuài ji
师傅 shī fu	叔叔 shū shu	先生 xiān sheng
枇杷 pí pa	漂亮 piào liang	欺负 qī fu
亲家 qìng jia	傻气 shǎ qi	身份 shēn fen
事情 shì qing	疏忽 shū hu	顺当 shùn dang
踏实 tā shi	特务 tè wu	痛快 tòng kuai
娃娃 wá wa	笑话 xiào hua	新鲜 xīn xian
掂量 diān liang	恶心 ě xin	分析 fēn xi

跟头 gēn tou　　　　　葫芦 hú lu　　　　　和气 hé qi

二、儿化

1. 发音要领

韵母或韵尾是 a、o、e、ê、u 的，韵母直接卷舌。

韵尾是 i、n 的，儿化时丢掉韵尾，主要元音卷舌。

韵尾是 ng 的，儿化时去掉韵尾，主要元音鼻化（鼻化用~表示），同时卷舌。

韵母是 i、ü 的，韵母不变，加上卷舌韵母 er。

韵母是 -i [ʅ]、-i [ɿ] 的，丢掉韵母，加上卷舌韵母 er。

韵母是 ün、in 的，儿化时丢掉韵尾 n，加上卷舌韵母 er。

韵母是 ing 的，儿化时丢掉韵尾 ng，加上卷舌韵母 er，同时元音鼻化。

2. 发音练习

半道儿 bàn dàor	八字儿 bā zìr
豆芽儿 dòu yár	花招儿 huā zhāor
拐弯儿 guǎi wānr	电影儿 diàn yǐngr
聊天儿 liáo tiānr	口哨儿 kǒu shàor
花盒儿 huā hér	粉末儿 fěn mòr
板擦儿 bǎn cār	字帖儿 zì tiēr
一会儿 yí huìr	烟卷儿 yān juǎnr
纳闷儿 nà mènr	摸黑儿 mō hēir
名牌儿 míng páir	有趣儿 yǒu qùr
人缘儿 rén yuánr	赔本儿 péi běnr
模特儿 mó tèr	面条儿 miàn tiáor
肉丝儿 ròu sīr	窍门儿 qiào ménr
露馅儿 lòu xiànr	圆圈儿 yuán quānr
老本儿 lǎo běnr	快板儿 kuài bǎnr
壶嘴儿 hú zuǐr	麦穗儿 mài suìr
饭馆儿 fàn guǎnr	桌腿儿 zhuō tuǐr

三、"啊"的变音

1. 发音要领

前面音素是 a、o、e、ê、i、ü 的，"啊"变读为 ya，可写作"呀"。

前面音素是 u（包括 ao、iao）的，"啊"变读为 wa，可写作"哇"。

前面音素是 n 的，"啊"变读为 na，可写作"哪"。

前面音素是 ng 的，"啊"变读为 nga，仍写作"啊"。

前面音素是 -i [ʅ] 的，"啊"变读为 [zɑ]，仍写作"啊"。

前面音素是 -i [ɿ] 的，"啊"变读为 ra，仍写作"啊"。

2. 发音练习

千万注意啊！（ya）

怎么做啊！（ya）

你快去啊！（ya）

这是谁啊！（ya）

在哪住啊！（wa）

长得好瘦啊！（wa）

大家跳啊！（wa）

真妙啊！（wa）

这是一件大事啊！（ra）

可耻啊！（ra）

快开门儿啊！（ra）

你去过几次啊！（za）

真是乖孩子啊！（za）

你才十四啊！（za）

这么多生词啊！（za）

大家加油干啊！（na）

我的亲人啊！（na）

快点儿分啊！（na）

这道题真难啊！（na）

歌声真动听啊！（nga）

这事办不成啊！（nga）

这孩子多胖啊！（nga）

第十一章　朗读的训练

　　朗读就是朗声读书，即运用普通话把书面语言清晰、响亮、富有感情地读出来，变文字这个视觉形象为听觉形象。朗读是一项口头语言的艺术，是把诉诸视觉的书面语言转化为诉诸听觉的有声语言的再创作活动。在普通话水平测试中，朗读是对应试者普通话运用能力的一种综合检测形式。

第一节　如何朗读

一、朗读要求

　　1. 用普通话语音朗读

　　朗读和说话不同，它除了要求应试者忠于作品原貌，不添字、漏字、改字、回读外，还要求朗读时在声母、韵母、声调、轻声、儿化、音变以及语句的表达方式等方面都符合普通话语音的规范。

　　（1）注意普通话和自己方言在语音上的差异。普通话和方言在语音上的差异，大多数情况下是有规律的，这种规律又有大的规律和小的规律之分，规律之中往往又包含一些例外，这些都要靠自己去总结。单是总结还不够，要多查字典和词典，要加强记忆，反复练习。在练习中，不仅要注意声韵调方面的差异，还要注意轻声词和儿化韵的学习。

　　（2）注意多音字的读音。一字多音是容易产生误读的重要原因之一，我们必须十分注意。多音字可以从两个方面去注意学习。第一类是意义不同的多音字，要着重弄清它的各个不同的意义，从各个不同的意义去记住它的不同的读音。第二类是意义相同的多音字，要着重弄清它的不同的使用场合。

　　（3）注意由字形相近或由偏旁类推引起的误读。由于字形相近由甲字张冠李戴地读成乙字，这种误读十分常见。由偏旁本身的读音或者由偏旁组成的较常用的字读音，去类推一个生字的读音而引起的误读，也很常见。所谓"秀才认字读半边"，闹出笑语，就是指的这种误读。

　　（4）注意异读词的读音。习惯上有几种不同读音的词称为"异读词"。为了使这些词读音规范，我国于20世纪50年代就对普通话异读词的读音进行了审定。历经几十年，几易其稿。1985年，国家公布了《普通话异读词审音表》，要求全国文教、出版、广播及其他部门、行业所涉及的普通话异读词的读音、标音均以这个新的《普通话异读词审音表》为准。

　　2. 吐字归音到位

　　出字要准确有力，即字头要咬紧。做到这一点的关键是把握好声母的发音部位和发音方法，蓄气有力，并迅速与韵头结合。例：

　　八百标兵奔北坡，北坡炮兵并排跑。炮兵怕把标兵碰，标兵怕碰炮兵炮。

　　立字要拉开立起，圆润饱满，即字腹要突出。关键是口腔开合适度，松紧相宜，音节才能坚实、稳定。例：

　　调到敌岛打特盗，特盗太刁投短刀。挡推顶打短刀掉，踏盗得刀盗打倒。

　　吃葡萄不吐葡萄皮儿，不吃葡萄倒吐葡萄皮儿。

　　归音的归向要鲜明，干脆利索，即字尾要收回。既不能拖泥带水留尾巴，也不可唇舌位置不到家。关键是对字尾的处理，口腔由开到闭，肌肉由紧渐松，声音由强到弱，字尾要弱收到位。例：

　　谭家谭老汉，挑蛋到蛋摊，卖了半担蛋；挑蛋到炭摊，买了半担炭，满担是蛋炭。老汉往家赶，脚下绊一绊，跌了谭老汉。破了半担蛋，翻了半担炭，脏了新衣衫。老汉看一看，急得满头汗，炭蛋完了蛋，怎吃蛋炒饭。

　　3. 把握好朗读基调

　　基调是指作品整体的基本情调，即作品总的态度、感情，总的色彩和分量。每一篇优秀的作品都有一个基调，这个基调是一种整体感觉。基调的整体感是作品中各个语句具体思想感情的综合表露。一篇文章的基调把握住了，就不会偏离主题、偏离中心。而在中心思想统一指导下确定的朗读的轻重、主次，读起来才能突出重点，分清层次，体现全文的精神。如峻青的《海滨仲夏夜》，因作者主要描写了优美动人的海滨夏夜风情，这就决定了朗读的基调悠闲、从容、轻松。

　　4. 朗读"五忌"

　　（1）念字式。单纯念字、照字读音的朗读方式。有字无词或有词无字，很机械。

　　（2）念经式。声音小而且速度快，没有顿歇，没有起伏，没有重音，更没有感情和声音变化。

　　（3）八股式。腔调固定，前高后低或前低后高。前松后紧或前紧后松。声音一顿一顿的，没有语气变化。

　　（4）演戏式（分角色朗读除外）。

　　不是再现作品中人物"怎么说的"，而是强调他们"说了些什么"。

　　（5）固定式。过分强调作品的体裁，无论内容如何，只要同一体裁都用一种腔调去读。以不变的固定腔调去应对不同的作品内容。

　　5. 朗读使用的语言

　　必须是活生生的口语，但又不等于"拉家常"式的自然语言。比自然语言更规范、更生动、更具有美感。过分夸张让人感到虚假，过分平淡让人感到乏味。

二、朗读技巧

　　1. 停连

　　说话和朗读都不能一字一歇地断断续续地进行，也不能一字紧连一字地一口气说到底，而是要把语言划分成若干个小段落，在每个小段落之间适当地间歇或连接，这就是停连。

　　停连的作用，首先是生理的需要。句子有长有短，长句子不可能一口气读完。其次是语义表达的需要。停连是为了更好地表现作品内容、结构。如果讲话、朗读停连不当，便不能确切地表达自己的思想感情，若是因此而产生误解，有时后果会很严重。例如：

例①

别的动物的嘴只会吃东西，人类的嘴除了吃/东西还会说话※。

别的动物的嘴只会吃东西，人类的嘴除了吃东西/还会说话。

例②

无鸡鸭也可无鱼肉也可唯蔬菜不可少分文不取。

无鸡鸭也可/无鱼肉也可/唯蔬菜不可少/分文不取。

无鸡/鸭也可/无鱼/肉也可/唯蔬菜不可/少分文不取。

例①句错停后语意不清，应停在"东西"之后。例②句不同的停顿语义完全不同。

（1）停顿：

1）区分性停顿。

区分性停顿是为了正确区分表现书面语言中词与词之间、词组与词组之间的关系而进行的停顿。一般来说，作品中每个独立的词、词组都要予以区分。区分性停顿的作用是使语意表达清晰、明确。例如：

黎明时分，张望着/东方白茫茫的云雾中，一轮血色的太阳，从多少耸立着的高楼背后/冉冉升起，觉得/它离自己好近啊，还猜测着/纵横交错排列成一长串队伍的高楼里，也应该有/数不清的人们，同样/都热情澎湃地欢呼/它艳丽的光艳。

语言/是人们/在社会活动中/广泛运用的/一种/交际工具。

由以上例子可以看出，不能机械地理解区分性停顿。区分性停顿并不是简单的一词一停顿或一词组一停顿。

2）呼应性停顿。

呼应性停顿是为了显现前后语意之间的呼应关系而安排的停顿。确定呼应性停顿，首先必须弄清何为"呼"，何为"应"。例如：

开始还伴着一阵儿小雨，不久就只见/大片大片的雪花，从彤云密布的天空中/飘落下来。

评委们经过讨论一致认为，/她口语表达/准确、流畅、生动。

我们的民族/正经历着一场伟大的复兴。

我深深地懂得/只有社会主义，才能救中国。

3）并列性停顿。

并列性停顿是指在语意表达中并列关系的停顿。凡是作品中位置类似、样式相同的词语之间要做时间大致相同的停顿，以显示并列关系。例如：

这地方的火烧云变化极多，一会儿/红彤彤的，一会儿/金灿灿的，一会儿/半紫半黄，一会儿/半灰半百合色。

我看了一会儿，有人/投一两元，有人/投几百元，还有人/掏出支票填好后投进木箱。

山/朗润起来了，水/涨起来了，太阳的脸/红起来了。

大的，小的，花的，黑的，有的/站在树枝上叫，有的/飞起来，在扑翅膀。

北方/有一种非常鲜美的小型蘑菇，被人称为/"珍珠蘑菇"，南方/有一种十分艳丽的小型玫瑰，被人称为/"钻石玫瑰"。

4）转换性停顿。

朗读时为了表达语意、情感、态度的转变，就需要运用转换性停顿。转换性停顿常常可以根据书面语言中表示转折关系的关联词语来确定。一般来说，转换性停顿前面和后面语句中的停顿时间要相对缩短。例如：

自然，在热带的地方，日光是永远那么毒，响亮的天气，反有点叫人害怕。可是，/在北中国的冬天，而能有温晴的天气，济南真得算个宝地。

这时候，最热闹的要数树上的蝉声与水里的蛙声，但/热闹是他们的，我/什么也没有。

5）强调性停顿。

阅读时为了突出强调某个词、词组或句子，可以在这个词、词组或句子的前边或后边停顿，也可以在前边和后边都停顿，这就是强调性停顿。例如：

这是入冬以来，胶东半岛上/第一场雪。

马路旁的人行道比马路要整整高出/一个台阶，而他简直还没满/一周岁。

站在他面前的是/周总理。

6）生理性停顿。

作品中的人物说话时因生理原因造成的语流不顺畅、断断续续等，朗读时要用生理性停顿予以表现。但要注意，遇到这种情况不要过分夸张，避免做作。例如：

母亲安然无恙，我却觉得眼前一黑，下颌被坚硬的铁轨磕伤，殷红的鲜血顿时满了下来。母亲潸然泪下："好玉玉，妈/难为你啦……"

这时候，他用力把我往上一顶，一下子把我甩在一边，大声说："快离开我，咱们两个不能都牺牲！……要……要记住/革命！……"

上述6种停顿只是粗略归纳，实际朗读中的停顿不止这6种，我们还要注意标点符号与停顿的关系。

标点符号是书面语言的停顿符号，也是朗读作品时语言停顿的重要依据。标点符号的停顿规律一般是：句号、问号、感叹号、省略号停顿略长于分号、破折号、连接号；分号、破折号、连接号的停顿时间又长于逗号、冒号；逗号、冒号停顿的时间要比一般的顿号时间长些。但是我们也应该认识到标点符号绝不是确定停顿的唯一依据。

（2）连接：

1）并列型连接。

并列型连接是指在表达中结构相同、位置类似的词语的连接。就是说，在并列成分比较多的句子里，不必一词一意一停，可把这些并列成分连在一起，称为一组。例如：

养鸡、养鸭、/种油料、种瓜菜、/编织、烧砖、搞运输，/大有发展潜力。

人在劳动中不断地动脑筋、想办法，才渐渐想出节省劳力，增加效率的方法。

大的，小的，花的，黑的，有的站在树枝上叫，有的飞起来，在扑翅膀。

没有花香、没有树高，我/是一棵无人知道的小草。

小草偷偷地/从土里钻出来，嫩嫩的，绿绿的。园子里，田野里，瞧去，一大片一大片/满是的。坐着，躺着，打两个滚，踢几脚球，赛几趟跑，捉几回迷藏。风/轻悄悄的，草/软绵绵的。

2）呼应型连接。

在呼应关系语义中，"应"的部分要连读。例如：

我深深地懂得，只有社会主义，才能救中国。

不久就只见大片大片的雪花，从彤云密布的天空中飘落下来。

总之，停要停到好处，连要连得恰当。恰当地运用停连，可以增加有声言语的色彩和魅力，否则，就会影响感情的表达，破坏语义的完整。

（3）重音。作品中有些字词往往需要突出强调，在不改变这些字词的原有声调的情况下，运用加大音量、拖长字音等方法予以强调，就是重音。朗读时能否恰当地运用重音，关系到能否准确、生动地表现作品。

1）并列性重音。

并列性重音是体现作品中词、词组的并列关系的。例如：

以后我就时常做那样的游戏，有时和太阳赛跑，有时和西北风比快。

哦，雄浑的大桥敞开胸怀。汽车的呼啸、摩托的笛音、自行车的叮铃，合奏着进行交响乐；南来的钢筋、花布，北往的柑橙、家禽，绘出交流欢跃图。

如果你处在社会的低层——相信这是大多数，请千万不要自卑，要紧的还是打破偏见，唤起自信。

落光了叶子的柳树上挂满了毛茸茸亮晶晶的银条儿；而那些冬夏常青的松树和柏树上，则挂满了蓬松松沉甸甸的雪球儿。

2）对比性重音。

运用对比性重音可以更明显地突现两个语意相反、相对的词或词组，起到强化对比观点、深化对比感情态度、渲染对比气氛等作用。例如：

比起在大平原上、浩瀚的海边，或峰峦的顶巅观望日出，心中竟有完全不同的感受，那儿是寂寞的、孤独的、忧郁的，这儿却是热闹的、昂扬的、欢快的。

太阳在白天放射光明，月亮在夜晚投洒青辉，它们是相反的；你能不能告诉我：太阳和月亮，究竟谁是谁非呢？

世界上的任何东西，不管是大是小，是多是少，是贵是贱，都各有各的用处，不要随便就浪费了。

3）呼应性重音。

呼应性重音包括问答式呼应重音、线索式呼应重音等几种。

A、问答式呼应重音。例如：

"什么是永远不会回来呢？"我问着。

"所有时间里的事物，都永远不会回来。……"

B、线索式呼应重音。一般是相同或相近的语句在作品中反复出现，成为贯穿全文的线索。例如：

《白杨礼赞》中的"白杨树实在是不平凡的，我赞美白杨树"。

4）递进性重音。

递进性重音是为了揭示出作品中人物、事件、行为、空间等的变化顺序，显示某种连续递进性的语意。

有时，有一个句子出现的人、事物、概念等在后一个句子中再次出现并引出新的人、事物、概念时，要用递进性重音区分。例如：

英国威尔斯有个谷口村，村外有座小山。山下有一家酒店、两家快餐店、两个咖啡馆和一个书店。

还有一种联珠句式，上句末尾和下句开头的词语完全相同，这时递进性重音会使语意的递进性表达得更加明显。例如：

竹叶烧了，还有竹枝；竹枝断了，还有竹鞭；竹鞭砍了还有深埋在地下的竹根。

5）转折性重音。

转折性重音常用在表示前后语意发生转折的词语上。朗读时，可以借助表示转折关系的词语确定转折性重音。例如：

所以你们要像花生，它虽然不好看，可是很有用，不是外表好看而没有实用的东西。

转折性重音有时也会落在表示转折关系的词语上，如"然而…但是…可是…却"等。例如：

巴尼拿起手边的斧子，狠命朝树身砍去。可是，由于用力过猛，砍了三四下后，斧子柄便断了。

6）强调性重音。

这种重音的运用主要是为了突出作品中重要的、关键的词语。强调性重音的位置是不固定的，随需要强调的意思而移动。强调性重音落在不同的词语下，表达的语意也随之发生变化。

强调性重音不一定每句话中都有，朗读时要根据具体的语境和表情达意的需要灵活确定。例如：

可是，在北中国的冬天，而能有温晴的天气，济南真得算个宝地。

那又浓又翠的景色，简直是一幅青绿山水画。

这是一个多雪的冬天。燕山银装素裹，引滦战士住的营帐变成了一只只巨大的白蘑。指导员陈庆辉踏着积雪从工地回来。

重音通常可以采取加强音量、提高音高、拖长字音、一字一顿、重音轻读等方法。例如：

北京是美丽的城市，她也流传着许多美丽的故事，钟鼓楼的大钟，就是很感人的。

心口呀莫要这么厉害地跳，灰尘呀莫要把我眼睛挡住了，手抓黄土我不放，紧紧贴在心窝上，几回回梦里回延安，双手搂定宝塔山。

大雪整整下了一夜。

家乡的桥啊，我梦中的桥！

祖国啊，我亲爱的祖国！

这是胜利的预言家在叫喊：让暴风雨来得更猛烈些吧！

2. 语气

语气是指在某种特定思想感情的支配下朗读语句的具体语音形式。也就是说，朗读中语气的构成包括两个方面：一是某种特定的思想感情；二是某种特定的具体的语音形式。作品中的语句总是要表达一定的思想感情的，总是带有某种感情色彩的；或赞扬，或反对；或严肃，或活泼；或悲伤，或高兴等。朗读时特定语句感情色彩的处理，既受全篇作品总体感情基调的制约，同时又体现出不同于其他语句的差异性，从而形成朗读整篇作品时语气的丰富多变。

（1）特定的思想感情。语句的感情色彩主要是通过声音气息的变化表现出来的。

1）喜爱的感情。

一般要读得"气徐声柔"，轻快流畅。例如：

小鸟的影子就在这中间隐约闪动，看不完整，有时连笼子也看不出，却见它们可爱的鲜红小嘴儿从绿叶中伸出来。

忽然有个更小的脑袋从叶间探出来。哟，雏儿！正是这小家伙！

2）悲伤的感情。

一般要读得"气沉声缓"，有一种迟滞感。例如：

可万万没有想到，这么一位在艺术上日趋辉煌、前途不可估量的小"猴娃"，竟然被白血病这个病魔无情地夺走了生命，年仅16岁。他的英年早逝，着实令人痛惜不已。

3）激愤的感情。

一般要读得"气粗声重"，语速稍快。例如：

苍天之下，千百万尚未出生的人的命运取决于我们这支军队的勇敢和战斗。敌人残酷无情，我们别无他路，要么奋起反击，要么屈膝投降。因此，我们必须下定决心，若不克敌制胜，就是捐躯疆场。

4）紧张的感情。

一般要读得"气提声凝"，给人一种紧缩感。例如：

我的心绷得紧紧的。这怎么忍受得了呢？我担心这个年轻的战士会突然跳起来，或者突然叫起来。

5）希望的感情。

一般要读得"气多声放"，有伸张感。例如：

我相信这一场十分及时的大雪，一定会促进明年春季物，尤其是小麦的丰收。

身长翅膀吧，脚生云，再回延安看母亲！

（2）特定的语音形式。语气的具体语音表现形式叫语势。语势表明语流中语音形式的状态和趋向。语势主要有以下六种形态：

1）上山类：形如上山，渐次升高。例如：

让暴风雨来得更猛烈些吧！

2）下山类：形如下山，逐渐下降。例如：

我就是这样学会游泳的。

3）平缓类：形如水平，保持平直。例如：

在我依稀记事的时候，家中很穷，一个月难得吃上一次鱼肉。

4）半起类：形如上山至山腰，气提声止。例如：

你猜这个穿军装的人是谁？

5）波峰类：形如水波，中间凸起。例如：

天冷极了，下着雪，又快黑了。

6）波谷类：形如水波，中间凹陷。例如：

我是太阳底下最幸福的人。

语调的曲折性规律，表现在有声言语中，就是语句的行进趋向和态势，语势可以用图形表示出来。如《卖火柴的小女孩》开头一句：

"天冷极了，下着雪，又快黑了。"这是一般陈述句，但它的语调绝不是平直的。起始"天"字为中3度，"天"后一顿，给全句重音"冷"带来一股寒气，同时达到全句最突出点4.5度。稍停后下滑，"雪"字稍微高于"天"字半度，"黑"又下降，为全句最低点2度。这样处理，会使人感到全句错落有致，参差有别，语境"冷"的气氛，明显地表露了出来。如果按陈述句平直调处理，会显得呆板、失色。

3. 节奏

朗读者在对作品内容的理解、感受中，其思想感情处于一种活动状态。体现在有声言语的表达上，就产生了快与慢、抑与扬、轻与重、虚与实等种种回环交替的声音形式。这种思想感情所决定的抑扬顿挫、轻重缓急的回环交替的声音形式就是节奏。

节奏不是硬性加工出来的，而是由一定思想感情的起伏造成的，是由文章的众多词句、众多层次的推进而形成的。节奏包括速度，速度是构成节奏的重要内容，但节奏不完全等于速度。节奏是就整篇作品而言的。

节奏有紧张型、轻快型、高亢型、低沉型、凝重型和舒缓型。其主要特点是：

紧张型——急促、紧张、气急、音短，例如《我的战友邱少云》。

轻快型——多扬少抑、轻快、欢畅，例如《春》。

高亢型——语势向高峰逐步推进、高昂、爽朗，例如《海燕》。

低沉型——语势郁闷、沉重、语音缓慢、偏暗，例如《卖火柴的小女孩》。

凝重型——多抑少扬，语音沉着、坚实、有力，例如《最后一课》。

舒缓型——气长而稳，语音舒展自如，例如《小鸟的天堂》。

如《卖火柴的小女孩》为抑扬交替，以抑为主，低沉型节奏。

评析：

"冷"与"饿"是作品的一条明线，也是小女孩不可能解脱的痛苦，就像一根火柴要取走那黑夜寒冷一样的不可能。所以，她只能在幻想中进入天堂——大年夜冻饿而死。作者用了幻境中的"大火炉""烧鹅""圣诞树"与现实中的寒冷、饥饿、痛苦形成强烈对比。这些幻境似乎真的存在，伸手即可得到一般。但是幻境破灭后，倍觉现实生活的冷酷无情。在节奏上要造成"幻境破灭"后的反差。即由扬转抑，也可以说是"欲扬先抑"，又扬渐扬，更扬，突然最抑，一个回环交替，又一个回环交替，最后落入"低沉型"节奏之中。

朗读者要学会技巧，运用技巧，但应停留在准备朗读阶段。朗读一开始，要把所有的表达技巧统统抛开。注意力应完全集中到朗读内容和朗读目的上来。运用技巧，又不给人以任何雕琢、造作的感觉，才称得上是一名优秀的朗读者。

朗读中所有的表达方法都能为口语表达所借鉴。我们可以巧妙地运用表达技巧，从而达到提高口语表达的能力。

第二节　朗读练习

一、语段训练

（1）宽阔的天安门广场沐浴在灿烂的阳光中，显得分外雄伟庄严。

（2）啊！祖国明媚的春天，滋润着我的心田，春光洒遍了人间，春色布满了河山。

（3）正在这时，大雨点噼里啪啦地打下来。

（4）人们在倾听，倾听，倾听着震撼世界的声音：中华人民共和国成立了！中国人民从此站起来了！

（5）霎时间，海上涌起滔天巨浪，无数海燕，冲天起舞。

（6）正当我们尽兴而返的时候，天渐渐黑了。霎时间，四面八方，电灯亮了，像千万颗珍珠飞上了天！这排排串串的珍珠，叫天上银河失色，叫满湖碧水生辉。

（7）别嚷，快看哪！太阳露出头顶了，太阳露出眉毛和眼睛了，太阳跳出来了，太阳离开了大地，升起来了！升起来了！

（8）天热得发了狂，太阳一出来，地上已经像下了火。院子里一点儿风也没有，闷得人透不过气来；柳树也像得了病，叶子在枝上打着卷儿；马路上干巴巴地发着白光，烫着人的脚；真是处处干燥，处处烫手，处处闷得人喘不过气来。

（9）生活中，常会碰上一些不称心的事：进商店时，可能因售货员出言不逊而恼火，下饭馆时，可能因服务员态度冷淡而扫兴……作为一个顾客，谁不希望对方笑脸相迎，受到文明礼貌的接待呢？因别人的服务态度不热情而不快的顾客，也许是位公共汽车的售票员，也许是位医生、护士，也许是位党政机关的干部……当你在接待乘客、病员、群众时，是否也曾想到自己当顾客时的处境和心情？中国有句老话："己所不欲，勿施于人。"英国有句名言："所谓以礼待人，即用你喜欢别人对待你的方式对待别人。"当你处于为他人服务的位置时，应该反躬自问：有没有出言不逊？是不是面色难看？要使整个社会的服务态度好起来，需要每个人从改善自己的服务态度做起。

（10）世界上最早的记者，是在欧洲的威尼斯诞生的。十六世纪的威尼斯是欧洲的经济中心，商业活动非常频繁，各国商人、银行家以至达官贵人等都纷纷来到这里，进行商业竞争或享受资本主义繁华的生活。他们聚集在城里，迫切需要了解和掌握涉及切身利益的世界各地消息。这样，有些人便投其所好，专门采集有关政治事件、物价行情、船舶启航等方面的消息，或手书成单篇新闻，或刊刻成报纸，然后公开出售。人们根据他们工作的特点，分别称他们为报告记者、新闻记者、报纸记者，这些专以采集和出卖新闻为生的人，就是世界上最早的职业记者。

（11）科学证明：伸懒腰时，两手上举，肋骨上拉，胸腔扩大，使膈肌活动加强，引起深呼吸。这既可减少内脏对心肺的挤压，有利于心脏的充分活动，又能促进全身血液循环，从而改善睡眠和紧张工作学习后的血液分布，尤其是人脑组织，虽其重量仅占体重的1/50，但需氧量却占全身需氧量的1/4。可以说，伸懒腰是消除疲劳、焕发精神、促进体力和健康的一种积极活动。

二、短文训练

lìng rén fèi jiě de duì lián
令　人　费　解　的　对　联

xiāng chuán míng dài zhù míng de wén xué jiā　shū huà jiā xú wèi wèi le gào jiè zǐ
相　传　明　代　著　名　的　文　学　家、书　画　家徐　渭　为　了　告　诫　子
sūn kè kǔ xué xí　wǎn nián céng zhuàn xiě le yī fù lìng rén fèi jiě de duì lián　guà zài
孙　刻　苦　学　习，晚　年　曾　撰　写　了　一　副　令　人　费　解　的　对　联，挂　在

hòu bèi de shū fáng lǐ　duì lián shàng xiě zhe
后 辈 的 书 房 里。对 联 上 写 着：

　　　　hǎo dú shū　bù hǎo dú shū
　　　　好 读 书，不 好 读 书

　　　　hào dú shū　bù hǎo dú shū
　　　　好 读 书，不 好 读 书

　　tā de zǐ sūn hé lái kè chū jiàn zhè fù duì lián　dōu bù zhī dào shì shén me yì si
　　他 的 子 孙 和 来 客 初 见 这 副 对 联，都 不 知 道 是 什 么 意 思，
jiù pǎo qù wèn　xú wèi zǒng shì lǔ zhe hú xū xiào ér bù yǔ　hòu lái　dāng dà jiā wù chū
就 跑 去 问，徐 渭 总 是 捋 着 胡 须 笑 而 不 语。后 来， 当 大 家 悟 出
zhè fù duì lián de yì si hòu　wú bù pāi shǒu jiào hǎo
这 副 对 联 的 意 思 后，无 不 拍 手 叫 好。

　　yuán lái　cǐ lián de shàng lián shì shuō　nián shào zhī shí　ěr cōng mù míng　jīng
　　原 来，此 联 的 上 联 是 说：年 少 之 时，耳 聪 目 明， 精
lì chōng pèi　shì dú shū de hǎo guāng yīn　zhè shì　hǎo dú shū　kě xī zhè shí bù zhī
力 充 沛，是 读 书 的 好 光 阴，这 是"好 读 书"；可 惜 这 时 不 知
dú shū de zhòng yào　zhǐ gù xī shuǎ ér bù xǐ huān dú shū　jiù shì　bù hǎo dú shū
读 书 的 重 要，只 顾 嬉 耍 而 不 喜 欢 读 书，就 是"不 好 读 书"。
xià lián shuō de shì　nián lǎo shí　zhī dào le dú shū de zhòng yào ér　hào dú shū　le
下 联 说 的 是：年 老 时，知 道 了 读 书 的 重 要 而"好 读 书"了，
què yīn ěr lóng yǎn huā　jì yì lì shuāi tuì ér lì bù cóng xīn　bù hǎo dú shū　le
却 因 耳 聋 眼 花、记 忆 力 衰 退 而 力 不 从 心，"不 好 读 书"了。

　　zhè fù duì lián suī shuō shàng xià wén zì xiāng tóng　dàn shì yīn wèi shēng diào bù
　　这 副 对 联 虽 说 上 下 文 字 相 同，但 是 因 为 声 调 不
tóng　yì si jiù jié rán xiāng fǎn le　tā zǒng jié le qián rén dú shū de jīng yàn jiào xùn
同，意 思 就 截 然 相 反 了。它 总 结 了 前 人 读 书 的 经 验 教 训，
shì yì piān yǔ zhòng xīn cháng　qíng yì zhēn qiè de　quàn xué　wén
是 一 篇 语 重 心 长 、情 意 真 切 的"劝 学"文。

　　　　kǒng zǐ jiǎng　pǔ tōng huà
　　　　孔 子 讲"普 通 话"

　　wǒ guó dà jiào yù jiā kǒng zǐ　zǎo zài chūn qiū shí qī jiù yòng nà shí de　pǔ tōng
　　我 国 大 教 育 家 孔 子，早 在 春 秋 时 期 就 用 那 时 的"普 通
huà　duì dì zǐ jìn xíng jiào xué le　jù lún yǔ shù ér　jì zǎi　zǐ suǒ yǎ yán　shī
话" 对 弟 子 进 行 教 学 了。据《论 语 述 而》记 载：子 所 雅 言，《诗》
shū zhí lǐ　jiē yǎ yán yě　shén me jiào　yǎ yán ne　yǎ jiù shì　zhèng　de yì
《书》执 礼，皆 雅 言 也。什 么 叫"雅 言"呢？"雅"就 是" 正 "的 意
si　zhèng yán　jiù shì shè huì jiāo jì zhōng de　biāo zhǔn yǔ　yě jiù xiāng dāng yú
思," 正 言"就 是 社 会 交 际 中 的"标 准 语"，也 就 相 当 于
jīn tiān suǒ shuō de　pǔ tōng huà
今 天 所 说 的"普 通 话"。

　　kǒng zǐ bù yòng fāng yán tǔ yǔ　ér yòng　pǔ tōng huà　jìn háng jiào xué　shì qià
　　孔 子 不 用 方 言 土 语，而 用"普 通 话" 进 行 教 学，是 恰

合当时客观实际的需要的。他兴办私学，广收门徒，周游列国，讲学四方，如果满口鲁国陬邑（今山东曲阜）的家乡土话，那怎么能让列国的学生听得懂呢？他非得用当时的"普通话"——雅言来宣传儒家治国、平天下的政治思想，这也是他的学说得到广泛传播与继承的一个重要原因。

漓江春雨

人都说："桂林山水甲天下，阳朔山水甲桂林，"于是，我们乘着木船，荡舟漓江上，从桂林到阳朔去看风景。

我看见过层波叠浪的大海，也欣赏过水光潋滟的西湖，却从没看见过漓江这样的水。漓江的水真静啊，静的让你感觉不到它在流动；漓江的水真清啊，清得可以看见江底的沙石；漓江的水真绿啊，绿的仿佛那是一块完整无暇的翡翠。只有船桨激起一道道水纹，扩散出一圈圈的漪澜，才让你感觉到船在前进，岸在后移。

我攀登过峰峦雄伟的千山，我也跋涉过山脉逶迤的燕山，却从来没有看见过桂林这样的山。桂林的山真奇呀，奇得让你比拟不尽，像老人，像巨像，像骆驼，奇峰罗列，形态万千；桂林的山真秀呀，秀得让你情

164

意缠绵，像翠屏，像芙蓉，像玉笋，重峦叠彩，绮丽清秀；桂林的山真险啊，危峰兀立，怪石嶙峋，好像一不小心，它就会栽倒下来似的。

"江作青罗带，山如碧玉簪。"这样的山拱围着这样的水，这样的水倒映着这样的山，再加上空中云雾迷蒙，山涧绿树红花，江面上蓑笠渔人，白鹭竹筏，让你感到这是走进了一卷连绵不断的画卷中来了。真正是"舟行碧波上，人在画中游"。

第十二章 说话的训练

说话是社会生活中人们互相传递信息、沟通感情的一种最简便、最常用的交际方式。这里讲的说话是指一个人在各种需要说话的场合，不用写稿就能不失时机地"脱口而出""出口成章"说上三五分钟甚至十几分钟的话。说话分为主动式和受动式。主动式的说话多为即兴讲话。比如，在各种会议或座谈讨论，临时应酬的各种致辞，主持一些活动的现场讲话，某些情景诱发下产生的感言等。受动式的说话是受别人要、提议而发表的。比如，在各种会议临时应邀发言、回答人们的现场提问、竞赛中当场命题的演说、测试中的口试和答辩等。这些说话在日常生活中和社会交往中的应用越来越广泛，提高说话能力和技巧也越来越为人们所重视。

说话作为普通话水平测试的试题之一，就是考查应试者在没有文字凭借的情况下，说普通话的能力和所能达到的规范程度。说话以单向说话为主，必要时辅以主试人和应试人的双向对话。

第一节 说话的特点

一、即时性

说话事先无法准备，是即时性说话。在抽到话题后，应试人只能在较短的时间内打"腹稿"，在确定话题之后，必须把思想内容条理化，把思维转换成外部语言。由于没有充足的思考、斟酌的时间，这个"腹稿"往往是粗线条的，不太完整。在诉诸语音表现出来的时候，常常是脱口而出，现想现说，这就是说话的即时性。

二、综合性

从抽到话题开始构思到用口语表达出来这一过程，实际上是对应试人各种能力、素质的全面考查，如思维能力、认识能力、组织语言的能力。运用各种语音技巧能力以及社会生活经验、心理素质、文化修养等。说话不可能写出成稿，又有不容修改的特点。说话中内容、词语出现偏差无法更改，这对说话人提出了更高的要求。

三、口语化

说话是口语，口语与书面语的差别是说话口语化。口语化首先表现为说话中使用的词汇上，如在书面语言中使用"父亲""夜晚""头颅"，而在说话中则说成"爸爸""晚上""脑袋"。口语化还表现在说话时句子形态的简约和松散。简约是指说话时短句多，省略句多（省略主语、谓语、宾语或介词、连词等），修饰语少，尤其是多层次、较长的修饰语少。例如：

昨天，小王买了一件蓝颜色的特别合身的绒衣。（书面语）

昨天，小王买了件蓝色绒衣，特别合身。（口头语）

松散主要指口语中词语之间的停顿较多。

第二节　说话的要求

一、选择话题，内容切实

选择好说话的题目是应试取得成功的关键所在。说话的题目一般规定为两题任选其一，有经验的人总能迅速选择与自己和生活贴近的事或关系亲近的人来叙述，这样容易做到言之有物，言之有序。

二、思路清晰，语脉连贯

说话是临场发挥，它在主体的鲜明性、材料的新颖性和语言感召力等方面没有严格的要求，只是要求应试人围绕确定的中心，流畅地说上一段为时 3～4 分钟的普通话。应试人在确定说话中心后要有一个用普通话思维的清晰思路，安排好说话的层次，再用普通话表达出来，始终保持语脉连贯、语流畅达。做到说话连贯、语调自然，不要因怕说错或中断而一个字、一个字往外"挤"；要尽量克服平时说话中习惯加进的"嗯""啊""这个吧""完了吧"等口头语。

三、表达准确，语态得体

说话着重考查的是应试人说普通话的语音标准程度和词语的规范程度，在围绕中心说话的同时，要重视发音准确、吐字清晰、声音响亮；轻声、儿化、变调等处理正确无误；停连、重音、节奏等与说话内容相符。用词准确、恰当，不使用方言词汇，句式符合口语习惯和语法规范。如果一味重视内容充实、语言精美，而忽略语音的准确，又容易使尚未完全改造彻底的方音"露出马脚"。

语态得体是指不要实现把话题写成文后死记硬背，这样会给人"背稿"的感觉（这是不符合说话要求的），但也不能过于随意，造句既要是规范的口语，又要尽可能口语化，自然得体。所以说话有一定的难度，要求应试人对《普通话水平测试大纲》规定范围内的话题在测试前做一定的准备工作。

第三节　说话的准备

测试说话的过程，实际上是一个审题、构思、表达的过程，在说话前做好准备工作非常重要。

一、审题

抽到题签后，首先要审题。看一看话题是属于介绍类的还是评述类的。如："我的父亲"是属于介绍类的话题，"说勤俭"是属于评述类的话题。然后进一步分析话题的要求：如果是介绍类的话题，就要弄清话题要求说的是人还是事。说什么样的人，什么范围，什么时间的事；如果是评述类的话题，要弄清话题要求是有关国家、社会的大事，还是有关公德、生活的具体问题，在分析理解了话题要求之后，才能确定说话的目的和中心。

二、选材

确定了说话的中心之后，还要选择好材料。说话的选材，跟写文章一样，要选择能表现中心思想的材料。选材要注意选择真实的材料，只有真实的材料才能调动起自己的真情实感，才能使自己的表达自然流畅；选材还要注意选择典型材料，只有典型的材料才能有说服力，才能引起听者的兴趣，增强感染力。

三、构思

有了说话的材料之后，还要组织好这些材料，安排好说话的结构。说话的结构一般分为开场白、主体和结束语三部分。

（1）开场白。开场白是说话的开头。好的开场白可以打开场面、活跃气氛、引起听者的兴趣。开场白的形式是多样的：有的开门见山地亮出观点，直截了当地揭示主题，突出中心；有的讲述一段趣闻，提出一个新奇的问题，引人入胜；有的提出不同的观点，发人思索；有的背诵谚语诗词等，活跃气氛。

（2）主体。主体是说话的主要部分，讲述事情、阐明观点，表达情感都要依赖这一部分。口语表达有稍纵即逝的特点，听者不可能在短时间内分析思索和理解。说话的主体部分要以较快理解为前提，因为要交代清楚时间、地点、人物、事情经过，条理清晰，结构严密。主体部分进一步提高要求，做到节奏多变，波澜起伏，才能扣人心弦，产生好的结果。

（3）结束语。好的结束语可以给听众留下完整、深刻的印象和回味的余地。结束语可以是对内容的总结和概括，也可以抒发感情或发出号召。结束语要简洁有力、朴实自然。

第四节　说话的类型

说话答题可以分为介绍和评述两大类。

一、介绍类

介绍主要有自我介绍、介绍他人和介绍事物3种。

1. 自我介绍

自我介绍包括介绍自己的自然情况、职业特点、特长爱好、脾气性格、学习情况、业余生活、婚姻状况、家庭生活等。例如话题"我的业余爱好"。

2. 介绍他人

介绍他人包括介绍自己的家庭成员和其他亲属、邻居、同事、老师、同学以及一些对自己影响较大、印象深刻的人等。例如话题"值得我敬佩的一个人"。

3. 介绍事物

介绍事物包括的范围很广，如介绍某处景物、某书本、某部电影，介绍家乡的风俗、特产、新变化，还包括介绍自己听到、看到、亲身经历的某件事等。例如话题"我最爱读的一本书"。

二、评述类

评述就是阐述自己对某一论题的认识、看法，也包括就某一现象或某种观点发表见解、表明态度等。

要说好评述类话题，应注意以下几点：

要根据话题提供的论题或提出的要求，确立好正确、鲜明的论点。有时话题给出的是一个有争议的或认识上有偏差的甚至是错误的观点，就更需要我们认真分析，仔细辨别。

要围绕确定的论点选择恰当的论据。用作论据的材料必须真实可信，有说服力。作为论据的材料有两类：一类是事实论据；另一类是理论论据，二者经常配合运用。

限于话题说话的时间（3分钟之内），对某个论题的论述不可能非常全面、细致，因此要注意突出重点。

普通话水平测试

第十三章　字词测试

　　普通话水平测试一律采取口试。字词测试内容包括"单音节字词"和"多音节词语"两部分内容。

第一节　单音节字词

一、测试用字（模拟）

1. 第一组

条　广　句　冬　城　刷　哈　药　献　脏
百　坐　列　让　地　登　穷　硬　很　歌
脚　给　乱　浓　鹅　而　坐　纸　热　群
抽　肉　坑　矿　够　软　凑　最　决　由
杂　骗　后　斤　缩　来　解　应　忆　由
只　寸　层　间　老　尺　十　养　自　秋
团　办　再　玫　矮　鼓　组　刮　滚　静
泥　躺　丝　静　色　且　捞　叫　夜　掀
花　弄　杂　岸　抽　拐　图　晒　缺　元
旗　聊　亮　败　吨　少　填　软　红　洗

2. 第二组

拉　课　直　帆　嚷
得　卡　合　狼　砍
事　字　尺　曾　郑
晒　耳　死　钩　爱
谋　磁　擦　肺　背
奔　涝　神　挖　鼓
好　耕　极　似　演
抵　掐　峡　扑　夸
帖　前　间　休　泼
篇　捏　挑　笑　秋

刷雄女旅群
瘸绢旋日以
动党全续穷
魔伙寻趋吞
如总拱从钻
径广矿桩摔
摆讲春昏翁
乒明窜算原
娘强堆龟吹
您禁着坏揣

3. 第三组

当端杀办田接破举临速
广陪长够伞字撒滑在组
走追入拆卖改好初龙金
贵祝你穷铁全换根苦怪
飘帮色想捕烧金糖催豆
缩醋慌占天说落检经厚
弱容白略戴追监黑梦零
拔车早且飞而监雄黑女
考绕让怎没家通春款日
类藏很横剥鸟母抱窄洞

4. 第四组

专旋算撒黄条旁扭渠志
盒损竿丑六抱别挂谁缩
拔翁寻俊短牌南钱入票
奏喽盛据毛甜扣扔枪密
兄馋吞伙美烂起接怪冻
夸操圈子推捆认台年吗
霜私迎酿路声层你放费
斗觉租腹臭而好根庙同
炸侧殿罚劝三块夹披跪
丙财还师涌伸类让定逛

5. 第五组

肺君营仇酸获翁揍合伞
忍嚷荒列前贵如难累胖
米桶足娘惩屯掘伐砖凶
曾退流号家抬拐光排口
妙洞籽悬捐失抖槽测垮
所录段质跟灭念区田快
防飘训搂垫笋负扯才丙
二全猫升仍泥顶水蓝饱
牛骂甘撕双挽拒换闸播
用愁每身齐刮四墙困挑

二、测试指导

1. 应注意的问题

（1）读的顺序要从左到右横行读，千万不要读串行。

（2）如果括弧里面有字，起提示作用，不读。

（3）注意音节间要有间歇。就是指音节间要有空隙，否则会产生音变现象或音节发音不完整。

（4）音节发音要完整。

（5）语速适中，语速过快会造成发音不到位，语速过慢则可能超时。

2. 扣分点说明

（1）语音错误：

1）单音节排除轻声和儿化，读成轻声、儿化音节，就以错误扣分。

2）因字形相近而读错。例如："棒"和"捧""霎"和"雯"等。

3）因词组习惯连读而将"甲"读成"乙"。例如：将"展"读成"览"，将"均"读成"匀"等。

4）将音节中的声母、韵母或声调读错。例如：将 zh、ch、sh 读成 z、c、s；将 f 读成 h；将 ing、eng 读成 in、en；还有声调阴阳上去四声混淆等。

（2）语音缺陷：

1）音节没有发完整。

这一项的测试目的就是考查声韵调的发音。所以，声韵调都要发完整。特别是声调，它是贯穿在整个音节之中的，尤其要注意。不能按平时语流当中的读法来读。这里特别强调的是"上声"。在语流中我们读"上声"往往变成了半上。例如：我在运动场荡秋千。这里的"场"就是半上调值 21，但在读单音节的时候一定要读成全上 214。

2）声母、韵母发音不准确。

普通话 21 个声母都有准确的发音部位。如果发音部位不准确，那么声母的发音就不准确。例如：舌尖后音 zh、ch、sh、r 这一组，有的人发音过于靠前，我们称之为翘不到位；舌面音 j、q、x 这一组，有的人将这一组舌面音发成了舌尖音，即靠近 z、c、s，我们称之为尖音等，这些都将作为发音缺陷扣分。同样，韵母的问题也很多。例如，单韵母发音不到位，复韵母动程不够，鼻韵母的后鼻韵发成了前鼻韵等。

第二节 多音节词语

一、测试用词（模拟）

1. 第一组

广场	滑冰	遵守	餐厅	然而	材料	蔬菜	安静	墨水儿
商品	谢谢	代替	但是	差点	电视	宿舍	豆腐	小鸟儿
所有	参观	根本	安全	白天	祖国	暖和	爱情	聊天儿
草原	工具	骨头	高兴	品种	真实	邻居	产生	心眼儿

增加　新闻　顺利　创作　选举　支持　日常　身体　战胜

上证所　中转站　字字珠玑

2. 第二组

皮肤　操场　嗓子　道德　跳舞　尊敬　广播　庄稼　小孩儿

综合　森林　曾经　虽然　爸爸　缺点　供给　篮球　干活儿

活泼　增加　而且　参观　新闻　着急　国家　安全　邮戳儿

暂时　师傅　迅速　锻炼　担心　损失　旅客　按照　大伙儿

汉语　欢送　存在　使用　全体　强烈　征服　杂技　担心

摄制组　暂住证　互诉衷肠

3. 第三组

懒惰　穷苦　身子　劝说　军备　论证　恰当　商榷　纳闷儿

描绘　走访　区域　柜台　察觉　壮烈　嘴巴　胸膛　笔杆儿

阵容　节日　舌头　归还　始终　手指　综合　似乎　号码儿

所有　特此　黑板　漂亮　广泛　观点　判断　快乐　落款儿

平等　选择　迅速　牛奶　耳朵　草地　病人　银行　抽象

造纸术　自治州　载入史册

4. 第四组

尺子　拳头　循环　而后　闪烁　夸奖　别扭　徘徊　大碗儿

衰弱　恰当　穷人　隐藏　会计　昆虫　盲从　思潮　光棍儿

确凿　福气　仍然　能源　军事　随便　模仿　悲痛　包干儿

美好　塑料　修改　兄弟　调整　盼望　迫切　楼梯　差点儿

宣传　绝对　孙女　门口　铁路　举行　总理　庄稼　作者

再生产　搜神记　如痴似醉

二、测试指导

1. 应注意问题

（1）读的顺序要从左到右横行读。

（2）注意按词分读，不是按字分读。一个多音节词语其前后音节具有不可分割的连续性和紧密性。

在普通话水平测试中，应试人由于过分注重音节声母、韵母、声调的到位，往往把两个多音节词语切割开，按字分读，把一词一顿变成了一字一顿，破坏了多音节词语的整体性。

朗读时应注意词语连贯性，词与词之间要分开，字与字之间不要分开，一个词语不能拆成单音节字朗读。

（3）语速适中，语速过快会造成发音不到位，语速过慢则可能超时。

2. 扣分点说明

此项中，除了在单音节中提到的错误和缺陷外，还应注意以下几个方面：

（1）注意多音节词语中上声调的读音变化。

读"多音节词语"这一项测试目的除了考查声、韵、调外，还要测查应试人的变调，其中上声变调是重点。

关于"上声"的出题要求是：上声与上声连读的词语不少于 3 个；上声（在前）和其他声调（阴平、阳平、去声、轻声）连读的词语不少于 4 个。上声是降升调，它的调值是 214，它在单念或词末尾时要读原调，此外均要发生变调。

朗读时应该注意：

第一，多音节词语末一个音节是上声时，必须念完整（轻声词除外）。如："根本""体育馆""眉飞色舞"等，其末一个音节调值应该念 214，哪怕是儿化词语，如"门槛儿""没谱儿""烟卷儿"等也应该到位。应试人往往不注意或因为朗读语速较快容易误读为 211，只降不扬。

第二，上声在四声前都应该产生变调。上声在阴平、阳平、去声前，念半上，如："紧张""野蛮""跑步"等，前一个音节上声调均要发生音变，读作半上 211 调，在词语朗读不连贯按字分读时容易误读为 212；上声在上声前，念阳平，如"粉笔""偶尔"，调值应该是 35+214，朗读时容易把前一音节读成半上，而末音节误读为阳平，即误读为 211+35。

（2）注意轻声词的判定并准确朗读。

"读多音节词语"这一项测试，其出题要求是"轻声词语不少于 3 个"。这里出现的轻声词语往往是没有规律可循的，是"必读轻声词语"和"重次轻格式词语"，即朗读时归结为"重·轻"格式的词语。此类词语需要应试人平时不断积累，特别记忆。

在测试中，3 种情况必须引起注意：

第一，该读轻声的不读轻声，不该读轻声的却读轻声，轻声与非轻声混淆。如"苗条""活泼""云彩"是轻声词语，往往会判定为非轻声词语；"破坏""敌人""情况"是非轻声词语，容易误认为是轻声词语，因此误读。

第二，受轻声词语"重·轻"格读音的干扰及其惯性的影响，把排列在轻声词语后面非轻声词语也读成"重·轻"格。

第三，轻声词语能够准确判定却不能准确朗读。轻声的性质跟一般声调不同，一般声调的性质主要取决于音的高低，轻声则主要取决于音的强弱与长短。轻声音节的特点是发音时用力特别小，音量特别弱，音长特别短，轻声音节一般跟在与其相应的音节后面，连着念出来。如"谢谢 xiè（强、长）-xie（弱、短）""老实 shí（强、长）-shi（弱、短）"。

（3）注意儿化词语的朗读。

对于儿化词语，这一项的出题要求是不少于 4 个。它都有明显的外在形态作为标志：词尾带有"儿"字（像"女儿""健儿"这样特殊的例外）。有"儿"的词语就儿化，没有"儿"的词语不要随便儿化。

朗读时有的词语受习惯势力的影响，容易添加。如："君子""早点""口头"等，受平时练习的"瓜子儿""石子儿""一点儿""有点儿""差点儿""老头儿""年头儿"等的影响，就容易把"君子"读成"君子儿"，把"早点"读成"早点儿"，把"口头"读成"口头儿"。应该说，是否读儿化，不存在像判断是否轻声词语那样困难，其关键是怎么样读好。

要读好儿化词语，要注意 3 点：

第一，不要把"儿"音节与前面的音节割裂开来，像"加塞儿"，它是三个汉字代表两个音节，朗读时，只要在发"sāi"韵母的同时加上一个卷舌动作即可，"er"与韵母"ɑi"不能脱落，应该连成一个音节，读 sāir。

第二，注意儿化词语末一音节儿化后的声调应与原声调一致。如"纳闷儿"，末一音节"闷 mèn"是去声调，调值是 51，儿化"闷儿 mènr"也应该为去声，朗读时，受"儿"原阳平声调 35 的影响，容易造成儿化韵音节声调的缺陷，把 mènr 降调误读成降后又有上扬的趋势，即调值由原来的 51 变为 513。

第三，朗读儿化词语，因为平时运用不多，又加上练习不够，舌头不听使唤，总是卷不起来，读起来特别生硬，因此往往会不自觉地用重读来强调儿化韵。

（4）注意词语中的"一""不"的变调。

"一"的本调是阴平，"不"的本调是去声。"一""不"在语流中出现要变调，同样，在词语中也应该音变，不能读原调。应试人在测试时因为注意力较多的集中在字音的准确上，往往会忽视"一""不"的变调问题。

"一""不"变调规则记住四句话："单说句末念本调""去声前面念阳平""非去声前念去声""夹在词中念轻声"。如"第一"读 yī，"不至于"读 bú，"一丝不苟"读 yì、bù，"不可一世"读 bù、yí。

另外，儿化词语也应该注意音变，如"一会儿"读 yí，"一点儿"读 yì。

（5）注意词语前后音节声调的高低差异。

在普通话水平测试过程中发现，对于双音节词语朗读中的声调问题注重的多是双音节词语各自音节声调的高低升降，而往往忽视前后音节高低升降的差异变化。双音节词语的朗读，由于前后音节之间具有不可分割的连续性和紧密性，后一音节的声调读音容易受前一音节声调高低的影响，使得后一音节的声调误读。如"参加"，其调值是 55+55，即前后音节都是高平调，它们的起音和收音一样高，都是由 5 度到 5 度，发音高而平。朗读时，后一音节的声调的音高容易支撑不住，使其低于前一音节声调的读音，即由原来的 55+55 误读为 55+44 或 55+33。再如"连夜"其调值是 35+51，前一音节的收音和后一音节的起音一样高，都处在高 5 度位置。朗读时，后一音节的起音往往升不到前一音节尾音相同高的位置，而与前一音节的起音相同，即由原来的 35+51 误读为 35+31。

第十四章　朗读测试

第一节　测试用作品

作品 1 号

白杨礼赞（节选）　茅盾

那是力争上游的一种树，笔直的干，笔直的枝。它的干呢，通常是丈把高，像是加以人工似的①，一丈以内，绝无旁枝；它所有的丫枝②呢，一律向上，而且紧紧靠拢，也像是加以人工似的，成为一束，绝无横斜逸出；它的宽大的叶子也是片片向上，几乎没有斜生的，更不用说倒垂了；它的皮，光滑而有银色的晕圈，微微泛出淡青色。这是虽在北方的风雪的压迫下却保持着倔强③挺立的一种树！哪怕只有碗来粗细罢，它却努力向上发展，高到丈许，两丈，参天耸立，不折不挠，对抗着西北风。

这就是白杨树，西北极普通的一种树，然而绝不是平凡的树！

它没有婆娑④的姿态，没有屈曲⑤盘旋的虬枝⑥，也许你要说它不美丽，——如果美是专指"婆娑"或"横斜逸出"之类而言，那么，白杨树算不得树中的好女子；但是它却是伟岸，正直，朴质，严肃，也不缺乏温和，更不用提它的坚强不屈与挺拔，它是树中的伟丈夫！当你在积雪初融的高原上走过，看见平坦的大地上傲然挺立这么一株或一排白杨树，难道你就只觉得树只是树，难道你就不想到它的朴质，严肃，坚强不屈，至少也象征了北方的农民；难道你竟一点儿也不联想到，在敌后的广大土//⑦地上，到处有坚强不屈，就像这白杨树一样傲然挺立的守卫他们家乡的哨兵！难道你又不更远一点想到这样枝枝叶叶靠紧团结，力求上进的白杨树，宛然象征了今天在华北平原纵横决荡用血写出新中国历史的那种精神和意志。

语音提示：

①似的 shì de　②丫枝 yā zhī　③倔强 jué jiàng　④婆娑 pó suō　⑤屈曲 qū qū
⑥虬枝 qiú zhī　⑦文中的"//"表示到此已达 400 字。后同。

作品 2 号

差别（节选）　张健鹏

两个同龄的年轻人同时受雇于一家店铺，并且①拿同样的薪水。

可是一段时间后，叫阿诺德的那个小伙子青云直上，而那个叫布鲁诺的小伙子却仍②在原地踏步。布鲁诺很不满意老板的不公正待遇。终于有一天他到老板那儿发牢骚了。老板一边耐心地听着他的抱怨，一边在心里盘算着怎样向他解释清楚他和阿诺德之间的差别。

"布鲁诺先生，"老板开口说话了，"您现在到集市上去一下，看看今天早上有什么卖的。"

布鲁诺从集市上回来向老板汇报说，今早集市上只有一个农民拉了一车土豆在卖。

"有多少?"老板问。

布鲁诺赶快戴上帽子又跑到集市上，然后回来告诉老板一共四十袋土豆。

"价格是多少?"

布鲁诺又第三次跑到集市上问来了价格。

"好吧，"老板对他说，"现在请您坐到这把椅子上一句话也不要说，看看阿诺德怎么说。"

阿诺德很快就从集市上回来了。向老板汇报说到现在为止。只有一个农民在卖土豆，一共四十口袋，价格是多少多少；土豆质量很不错，他带回来一个让老板看看。这个农民一个钟头以后还会弄来几箱西红柿，据他看价格非常公道。昨天他们铺子的西红柿卖得很快，库存已经不//多了。他想这么便宜的西红柿，老板肯定会要进一些的，所以他不仅带回了一个西红柿做样品，而且把那个农民也带来了，他现在正在外面等回话呢。

此时老板转向了布鲁诺，说："现在您肯定知道为什么阿诺德的薪水比您高了吧!"

语音提示：

①并且 bìng qiě　②仍 réng

作品3号

丑石（节选）　贾平凹

我常常遗憾我家门前那块丑石：它黑黝黝地卧在那里，牛似的模样①；谁也不知道是什么时候留在这里的，谁也不去理会它。只是麦收时节，门前摊了麦子，奶奶总是说：这块丑石，多占地面呀，抽空把它搬走吧。

它不像汉白玉那样的细腻，可以刻字雕花，也不像大青石那样的光滑，可以供来浣纱②捶布。它静静地卧在那里，院边的槐荫没有庇覆③它，花儿也不再在它身边生长。荒草便繁衍出来，枝蔓④上下，慢慢地，它竟锈上了绿苔、黑斑。我们这些做孩子的，也讨厌起它来，曾合伙要搬走它，但力气又不足；虽时时咒骂它，嫌弃它，也无可奈何，只好任它留在那里了。

终有一日，村子里来了一个天文学家。他在我家门前路过，突然发现了这块石头，眼光立即就拉直了。他再没有离开，就住了下来；以后又来了好些人，都说这是一块陨石，从天上落下来已经有二三百年了，是一件了不起的东西。不久便来了车，小心翼翼地将它运走了。

这使我们都很惊奇，这又怪又丑的石头，原来是天上的啊! 它补过天，在天上发过热、闪过光，我们的先祖或许仰望过它，它给了他们光明、向往、憧憬；而它落下来了，在污土里，荒草里，一躺就//是几百年了!

我感到自己的无知，也感到了丑石的伟大，我甚至怨恨它这么多年竟会默默地忍受着这一切！而我又立即深深地感到它那种不屈于误解、寂寞的生存的伟大。

语音提示：
①模样 mú yang　②浣纱 huàn shā　③庇覆 bì fù　④枝蔓 zhī màn

作品 4 号

达瑞的故事（节选）　　［德］博多·舍费尔

在达瑞八岁的时候，有一天他想去看电影。因为①没有钱，他想是向爸妈要钱，还是自己挣钱。最后他选择了后者。他自己调制了一种汽水，向过路的行人出售。可那时正是寒冷的冬天，没有人买，只有两个人例外——他的爸爸和妈妈。

他偶然有一个和非常成功的商人谈话的机会。当他对商人讲述了自己的"破产史"后，商人给了他两个重要的建议：一是尝试为别人解决一个难题；二是把精力集中在你知道的、你会的和你拥有的东西上。

这两个建议很关键。因为对于一个八岁的孩子而②言，他不会做的事情很多。于是他穿过大街小巷，不停地思考：人们会有什么难题，他又如何利用这个机会？

一天，吃早饭时父亲让达瑞去取报纸。美国的送报员总是把报纸从花园篱笆的一个特制的管子里塞进来。假如你想穿着睡衣舒舒服服地吃早饭和看报纸，就必须离开温暖的房间，冒着寒风，到花园去取。虽然路短，但十分麻烦。

当达瑞为父亲取报纸的时候，一个主意诞生了。当天他就按响邻居的门铃，对他们说，每个月只需付给他一美元，他就每天早上把报纸塞到他们的房门底下。大多数人都同意了，很快他有//了七十多个顾客。一个月后，当他拿到自己赚的钱时，觉得自己简直是飞上了天。

很快他又有了新的机会，他让他的顾客每天把垃圾袋放在门前，然后由他早上运到垃圾桶里，每个月加一美元。之后他还想出了许多孩子赚钱的办法，并把它结集成书，书名为《儿童挣钱的二百五十个主意》。为此，达瑞十二岁时就成了畅销书作家，十五岁有了自己的谈话节目，十七岁就拥有了几百万美元。

语音提示：
①因为 wèi　②而 ér

第二节　测试指导

朗读的考察目的是测查应试人使用普通话朗读书面作品的水平。重点考察语音、连读变化、停连、语调以及流畅程度等。朗读在测试中所占分值比重很大，因此，应试人事先必须投入精力，认真准备。

朗读应注意的问题：
①发音准确清晰，避免漏字、添字、错字的现象。

②不能回读。回读即返回来重复朗读。如果发现自己某个字读错了，错了就错了，不要再重读一遍这句话。反复的重读会造成不连贯，就会在流畅上扣分。

③ "//" 后就可以不读了。但应试人应将第 400 个音节所在的句子读完整。

④朗读中不要出现字化、词化、句化的现象。有些应试人在朗读时，为了把文章读准，一个字或一个词地往外读，使人听起来很不流畅，破坏了文章的整体感觉。

⑤不要有方言语调。方言语调是指说普通话的过程中，受方言影响在语句中遗留的方言语音的各种现象。它主要表现在句调、字调、轻重音、语音节律等方面。要想把普通话水平测试考好，使个人普通话水平提高，必须在语调上下大功夫。

⑥语速要适中。不能过快或过慢。通常当所读的作品不熟，或应试人普通话水平较差时，为了每个字都读对，就会一个字一个字地读，导致语速过慢；而心情过于紧张时，会顾不得节奏而导致语速过快。这都会失分。同时，过快容易漏字、添字、"吃"字。

⑦注意句子停顿要得当，断句要得当。停顿、断句不当主要指应试人没有在应该停顿、断句的地方停顿、断句，而造成歧义或割裂了句子的完整意思的情况。

第十五章　说话测试

第一节　测试用题目

1. 我的愿望（或理想）

训练提示：

（1）理想是什么；

（2）分述心中的理想；

（3）打算怎样实现。

说话例文：

我的理想

理想是人生导航的灯塔。每个人都有自己的理想，而且在不同的时期每个人的理想都有所不同。

在上小学的时候，我的理想是当一名老师。这个理想来源于好多原因，记得在我上小学五年级的时候，我遇到的那位班主任张老师对待学生特别好，每当学生有困难的时候，他都竭尽全力地去帮助学生，为此学生都特别喜欢他，喜欢上他的课，师生之间的那份情感特别深厚。在张老师的精心帮助下，本来语文成绩不太好的我，在短短的一段时间竟然得到了很大的提升，为此张老师对我很有信心，而且还把我选为语文小组长，让我帮助他监督同学们的课文背诵，作业的检查，有的时候当我们的作业很多，张老师在短时间内批改不完的时候就把我叫过去让我帮他修改。每当我在同学的作业上画上鲜红的"√"和"×"的时候我都感觉特别骄傲和兴奋，我突然间感觉当老师真好，我在那一念之间想着我要成为像张老师一样的老师，要当一位负责任、有耐心，而且学生喜欢的老师。

等我上了初中时，我的理想是能够当一名女警察。在那个时候我看到电视中警察穿的那身警服是那么的庄严，我就特别羡慕警察，我盼望着将来有一天我也能成为一名警察，我也能穿上那么一套警服，不怕任何艰难困苦，勇敢地与黑暗势力展开斗争，然而高考的失利再加上我的视力差，又将我的警察梦抛弃到了茫茫大海之中。在填报志愿的那段时间我处于纠结中，我不知道我应该选择什么样的道路，在迷茫中的我还是选择了法律学校和师范大学。没想到的是我后来竟被辽宁科技学院的汉语言专业录取了，于是，我便又转变了我的理想，又为自己制定了符合自身实际情况的理想，那就是我要成为一名学生喜欢的，对家长和学生负责的老师。我会好好利用大学的这几年的时光，不断提高自身修养，提高自己的知识涵养。

等我当上老师的那个时候，我会带着我的学生在知识的海洋里遨游，让他们热爱学习，热爱读书，让他们真正从学习中找到乐趣。（程琴）

2. 我的学习生活

训练提示:

(1) 什么时候开始学习的;

(2) 学习的具体经历;

(3) 学习的成果。

说话例文:

我的学习生活

从小到大,我没有参加过任何补习班、特长班,所以掌握的东西可能比起同龄人来说要少一些,但是我更为此庆幸,因为看到现在好多只有几岁的小朋友就被家长送去学好多特长真的好辛苦,也不问孩子是否喜欢,只知道不能让孩子输在起跑线上!我是真的不赞同这种做法,所以将来等我为人母了,会以孩子的兴趣来选择特长学习,让孩子可以轻松、快乐地度过宝贵的童年时光!

接下来就说说我的学习生活吧!小学时,我是班级的班长,那时候对这个称号其实没有太多的理解,只知道有同学犯错了要及时报告老师,所以那时同学们可能最讨厌的就是班长,因为班长是同学们心目中最爱打"小报告"的人,不过现在回想起小学的学习生活则是过得最开心、最无忧无虑的日子。没有压力,可以全班同学肆无忌惮地玩耍,没有性别的概念,有时候就连班主任老师也带着我们一起玩呢!那时候我们班有几名好学的同学学习特别积极,经常在老师讲课的进度之前把习题册中会做的部分先做了,不会的地方还要去问老师,如果老师给其中一个人讲了而没有给自己讲,还会因此闹小脾气呢,现在想想那时的我们真的是好单纯、好可爱,以至于在以后的学习生活中每每想起这段往事都不禁感叹,当年那个好学的我哪去了?

小学升初中,我是新班级的女一号,可是进入中学后发现,同学们变多了,老师的精力也有限了,学习的知识也越来越复杂了,我也就只是班级中普普通通的一员了。由于小学时学校条件有限,没有接触过英语,所以当我上第一节英语课时有一种听天书的感觉,英语跟不上,成绩自然而然掉了下来,所以我的英语底子很差,一直到现在英语都是让我头疼的项目,初二时开始学习物理,最先接触的就是电学,我又一次懵了,看着各种电路图,心想:为什么要学这么复杂的东西呢?我的初一、初二就在对英语的不懂与对物理的一窍不通中度过,升入初三时我们重新分班了,我的班主任是一位物理老师,我的英语老师也换成了一位胖胖的、很和蔼的女老师,在这两位老师的教导下,我的成绩提高很快。还记得中考那天随着车子的启动我竟情不自禁地落泪了,不知怎么就感慨起来了,最后我的中考成绩也令我很满意,英语是135分,物理是112分,所以要感谢我的老师们。

中考的落幕及时揭开了高中的帷幕,来到高中,我做的第一件事就是竞选班长,结果却以失败告终,不过老师把我选为了学习委员,可能是因为老师的肯定,高一时很努力地学习各科知识,最后顺理成章地选择了文科,我又一次竞选了班长,这一次当选了,很开心。

我的学习生活一路走来其实是很简单的,但是我很享受,这其中充满了许多感动。

(邱楠楠)

3. 我尊敬的人

训练提示：

（1）介绍我尊敬的人是谁；

（2）通过事例说明可尊敬之处；

（3）对自己的影响。

说话例文：

我尊敬的人

我最尊敬的人是我的爸爸，一个陪伴了我成长的人。他很普通，也很实在，高高的个头，皮肤有一点黑，喜欢笑，给人一种很好相处的感觉。

老爸脾气很好，每次出门溜达都会带上我，从小到大他从来不会因为烦而不带我出门，每次出去我总是会问很多乱七八糟的我不懂的问题，他总是会用我能理解的方式去回答我，而不会打消我的好奇，也不会因为问题的奇怪和过多而去责怪我。反而总是鼓励我要多看多问，保持一颗勤学勤问的好奇心。

老爸也很温柔，他喜欢抱我，小时候每次放学回家只要是他在家，一定会抱抱我，我喜欢他把我抱得很高，在半空中一圈圈的转，随着我的长大，爸爸抱我的方式也在不断改变，已经不能像小时候一样举过头顶，而是拥抱或是从后面把我圈在怀里，不论什么时候我都觉得爸爸的拥抱好温暖，很有安全感，记得我上高三的时候，由于学校离家较远所以不能常回家，有一次天下着雪，中午下课我出去吃饭，到了买饭地方，忽然有人从后边抱我，回头一看是老爸，他给我买了很多吃的看我，天很冷，但是我却觉得很暖。出门的时候他喜欢拉着我的手，把我的手整个握在他的手里，生怕我不知什么时候走丢了。

老爸很擅于教育人，从小到大我没因为犯错误而挨打，他不主张用武力解决问题，他要我心服口服，每次我犯了错误，小错误他简单教育一下便一笑了之，大错误他便会用很多的道理来让我明白错误，而且一定要去改正。告诉我要勇于面对错误、承认错误、改正错误。每次我遇到解决不了的问题都会去问他，他会给我讲他的经验或是从别的地方得来的经验给我做参考。

老爸同样是一个情感细腻的人，他总是能发现我的情绪变化，每当我难过时，他都会耐心的开导我，并不是用长辈的口气，而是像朋友一样，当我伤心地哭时他会过来抱我，给我讲笑话、擦眼泪，用他能想到的方法去哄我。记得有一年寒假的一天，我和老妈因为一点儿事而吵了起来，吵不过我便回屋里一个人赌气，老爸连忙跟我回屋让我陪他出去买吃的，我很生气所以没搭理他，后来老爸干脆把我直接抱了出去，一路上给我讲不该和老妈赌气，老妈很爱我之类的，后来买了很多吃的还跟我说"回家不给你妈吃"，忍了很久最后我还是笑了，但马上他便说要我回家和老妈道歉，我只有乖乖的这样做了。

老爸对我不仅有仁慈还有严厉，他要求我做事要有标准，不能过格，比如平时不能随口骂人，见到长辈要打招呼，尊重别人，爱护自己，不该做的不要做，他对我的学习成绩并不要求过高，但一定要真实。他不能允许我对他说假话，即使事实会让他生气那也一定要说实话，他希望我活得坦荡。

是老爸的种种品质和关怀伴我成长，我庆幸我生活在这样的家庭，我以有这样的爸爸而觉得幸福、知足。我爱我老爸，更尊敬他，是他让我现在的每一天都很快乐，让我懂得

了如何去爱、去珍惜。（陈萌）

4. 我喜爱的动物（或植物）

训练提示：

（1）喜爱什么动物（植物）；

（2）喜爱的原因；

（3）我与动物（植物）的故事。

说话例文：

我喜爱的动物

我最喜爱的动物是狗，但是我最怕养的动物也是狗。

记忆中我家养第一只狗是在我六岁的时候，那是一只小黑狗，有两只手掌合在一起那么大，走起路来浑身的长毛都跟着摇晃，两只乌黑水灵的眼睛若是看上你一眼，你一定就会有把它捧在手心的冲动，所以我和弟弟两个人几乎每天都把它抱在怀里不舍得放下。可惜不久它因故去世，我很伤心。

这样过了几年，我上小学三年级的时候我家又有了第二只狗，这只狗应该说是与我们颇有缘的，是弟弟出去玩时看到的一只小流浪狗，脏兮兮的又瘦又小，弟弟看它可怜就把手中的鸡蛋给了它，结果它就一直跟着弟弟一直跟到了我们家，我们就收养了它。弟弟给它洗过澡后我们发现这只狗其实蛮漂亮的：浑身黑色的毛长长的，四肢上各有一圈白色的毛像是某种护身的神环一样。它的眼睛特别大，仔细一看，嘿，还是双眼皮呢！没过几天它便被我们喂成了一个胖嘟嘟的小肥球，每天滚来滚去的从不安静。但它很懂事，从不随意糟蹋东西。

渐渐地，我们惊奇地发现它和别的狗不太一样。它的个头太大了，像只刚出生的小牛犊一样，四个肥大的爪子跑起来会发出噗噗噗的声音；两只耳朵经常很警醒地竖着；身上的毛变得短而光滑。大家都说这只狗长得像老虎一样，于是我们给它取名"虎子"，它好像也对自己的外貌挺满意的，总是"汪汪汪"地到处耍威风，方圆几十米内的树上都不敢有鸟停留。它也很懂得护家，如果有其他狗欺负我家猫和鸡的话，它会像个将军一样挺身而出！

我小学第一次上早自习是在冬天，五点钟就得起床出发，走约二里的路程才能到学校。我家是在我们村最外环，很冷僻，路上通常人很少，更何况凌晨五点钟呢！我站在家门口无论如何都对抗不了那层层的恐惧。奶奶说，让虎子送你吧！虎子好像听懂了奶奶的意思一样，兴奋地摇摇尾巴就开始往前走，一路上还时不时地等我一下。终于到了十字路口，人开始多起来，于是我对它说：虎子，你回去吧。它又是摆摆尾巴，并不回去，而是蹲在原地看着我。我走出好远了拿手电筒往回照，依然能看到它一动不动地蹲在那。此后的三年早自习都是它送我，无一例外。

那天早上我都准备走了虎子却还不出来，我于是决定先走了。走了没多远就看到虎子跟了过来，不过跟平时好像不太一样，它一路上晃晃悠悠的走路都走不稳，还会时不时地呕吐，我想它一定是吃坏了什么东西，就摸了摸它的头让它回去，但无论我怎么赶它都不走。就这样到了十字路口，它像往常一样蹲在那里，无力的支撑着。到了学校我还一直在想着虎子怎么样了，放学后奶奶便告诉我，虎子死了已经被抬走了，我的心再一次决堤了。

现在看到狗我还是会想起小黑狗调皮的模样，想起虎子送我上早自习的情景，我依然爱狗，只是再也没勇气养狗了。每每看到人与狗的电影我都会不知不觉地流泪。（杜祥玉）

第二节　测试指导

说话是普通话水平测试的最后一项内容，考查应试人在没有文字凭借的情况下，说普通话的能力和所能达到的规范程度。这就需要有较长的言语片断作为判断的依据，所以说话测试的时间定为3分钟。每个应试者都应该记住，在说话时，必须说满3分钟。

普通话水平测试中，"说话"一题，对相当多的应试者来说是有难度的。而且这种单项说话方式许多人也不适应。有的人没说几句就宣告结束，因为时间不足而影响了成绩。有的人说几句，停一会儿，再说几句，再停一会儿，这就会因为不够流畅而扣分。还有的人干脆把说话题目写成文章，考试时把"文章"背出来，这样一来，虽然语言流畅了，但由于缺少口语色彩增添了背诵的痕迹，影响说普通话的质量，同样会减掉不少分。

为避免以上情况的出现，应试人要注意以下几个方面的要求：

1. 说话并非说文章

测试大纲中明确规定说话的语音面貌、语汇语法的规范程度和自然流畅程度是评分依据，并没有对立意、选材、章法结构等提出任何要求。这是因为说话的目的、作用决定了说话的内容、结构等，是为运用普通话表达这一形式服务的，只要思想健康、内容充实、语意连贯，能很好地让应试者展示运用普通话进行表达的能力即可，所以不能把对作文的种种要求加在说话上。

2. 把握好"说"字

许多应试者针对每一个说话题目都写一份书面材料并背熟，应试时背出来。这样能听出来背诵的痕迹，不符合要求。这样做有两个弊端：一是写书面材料时由于思考时间充足，往往字斟句酌，导致语言失去了口语化的特点；二是由于背稿，若临场紧张会造成暂时遗忘，出现卡壳现象。正确的做法是：练习时选好并记住要说的材料，反复说练，理清思路，每次都临时组织语句，将熟悉的材料用口语语调表达出来，这样才能体现出"说"的特点来，注意千万不可用朗读和背诵的腔调来说话，否则，使人听起来既不舒服也不自然。

3. 找最熟悉的材料

凡事"预则立，不预则废"，说话不能背稿，并不意味着可以不做任何准备。信口开河地边想边说，边说边想，势必影响说话的流畅度，忽视语音、词汇、语法，而带出方言及方音来。"说话"一题难度大，更应做好充分的准备。首先根据题意，梳理说话思路，构筑内容框架，列出提纲，然后再寻找材料。选材时，要尽量选择自己最熟悉的材料，最好是自己亲身经历的事，因为有切身体验，一旦讲起来，那情景就会历历在目，而思绪也会涌动如流，就不怕没话可说了。说话时可按事情的发展过程娓娓道来，语言力求通俗易懂。练习时注意根据准备好的材料练说不练背。

4. 大题化小，生题化熟

应试者不一定对三十个测试题目中的每一个都能慷慨陈词或娓娓道来，难免遇到难于把握或无话可说的题目，遇到这种情况就要运用大题化小、生题化熟的方法变通一下。三十个说话题目中的一些议论性话题，我们可能只有感性认识而上升不到理论的高度，对此也可以罗列一些身边的小事来说明道理。例如"谈谈社会公德"一题，如果你是司机，就不妨谈谈驾车的社会公德，自己怎样做的，别人做得如何；如果你是学生，就谈谈如何做一名文明学生，爱护桌椅、文明就餐、不说脏话、尊敬老师等。总之把复杂的问题变得简单了，说话自然也就容易了。

5. 归纳题型，化繁为简

在"说话"一题中，还有一种备考的方法，那就是归纳题型，化繁为简。试想想，三十个说话题目，一一去准备材料，一定会花费不少时间。如果我们将其中意思相近的几个题目归纳为一个题目，复习起来自然省时、省力得多。如可以把"我的理想""我喜欢的职业"和"我向往的地方"三个题目归纳为一个题目来练习，把"我尊敬的人"和"我的成长之路"归纳成一个题目，把"我的假日生活""我所知道的风俗""我喜欢的节日"和"难忘的旅行"归纳成一个题目，还可以把"我的学习生活""我的业余生活""我喜爱的书刊"和"我喜爱的文学（或其他）艺术形式"串在一起练习。虽然每个题目的侧重点不同，但可以求大同、存小异。以此类推，很多题目可以串联起来，这样就方便多了。

总之，在"说话"之前做好充分准备是十分必要的。普通话水平测试不是口才的评估，在结构技巧、表达技巧上没有什么要求，只要抓住了有话可说这个环节，就可以轻松自如地完成说话测试了。

附　　录

2020 年普通话水平测试试卷构成和评分标准

普通话水平测试试卷包括四个组成部分，满分为 100 分。

（一）读单音节字词（100 个音节，不含轻声、儿化音节），限时 3.5 分钟，共 10 分。

1. 目的：测查应试人声母、韵母、声调读音的标准程度。

2. 要求：

（1）100 个音节中，每个声母出现次数一般不少于 3 次，每个韵母出现次数一般不少于 2 次，4 个声调出现次数大致均衡。

（2）音节的排列要避免同一测试要素连续出现。

3. 评分：

（1）语音错误，每个音节扣 0.1 分。

（2）语音缺陷，每个音节扣 0.05 分。

（3）超时 1 分钟以内，扣 0.5 分；超时 1 分钟以上（含 1 分钟），扣 1 分。

（二）读多音节词语（100 个音节），限时 2.5 分钟，共 20 分。

1. 目的：测查应试人声母、韵母、声调和变调、轻声、儿化读音的标准程度。

2. 要求：

（1）声母、韵母、声调出现的次数与读单音节字词的要求相同。

（2）上声与上声相连的词语不少于 3 个，上声与非上声相连的词语不少于 4 个，轻声不少于 3 个，儿化不少于 4 个（应为不同的儿化韵母）。

（3）词语的排列要避免同一测试要素连续出现。

3. 评分：

（1）语音错误，每个音节扣 0.2 分。

（2）语音缺陷，每个音节扣 0.1 分。

（3）超时 1 分钟以内，扣 0.5 分；超时 1 分钟以上（含 1 分钟），扣 1 分。

（三）朗读短文（1 篇，400 个音节），限时 4 分钟，共 30 分。

1. 目的：测查应试人使用普通话朗读书面作品的水平。在测查声母、韵母、声调读音标准程度的同时，重点测查连读音变、停连、语调以及流畅程度。

2. 要求：

（1）短文从《普通话水平测试用朗读作品》中选取。

（2）评分以朗读作品的前 400 个音节（不含标点符号和括注的音节）为限。

3. 评分：

（1）每错 1 个音节，扣 0.1 分；漏读或增读 1 个音节，扣 0.1 分。

（2）声母或韵母的系统性语音缺陷，视程度扣 0.5 分、1 分。

（3）语调偏误，视程度扣 0.5 分、1 分、2 分。

（4）停连不当，视程度扣 0.5 分、1 分、2 分。

（5）朗读不流畅（包括回读），视程度扣 0.5 分、1 分、2 分。

（6）超时扣 1 分。

（四）命题说话，限时 3 分钟，共 40 分。

1. 目的：测查应试人在无文字凭借的情况下说普通话的水平，重点测查语音标准程度、词汇语法规范程度和自然流畅程度。

2. 要求：

（1）说话话题从《普通话水平测试用话题》中选取，由应试人从给定的两个话题中选定 1 个话题，连续说一段话。

（2）应试人单向说话。如发现应试人有明显背稿、离题、说话难以继续等表现时，主试人应及时提示或引导。

3. 评分：

（1）语音标准程度，共 25 分。分六档。

一档：语音标准，或极少有失误，扣 0 分、1 分、2 分。

二档：语音错误在 10 次以下，有方音但不明显，扣 3 分、4 分。

三档：语音错误在 10 次以下，但方音比较明显；或语音错误在 10~15 次，有方音但不明显，扣 5 分、6 分。

四档：语音错误在 10~15 次，方音比较明显，扣 7 分、8 分。

五档：语音错误超过 15 次，方音明显，扣 9 分、10 分、11 分。

六档：语音错误多，方音重，扣 12 分、13 分、14 分。

（2）词汇语法规范程度，共 10 分。分三档。

一档：词汇、语法规范，扣 0 分。

二档：词汇、语法偶有不规范的情况，扣 0.5 分、1 分。

三档：词汇、语法屡有不规范的情况，扣 2 分、3 分。

（3）自然流畅程度，共 5 分。分三档：

一档：语言自然流畅。扣 0 分。

二档：语言基本流畅，口语化较差，有背稿子的表现，扣 0.5 分、1 分。

三档：语言不连贯，语调生硬，扣 2 分、3 分。

说话不足 3 分钟，酌情扣分：缺时 1 分钟以内（含 1 分钟），扣 1 分、2 分、3 分；缺时 1 分钟以上，扣 4 分、5 分、6 分；说话不满 30 秒（含 30 秒），本测试项成绩计为 0 分。

参 考 文 献

[1] 陈伟琳. 普通话实用教程 [M]. 郑州：河南人民出版社，1990.

[2] 胡灵荪，等. 普通话教程 [M]. 上海：华东师范大学出版社，1991.

[3] 宋欣桥. 普通话语音训练教程 [M]. 长春：吉林人民出版社，1993.

[4] 陈洪昕. 普通话语音 [M]. 青岛：青岛海洋大学出版社，1993.

[5] 吴洁敏. 新编普通话教程 [M]. 2 版. 杭州：浙江大学出版社，1995.

[6] 赵越. 普通话基础训练 [M]. 广州：暨南大学出版社，2000.

[7] 吴秋蓉. 普通话水平测试指要 [M]. 大连：辽宁师范大学出版社，2001.

[8] 国家语言文字工作委员会普通话培训测试中心. 普通话水平测试实施纲要 [M]. 北京：商务印书馆，2005.

[9] 邢捍国. 公务员普通话培训与测试 [M]. 北京：北京大学出版社，2005.

[10] 王浩瑜. 跟我说普通话 [M]. 广州：暨南大学出版社，2009.

[11] 仲梓源. 播音主持艺术入门训练手册 [M]. 北京：中国传媒大学出版社，2009.

[12] 赵秀环. 播音主持艺术语言基本功训练教程 [M]. 北京：中国传媒大学出版社，2008.